LA DÉCADA DE LAS MULTILATINAS

JAVIER SANTISO

Fundación Carolina

SIGLO XXI ESPAÑA

SIGLO XXI ESPAÑA

General Rodrigo, 6. Edificio Germania
28003 Madrid
www.fundacioncarolina.es

En coedición con

Sector Foresta, 1.
28760 Tres Cantos (Madrid)
Tel.: 918 061 996
Fax: 918 044 028
www.sigloxxieditores.com

Diseño de la colección: Pedro Arjona
Idea de la cubierta: Alfonso Gamo
Imagen de cubierta: Miguel San José Romano

ISBN: 978-84-323-1491-9
Depósito legal: M-48.500-2011

Impreso en Lavel, S. A.
Humanes (Madrid)

ÍNDICE

PRÓLOGO

Rosa Conde
Directora de la Fundación Carolina

El mundo en que vivimos atraviesa una etapa de profundos y vertiginosos cambios cristalizados en la ampliación del número de centros globales de poder político y económico. Tradicionalmente, los focos del poder mundial se concentraban en Norteamérica, Europa y Japón, pero a éstos se han sumado, entre otros, Asia –liderada por China e India– así como, en otra medida, América Latina –con Brasil, Chile y México a la cabeza. Podemos decir que el futuro, por lo tanto, ya está aquí.

Así lo confirma la OCDE en su informe *Perspectivas del Desarrollo Global 2010,* en cuya realización tuvo una pequeña contribución la Fundación Carolina, al constatar el desplazamiento del centro de gravedad de la economía internacional hacia Oriente y hacia el Sur. Como consecuencia de esto, las economías que no son miembros de la OCDE ya representan el 49% del PIB global y, según las estimaciones, llegarán al 57% en 2030. La crisis económica, que ha golpeado fundamentalmente a los países de la OCDE, no ha hecho más que acentuar estas tendencias.

La apertura al mercado internacional de grandes países, como China e India, ha permitido no sólo la incorporación de enormes cantidades de fuerza laboral, con la subsecuente reducción de costes en muchos productos y servicios, sino también la aparición de nuevos grupos de consumidores. La satisfacción de esta nueva demanda requiere un suministro sostenido de materias primas, lo que ha impulsado las exportaciones de diversos países en desarrollo en todo el mundo y de sus tasas de crecimiento. Además, los superávit comerciales han permitido una acumulación de divisas que han convertido a los países emergentes en los principales tenedores de la deuda de los países desarrollados y, por tanto, en jueces de la delicada situación fiscal por la que atraviesan éstos.

Asimismo, los países emergentes se han convertido en los principales destinatarios de la inversión mundial y han salido de la crisis económica más rápidamente, y con más impulso, que la mayoría de los países desarrollados. Además, una cantidad importante de empresas de los países emergentes se encuentran ya entre las más grandes del mundo.

Estos fenómenos han permitido la reducción de la pobreza absoluta en el conjunto del planeta pero, por otra parte, han supuesto un incremento en la desigualdad de renta al interior de la mayoría de los países. Sin embargo, también encontramos algunos países como Brasil o Sudáfrica que han sido capaces de crecer robustamente y, a su vez, reducir los niveles de desigualdad.

Cada vez más, se observa que la dimensión de los problemas del mundo es global y las respuestas a los desafíos a los que se enfrenta la Humanidad deberán ser igualmente globales. El establecimiento de mecanismos efectivos de gobernanza global o la financiación de los bienes públicos globales (como el medio ambiente, la estabilidad económica, la paz y la seguridad) son ejemplos de esta necesidad de actuaciones conjuntas de la comunidad internacional.

Como consecuencia de todo esto, las viejas fronteras institucionales entre países ricos y países pobres se van, progresivamente, alterando y diluyendo. Prueba de ello es la presencia en el G-20 de varios países de los llamados emergentes, o la inclusión de países en desarrollo en el club de la OCDE (como Chile, México o Turquía).

En este nuevo contexto, América Latina está experimentando unos años de estabilidad política y crecimiento económico sin precedentes que han posibilitado la disminución de la pobreza y la desigualdad. El potencial de la región es tal que algunos no han dudado en bautizar el periodo presente como la década de América Latina.

Sin embargo, no hay que olvidar que muchos de los países de la región continúan con retos importantes que afrontar, tales como la lucha contra la pobreza, la degradación ambiental, la seguridad, la cohesión social, la reducción de la desigualdad, la diversificación productiva y el fortalecimiento institucional.

Como señala José Luis Machinea en su obra *La crisis económica en América Latina. Alcances e impactos,* que forma parte de la colección de la Fundación Carolina con Siglo XXI, de los propios países de América Latina dependerá cómo hagan frente a estos desafíos y cómo aprovechen estas oportunidades.

En este sentido hay varias áreas de especial de interés para la Fundación Carolina que coinciden con las posibles respuestas a los retos a los que se enfrenta América Latina. Mencionaré aquí tres: educación, cohesión social e innovación, líneas de trabajo que están presentes en la actualidad entre las prioridades de la Fundación Carolina.

Por una parte, la formación de las actuales y futuras generaciones en los países del continente es una pieza clave para poder afrontar el fututo de la región con garantías suficientes. Así lo han entendido los líderes políticos de América Latina al redactar las Metas Educativas 2021, a las que la Fundación Carolina desea contribuir con su esfuerzo en el ámbito de la formación y el apoyo a la investigación.

Por otra parte, el crecimiento económico debe seguir contribuyendo a la reducción de la desigualdad al interior de los países de América Latina, que es de las más altas del mundo. Brasil, como hemos comentado, ha conseguido aunar ambos objetivos gracias a una original combinación de ortodoxia fiscal y monetaria y ambiciosos programas sociales, demostrando que con voluntad política y con la participación de diversos agentes se pueden obtener logros en el campo de la cohesión social. Desde la Fundación Carolina, por su parte, compartimos la importancia de este asunto y, por ello, hicimos de la cohesión social una de nuestras áreas prioritarias de investigación.

Finalmente, los países de América Latina deberían aprovechar el actual tirón de la demanda internacional de sus materias primas para impulsar una progresiva diversificación productiva que haga a sus economías menos dependientes de los mercados internacionales y, por tanto, menos volátiles. Para lograrlo, la innovación aparece con fuerza como un vector de cambio económico para la búsqueda de sectores económicos con mayor valor añadido y mayor calidad de los empleos generados. Para ello sería necesario contar con una mayor participación del sector privado en la financiación de la innovación en los países de la región. Esta innovación con enfoque de desarrollo, que tenga en cuenta criterios sociales y ambientales, es una de las líneas recientes de investigación de la Fundación Carolina.

Adentrándonos en el tema del libro conviene, primero, destacar que la mencionada bonanza económica ha permitido la aparición, en varios países de América Latina, de empresas con un peso importante no sólo en el ámbito regional sino también en el contexto mundial. Estas empresas multinacionales provenientes de América Latina, las conocidas como *Multilatinas,* se erigen en actores relevantes para el proceso de desarrollo de sus países de origen, así como de la región. Estas empresas han aumentado sus intercambios económicos con los diferentes países de la región, con los países desarrollados, así como con otras zonas de fuerte expansión económica en el mundo, como son el Sudeste Asiático y Oriente Medio. El fenómeno de las multilatinas se está generalizando en la región, ya que tras una primera oleada de empresas provenientes de Argentina, Brasil, Chile o México, comenzamos a observar que se está produciendo este proceso de internacionalización en empresas de otros países, como Colombia y Perú.

Más allá de su protagonismo nacional y regional, el dinamismo de las multilatinas también puede contribuir a recuperar el crecimiento sostenido en los países europeos. España no puede permanecer al margen de esta tendencia, más bien al contrario, debe liderar las relaciones económicas de Europa con estas empresas y servir de puente para las operaciones de América Latina con la Unión Europea. La privilegiada relación de España con América Latina debe ser el hilo conductor para fortalecer los lazos empresariales y, a su vez, dar un nuevo impulso a esa relación. Nuestro país tiene ante sí una oportunidad para encontrar nuevos caminos con los que salir reforzado de la actual situación de dificultades económicas, apoyándose en las relaciones económicas bidireccionales con América Latina. Como acostumbra a decir mi buen amigo Enrique Iglesias, Secretario General Iberoamericano, en esta crisis –a diferencia de las anteriores– América Latina no es parte del problema, sino parte de la solución.

Por todo ello, decidimos incluir en el Plan de Actuación de 2011 un encargo de investigación sobre las empresas multinacionales latinoamericanas. Para llevar a cabo la tarea investigadora contactamos con un gran experto en la materia como es Javier Santiso, a quien debo agradecer su respuesta positiva a nuestra propuesta y el excelente trabajo que ha realizado.

El objeto de esta publicación, que analiza la internacionalización de una parte del sector privado empresarial en los países de América Latina, encaja perfectamente con las prioridades de la Fundación Carolina que, recordemos, es una institución público-privada que promueve las relaciones culturales y la cooperación en materia educativa y científica entre España y los países de la Comunidad Iberoamericana de Naciones.

Este libro, por lo tanto, viene a reforzar el trabajo continuo que la Fundación Carolina ha venido realizando en el ámbito de las relaciones con América Latina, tanto en aspectos políticos como económicos, que se ha plasmado en innumerables publicaciones, así como en la organización de diferentes debates y conferencias.

En esta línea, el pasado 14 de septiembre la Fundación Carolina organizó un debate llamado «Política exterior de España y relaciones con América Latina» que contó con la presencia de la actual ministra de Exteriores, Trinidad Jiménez y de tres ex-ministros –Marcelino Oreja, Carlos Westendorp y Josep Piqué– así como con el profesor Celestino del Arenal. Entre otras cosas, en el debate se puso de manifiesto que, en este nuevo orden mundial en transformación, varios países de América Latina se han convertido en actores de gran peso en la escena de las relaciones internacionales. Por ello, España debe adaptar su mirada a América Latina para actualizar su relación con los países de la región que se encuentran en situaciones de desarrollo muy heterogéneas y, por lo tanto, requieren de actuaciones claramente diferenciadas.

Conviene recordar aquí que las grandes empresas españolas, especialmente a partir de los años noventa, iniciaron un fuerte proceso inversor en América Latina, con vocación de permanencia. En estos momentos la región tiene una importancia fundamental en sus cuentas de resultados y el proceso les ha llevado a convertirse en actores globales. En los próximos años podemos asistir a un proceso inverso en el que las empresas latinoamericanas apuesten por España como lugar de inversión y como puente hacia otras regiones. Esta ocasión que se nos brinda se debería aprovechar para reforzar los históricos lazos que nos unen a los países de América Latina y, asimismo, liderar un nuevo impulso de las relaciones de la Unión Europea con la región.

Sin más, les invito a leer este libro que nos ayuda a comprender la realidad económica de un mundo cambiante –multipolar y más equilibrado– en el que, a través de las posibilidades de interacción con las empresas latinoamericanas, se abre una nueva ventana de oportunidad para consolidar las relaciones de España con los países de América Latina.

Madrid, septiembre de 2011

INTRODUCCIÓN

Las riquezas de las naciones están experimentado una transformación inédita. Con el nuevo mileno, los mercados emergentes cobraron un protagonismo económico sin precedentes, convirtiéndose en motor de crecimiento, mientras que los países OCDE se desplomaban con la crisis abierta en el año 2008. Desde entonces seguimos presenciando atónitos el auge de los emergentes mientras las economías europeas quedan sumergidas en la crisis.

En 2010, como en 2011, el grueso del crecimiento mundial ya no procede de los países OCDE sino de los emergentes. Y esto no cambiará radicalmente a lo largo de la presente década. Desde el BBVA se anticipa que los EAGLEs, las «Emerging And Growth-Leading Economies», es decir, las economías emergentes que lideran el crecimiento global, serán responsables de la mitad del crecimiento mundial en los próximos diez años, en tanto que el G-7 solo aportará un 30% del mismo[1]. Por su parte Standard Chartered vaticina que en 2030, más de dos tercios del crecimiento mundial procederá de los mercados emergentes que seguirán beneficiándose en general del súper ciclo de materias primas. China contribuiría al grueso de ese crecimiento (22%), por delante de Estados Unidos (14%) y la Unión Europea (15%). América Latina en su conjunto tendría una contribución al crecimiento mundial comparable a la de India (9%

---

[1] Véase [http://www.bbvaresearch.com/KETD/ketd/esp/nav/eagles.jsp]; y en particular la presentación realizada por Alicia García Herrero en ESADE Business School, en Madrid, en 2011, en [http://www.bbvaresearch.com/KETD/fbin/mult/110214_BBVA_EAGLES-ESADE_tcm346-246602.pdf]; y BBVA, *Who are the Eagles? Driving global growth for the next ten years,* Madrid y Hong Kong, BBVA Research, febrero 2011.

ambos), por delante de Asia Central (4%), Medio Oriente (5%) y África (5%)[2].

El nuevo equilibrio económico y financiero no siempre conlleva una transformación idéntica en términos de prosperidad. El Legatum Institute lo recuerda en un índice que busca medir también el desarrollo y prosperidad de las naciones, y no solo sus riquezas. Si bien China o Brasil ya son superpotencias económicas sin embargo apenas se asoman en los puestos 58 y 45 respectivamente de ese ranking, por detrás de Singapur (17) o Chile (32). En América Latina destaca Uruguay (28) y en Asia, Singapur (17)[3]. Si bien China alcanzó en 2010 a Japón como la segunda mayor economía del mundo, esta economía emergente en términos de desarrollo queda muy rezagada con respecto a Japón, ubicándose 40 puestos por detrás en el ranking del Legatum Institute. Igualmente, si bien Brasil superó a España en términos económicos en 2010, en el índice está 22 puestos por detrás.

Este nuevo equilibrio es incompleto y llevará años cerrar algunas brechas. Sin embargo, en muchos ámbitos los cambios se están dando de manera acelerada. Este es el caso en particular del ámbito empresarial. Aquí se observaron dos movimientos simétricos. Por un lado, las multinacionales de los países OCDE iniciaron inversiones y apuestas agresivas en los mercados emergentes. Este fue el caso, por ejemplo, de las españolas que se internacionalizaron –muchas de ellas vía América Latina– y se han convertido, en el proceso, en multinacionales. Este fenómeno no fue aislado: las 600 principales empresas OCDE que cotizan en el Dow Jones aumentaron en promedio su exposición a los mercados emergentes del 9% al 20%

---

[2] Véase Standard Chartered, *The super cycle report,* Londres, Standard Chartered Global Research, 2010. Disponible en [http://www.standardchartered.com/media-centre/press-releases/2010/documents/20101115/The_Super-cycle_Report.pdf].

[3] Véase [http://www.prosperity.com/*ranking*s.aspx]. Este instituto forma parte de las iniciativas impulsadas por Legatum, un fondo de inversión con base en Dubái que también donó 50 millones de dólares para asentar en el MIT un centro de innovación y desarrollo, véase [http://legatum.mit.edu/]. También desarrolló un fondo de *venture capital* para países en desarrollo, Legatum Ventures, véase [http://www.legatumventures.com/].

del total de sus ingresos entre 1990 y 2010[4]. Empresas como Unilever o Telefónica generan la mitad de sus ingresos en los países emergentes (cerca de 45% en 2010); otras ya tienen un ADN totalmente «emergente», como el banco «británico» Standard Chartered o Vedanta (que obtuvieron, respectivamente, el 71% y el 85% de sus ingresos en 2010 de los emergentes). Goldman Sachs analizó en detalle este fenómeno a través de las 50 mayores empresas con actividad en emergentes con un promedio del 30% de sus ventas o ingresos ya procedentes de estas economías[5]. Todas estas empresas, en cualquier caso, aumentaron significativamente su exposición internacional: las 100 principales cotizadas (FTSE) obtienen hoy el 70% de sus ingresos fuera de sus bases nacionales. Al mismo tiempo globalizaron también sus centros de producción y de proveedores, en particular en los emergentes: un 94% de los componentes y costos laborales integrados por el iPhone de Apple proceden de fuera de Estados Unidos[6].

A este fenómeno le ha seguido otro quizá más impactante todavía: las multinacionales de los mercados emergentes emprendieron también una carrera acelerada hacia otros mercados, muchos de ellos también emergentes y cada vez más también hacia los mercados OCDE. Conforme las economías emergentes, encabezadas por China, India, y Brasil, se asomaban al escenario mundial, sus empresas se fueron internacionalizando, buscando hacerse un hueco cada vez mayor en el ajedrez empresarial internacional. Estas empresas, de hecho, han tendido a comportarse mejor que sus pares OCDE invertidas en emergentes, ostentando retornos bursátiles de casi el 470%

---

[4] Véase Schroders, *Emerging markets investments: exploding the myths,* Londres, Schroders, agosto 2011. Disponible en [http://www.schroderstalkingpoint.com/?id=a0j50000000u972AAA]; y Schroders, *What is the best method of gaining exposure to emerging markets? Exploding the Myths,* Londres, Schroders, julio 2011. Disponible en [http://www.schroderstalkingpoint.com/files/Exploding%20the%20myths%20Jun%202011.pdf].

[5] Véase Goldman Sachs, *Revisiting our BRIC Nifty 50 baskets,* Nueva York y Londres, Goldman Sachs, mayo 2010.

[6] Véase Schroders, *Fragmentation in the global village: the paradoxes of our increasingly connected world,* Londres, Schroders, julio 2011. Disponible en [http://www.schroderstalkingpoint.com/files/VMaisonneuve%20Fragmentation%20in%20the%20Global%20Village.pdf].

GRÁFICO 1. *Las compañías multinacionales emergentes más importantes (por país)*

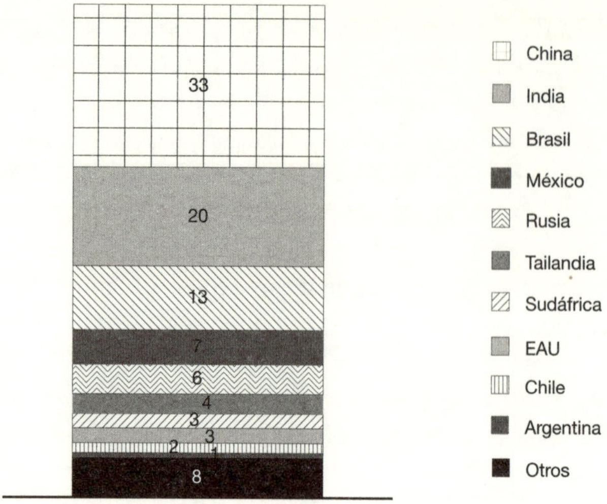

NOTA: «Otros» incluye Egipto (1), Hungría (1), Malasia (1), Arabia Saudí (1), Indonesia (2), Turquía (2).
FUENTE: BCG, 2011.

entre 2001 y 2011, frente al 130% para sus homólogas de los mercados OCDE[7]. La historia de las multinacionales emergentes no ha hecho, en este sentido, más que empezar. Es muy probable que al final de la presente década muchas de ellas hayan consolidado sus posiciones de líder en cada uno de sus sectores, incluido el tecnológico, como veremos.

El ascenso de las multilatinas que aquí analizaremos en detalle es parte, por lo tanto, de un fenómeno más amplio que abarca a las multinacionales emergentes en su búsqueda de expansión. El BCG, en su último informe sobre las 100 mayores multinacionales emergentes –denominadas como «Global Challengers»– apunta que este fenómeno ya es masivo: en total 16 países colocan hoy en día multinacionales entre las 100 principales identificadas por BCG[8]. Asia domina con China e

[7] Véase [http://www.schroderstalkingpoint.com/?id=a0j50000000u972AAA].

[8] Véase BCG, *BCG Global Challengers. Companies on the move: rising stars from rapidly developing economies are reshaping global industries,* Boston, BCG, 2011. Disponible en [http://www.bcg.com/documents/file70055.pdf].

GRÁFICO 2. *Cambio en el número de empresas en el índice BCG, 2008-2011*

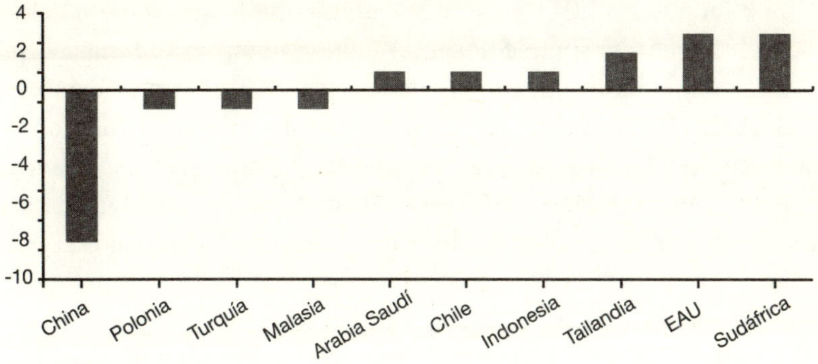

FUENTE: BCG, 2008 y 2011.

India concentrando 55 empresas en total. A estas hay que añadirle otras 7 procedentes de Indonesia, Tailandia y Malasia, con lo cual Asia emergente abarca casi dos tercios del total de esas multinacionales. Sin embargo, el fenómeno no es solo asiático. También han surgido multinacionales en África, Turquía y Oriente Medio (11). América Latina coloca nada menos que 23 multinacionales, procedentes sobre todo de Brasil y México pero también de Chile y Argentina. Además BCG creó una categoría aparte de *emeriti,* es decir, de empresas que ya se parecen totalmente a sus pares OCDE, en total 5, incluidas 2 de América Latina: Vale y Cemex. En resumen, que América Latina ostenta una de cada cuatro multinacionales emergentes.

La lista de BCG es cuestionable como todos los ejercicios de este tipo. No hay, por ejemplo, multinacionales de Singapur, Corea o Taiwán incluidas, cuando cada uno de estos países posee campeones mundiales. Igualmente los ranking por país podrían ser algo diferentes, por ejemplo, en el caso de Chile no hay mención de Cencosud, que muy bien podría estar junto a Falabella. Tampoco está incluida Colombia, que muy bien podría tener una multilatina colocada en este escalafón. En cualquier caso, estos detalles no cambian nada el mensaje central: estamos asistiendo a un auge imparable y sin precedentes de estas multinacionales. En la primera edición de este informe, en 2008, solo había 14 países que colocaban empresas. Además China e India aplastaban todavía más con su presencia acaparando

63 multinacionales. Desde entonces este número se ha reducido, en particular el de China. América Latina progresó: en 2008 solo había 21 multilatinas; en 2011 ya son 25 (si uno añade las *emereti* Vale y Cemex). Argentina sigue colocando una sola empresa (Tenaris), sin embargo Chile ha duplicado las empresas (en 2011 son 2, Falabella y LAN; en 2008 era solo 1, CSV). En cuanto a Brasil y México siguen ostentando 14 y 7, respectivamente. Algunas han cambiando: en 2011 aparecen Mabe y Mexichem para México, y Magnesita y Brasil Foods (que resultan de dos fusionadas que figuraban en 2008: Sadia y Perdigao)[9].

BCG estima que en 2020, estos *global challengers* generarán 8 trillones (americanos) de dólares, es decir un monto equivalente a todo lo generado hoy por las 500 principales multinacionales OCDE que componen el índice S&P 500. En el Fortune 500 el número de multinacionales emergentes se ha disparado, multiplicándose casi por 5 a lo largo de la pasada década (pasaron de 21 a 92); en el Forbes 2000 también se han triplicado, y en 2010 son casi 400 las multinacionales emergentes que forman parte de ese ranking. Estados Unidos es el país que más peso relativo ha perdido mientras lo ganaban todos los emergentes. A lo largo de la última década los ingresos de esas empresas han crecido en promedio un 18%, es decir, que han sido tres veces superiores a los de sus pares OCDE del S&P 500, y todo ello manteniendo los márgenes.

Este auge ha traído consigo un proceso de consolidación e internacionalización empresarial sin precedentes. Estas empresas ya no solo toman control de otros competidores en sus mercados domésticos o en los mercados cercanos. A lo largo de la pasada década, las multinacionales emergentes realizaron un 60% de las operaciones de adquisiciones en los países desarrollados. Las adquisiciones en los países OCDE fueron en promedio de más de 550 millones de dólares, un monto superior al promedio de las adquisiciones realizadas en otros mercados emergentes (340 millones de dólares). El apetito y la capacidad inversora de estas multinacionales, incluidas las latinas, ha des-

[9] Véase BCG, *The 2008 BCG 100: New Global Challengers. How top companies from rapidly economies are changing the world,* Boston, BCG, 2008. Disponible en [http://www.bcg.com.cn/export/sites/default/en/files/publications/reports_pdf/New_Global_Challengers_Feb_2008.pdf].

GRÁFICO 3. *Las multinacionales emergentes: campeonas del mundo, por ventas y márgenes*

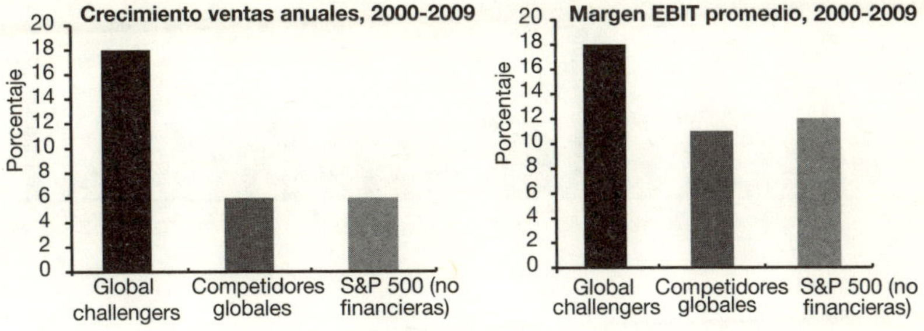

NOTA: «Competidores globales» se refiere a empresas multinacionales con sede en economías avanzas que operan en las mismas industrias que los «Global challengers».
FUENTE: BCG, 2011.

bordado el espacio restringido de sus regiones inmediatas para transformarse en un proceso más global. Tal como lo demostraron en los 2000 las mega operaciones de Cemex (sobre una australiana), de Mittal (sobre una francesa) o de Lenovo (sobre una estadounidense), no hubo ningún mercado OCDE que se resistiera a esta embestida.

El enfoque en los países OCDE se ha intensificando con la crisis del 2008-2011. Las multinacionales emergentes aprovecharon la debilidad de sus rivales en esos países para operar fusiones y adquisiciones. Así, más del 70% de las operaciones durante los dos últimos años estuvieron concentradas en adquirir rivales en los países OCDE (contra 60% los dos años anteriores). Si bien en el año 2009 esa actividad se redujo, bajo el efecto de la crisis, en 2010 las multinacionales emergentes volvieron a emprender adquisiciones a un ritmo comparable al año pre-crisis (2008 fue un año récord con 135 operaciones realizadas), como lo muestran por ejemplo los casos de Brasil y México que veremos en detalle. Todo apunta que 2010-2011 será de nuevo un año de fuerte actividad inversora por parte de esas multinacionales, como lo señalan los datos que hemos analizado en detalle para América Latina y detallaremos en los siguientes capítulos. Todo apunta que toda la década de los 2010 será más de lo mismo.

La historia de las multilatinas no es, por lo tanto, una odisea aislada. En el primer capítulo veremos cómo se enmarca en un fenóme-

GRÁFICO 4. *Fusiones y adquisiciones (M&A) transfronterizas por Global Challengers de 2011*

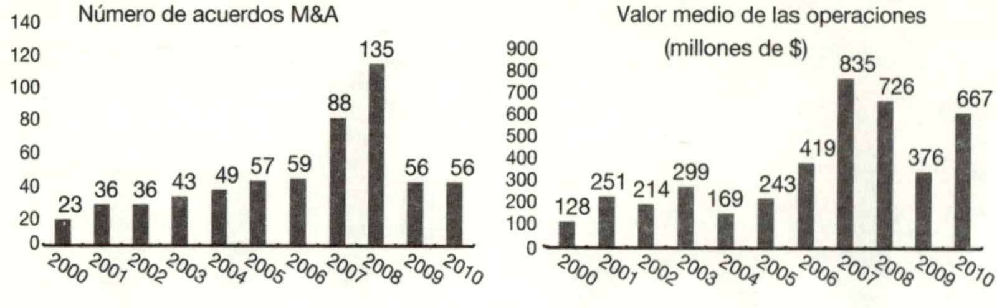

*Hasta agosto.
NOTA: Datos referidos a operaciones con información pública.
FUENTE: BCG, 2011.

no más amplio vinculado al auge de las economías emergentes y en particular al de las de América Latina.

Este auge no solo se limita a Brasil, el integrante latino de los BRIC que ha dejado de ser una promesa de futuro para convertirse en potencia del presente. Se está ahora extendiendo a otras economías del continente; una tras otra se están «graduando» e integrando en el club de los países OCDE (como en el caso de México en 1995 y Chile en 2010) o bien obteniendo el grado de inversión (más del 80% del PIB latinoamericano en 2011), los últimos en obtenerlo han sido dos economías andinas (Perú y Colombia).

A este auge económico le ha correspondido un auge empresarial como veremos en los capítulos 2, 3 y 4. Si bien la década de los 2000 presenció la emergencia de unas multilatinas volcadas en invertir sobre todo en el continente americano, en la década de 2010 ya están explorando nuevas fronteras europeas, asiáticas, africanas o árabes. A la americanización de la década anterior le está ahora correspondiendo una globalización. De ahí que la década de 2010 será la de las multilatinas con un protagonismo cada vez mayor tanto de las brasileñas (3) como de las mexicanas, andinas o argentinas (4), que también se asoman con fuerza en los mercados internacionales.

Como veremos en el capítulo 5 este auge no se restringe solo a los sectores de las materias primas o agroindustriales. Algunas multilatinas ya se están asomando al ámbito tecnológico. Como mostraremos, el gran re-equilibrio del mundo hacia los emergentes no es solo económico y financiero, sino que será también tecnológico. En este sentido, el gran reto empresarial del continente será no descolgarse del tren tecnológico de los emergentes lanzado a gran velocidad por las locomotoras india y china. Así, el desarrollo del capital riesgo y de las *start ups* latinas es alentador y podría desembocar en un futuro con más multilatinas 2.0, o quién sabe si con algún Facebook latino.

El auge de las multilatinas invita a (re)pensar las relaciones con Europa, y con España muy particularmente; un aspecto que tocaremos en los capítulos finales (6 y 7). No será de sorprender, ante esta dinámica, que veamos pronto irrumpir con fuerza en Europa y en España a algunas de estas multinacionales latinas. Ello podría constituir una oportunidad en particular para España que podría transformarse en plataforma de entrada para Europa de las multilatinas (y las *start ups* latinas). Petrobras está buscando socios en Europa, los bancos brasileños tienen apetito por abrirse paso fuera del país, desde Chile o México, muchas necesitan o ambicionan diversificar mercados. Por ahora están aterrizando con matrices en Lisboa, Londres o París. ¿Por qué no imaginar, sin embargo, que, al igual que la mexicana Cemex o la brasileña Gerdau en su día, no se ubiquen estas matrices ahora en Madrid, Barcelona o Bilbao?

El auge de los emergentes y de las multilatinas en particular representa a la vez un desafío y una oportunidad. Las relaciones empresariales privilegiadas que España supo tejer en el pasado con América Latina constituyen sin duda una base sobre la cual capitalizar. Para ello será necesario (re)pensar las relaciones con el continente, abrirse a sus inversiones como la propia América Latina hizo con España en el pasado. Al final, el mundo que estamos viendo surgir es un mundo más (re)equilibrado, las relaciones unilaterales de antaño (España invertía en América Latina) se han acabado dejando paso a relaciones más bidireccionales (España sigue invirtiendo en América Latina pero las multilatinas también invierten e invertirán en Europa). Este nuevo mundo constituye, sin duda, una oportunidad.

1. UN *NOVUS MUNDUS*

El fenómeno de las multilatinas, de las multinacionales latinas que están emergiendo desde América Latina, no puede entenderse si no se pone en contexto con el auge generalizado de los mercados emergentes.

Éste se enmarca en una triple tendencia: por un lado el auge sin precedentes de los mercados emergentes en general; por el otro la propia consolidación económica de América Latina, y con ella el auge mismo de las multilatinas.

En este capítulo veremos cómo este auge se enmarca en un fenómeno más amplio, el auge de los emergentes y también el de las propias economías latinas. La internacionalización de las multilatinas, iniciada en décadas anteriores, cobró así una especial velocidad, propulsada a la vez por el doble auge económico de los países emergentes en general y de los de América Latina en particular.

El mundo en el cual operan estas multilatinas es así un espacio económico muy diferente al de las décadas anteriores, más multipolar, sin Centro ni Periferia, como veremos, un *Novus Mundus,* un Nuevo Mundo como el que descubría y nombraba en 1500 Américo Vespucio[1], un mundo global 3.0[2]. Los mercados emergentes acaparan ahora el grueso del crecimiento mundial y de las inversiones

[1] El nombre del continente descubierto por Colón lo dará otro italiano, Américo Vespucio, quien será el primero en insistir que lo descubierto no era una nueva ruta hacia las Indias sino un nuevo continente, un nuevo mundo. Véase la carta de bautizo de América con fecha de 1500 y de la cual podemos encontrar una traducción aquí: [http://memoriapoliticademexico.org/Textos/1Independencia/1500ENM.html].

[2] Véase Pankaj Ghemawat, *World 3.0: Global Prosperity and How to Achieve It,* Boston, Harvard Business Review Press, 2011.

extranjeras directas. Es sobre todo un mundo donde las relaciones Sur-Sur están cobrando un nuevo protagonismo y relevancia, un mundo en el cual las multinacionales y los inversores emergentes invierten cada vez más en otras regiones emergentes, sin dejar de irrumpir también en los países OCDE.

En este nuevo mundo empresarial, una multinacional como Telefónica genera ya el grueso de sus ingresos de los mercados emergentes, en particular de América Latina, una región donde tiene más clientes y empleados que en toda Europa. En este nuevo mundo una multinacional alemana como Daimler Benz ya tiene el 20% de su capital en manos de inversores emergentes y obtiene un 40% de sus ingresos en estas mismas regiones[3]. Por su parte, las multinacionales emergentes están colonizando los primeros puestos en muchos sectores, incluso los tecnológicos: la china Huawei ha desbancado a sus rivales europeos y norteamericanos para convertirse en 2011 en el principal proveedor mundial de la industria de telecomunicaciones, mientras su compatriota Tencent se coloca ya como una de las primeras empresas de internet en términos de capitalización bursátil, justo por detrás de Google y Amazon.

En el caso de América Latina, la región está cada vez más conectada entre sí y sobre todo con Asia, África y Oriente Medio. Así, a nivel comercial los países OCDE han dejado de ser los principales socios de América Latina para dar paso a nuevas potencias, en particular asiáticas. Por su parte, las multilatinas han apostado con fuerza por invertir en otros países de la región. Sobre todo, como veremos, han empezado también por apostar por nuevas fronteras inversoras. Algunas de ellas como las mexicanas Cemex o América Móvil, la brasileñas Embraer, Petrobras o Vale, se han convertido en líderes mundiales en sus respectivos sectores codeándose a la par con sus competidores de los países OCDE.

Europa y Estados Unidos no desaparecen, por lo tanto, del mapa inversor de estas multilatinas, más bien al contrario. Pero lo llamativo es la apuesta por regiones emergentes, sea la propia de América Latina o también, de manera más incipiente, la de Asia, África u Oriente Medio. A lo largo de la década de los 2000, las multilatinas, como veremos en

---

[3] Véase [http://maps.ghemawat.com/].

este capítulo, han emprendido un proceso acelerado de internacionalización que todavía es, en gran medida, un proceso de *americanización,* es decir muy centrado en el continente (Norte y Sur). En la década de 2010 estamos viendo emerger una nueva tendencia, un proceso ya no solo de internacionalización sino de globalización, que abarca no solo el continente americano sino también Europa y nuevas fronteras emergentes.

I. UN EFECTO OLÍMPICO

Uno de los fenómenos económicos más importantes del último cuarto de siglo ha sido sin duda la emergencia de nuevas potencias surgidas desde las llamadas hasta entonces «economías en desarrollo» y que han sido recalificadas como «economías emergentes»[4].

Las multinacionales que se establecían en los mercados en desarrollo lo importaban todo, salvo la mano de obra barata y las materias primas. Esto sin embargo cambió radicalmente. En el siglo pasado invertir en el Tercer Mundo era una aventura incierta; al final del siglo XX se convirtió en una apuesta con futuro y a principios del siglo XXI en un imperativo premiado. Al mismo tiempo, las multinacionales emergentes empezaron a globalizarse: éstas no solo contaban con mano de obra barata y materias primas sino, además, con el saber técnico propio de las multinacionales occidentales.

La crisis global del 2008 es, en este sentido, un episodio más, convirtiéndose en un acelerador de la transición iniciada a finales de la década anterior hacia un mundo con mayor protagonismo de los mercados emergentes. Como un símbolo de este auge, en 2010, el Mundial de Fútbol se celebró en un país emergente, Sudáfrica, dos años después de los Juegos Olímpicos celebrados en China. En el 2014, Brasil, otra de las grandes economías emergentes, acogerá el Mundial y en 2016, por primera vez en su historia, los Juegos Olímpicos; mientras Catar, por su parte, recibirá por primera vez un Mundial de Fútbol también antes de finalizar la presente década.

---

[4] El término fue acuñado por Antoine van Agtmael en 1981, véase su ensayo sobre el auge de las multinacionales y economías emergentes, Antoine van Agtmael, *The Emerging Markets Century: How a New Breed of World-Class Companies Is Overtaking the World,* Nueva York, Free Press, 2007.

Estos eventos catalizan un vuelco masivo de los equilibrios económicos mundiales. Recientemente, a finales del año 2009, el banco de inversión Goldman Sachs, que acuñó el término de BRIC para calificar a principios de los 2000 el auge de los principales mercados emergentes (Brasil, Rusia, India y China), ha vuelto a restimar las proyecciones de los PIB mundiales a raíz de la crisis financiera desencadenada en los países desarrollados. El resultado apunta hacia una aceleración de las tendencias imaginadas por los economistas en el 2003: se anticipa ahora que China alcanzará a Estados Unidos en el año 2027, es decir, 14 años antes de lo inicialmente previsto por estos analistas. China ahora podría rebasar a Japón como segunda economía mundial tan pronto como el año que viene, según Goldman Sachs (algo que en realidad ya ha ocurrido en el 2011)[5].

La principal sorpresa proviene sin embargo de un país latinoamericano: Brasil, cuyo PIB (en término de dólares) podría superar al de Italia tan pronto como a finales del 2010, es decir, 15 años antes de lo previsto inicialmente en los ejercicios llevados a cabo por Goldman Sachs en 2003. En 2029, Brasil podría compararse con Alemania (7 años antes de lo anticipado inicialmente) y con Japón en 2034, algo que no se contemplaba anteriormente. Estas proyecciones conllevan numerosos supuestos y trabas metodológicas que uno puede cuestionar. Sin embargo apuntan hacia una aceleración del proceso de vuelco mundial a favor de los mercados emergentes, y en particular de los BRIC, incluido Brasil, una potencia emergente que ha dejado de convertirse en eterna promesa.

Con el auge de los mercados emergentes estamos presenciando también un incremento sin precedentes de las relaciones Sur-Sur. Así, en el 2009, el principal socio comercial de Brasil ha dejado de ser un país OCDE y es ahora una economía emergente (China). Lo mismo le ocurre a India y Sudáfrica, Corea del Sur o Indonesia. Dicho de otra manera, Europa y Estados Unidos han dejado de ser el Centro y los demás la Periferia. Cada vez hay menos Centro y Periferia, el mundo es cada vez más multipolar, con flujos comercia-

---

[5] Véase Goldman Sachs, *The long term Outlook for the BRIC and N-11 post crisis,* Londres y Nueva York, Goldman Sachs Global Economics Papers 192, diciembre 2009. Disponible en [http://www2.goldmansachs.com/ideas/BRIC/long-term-outlook-doc.pdf].

TABLA 1.1. *Proyecciones a 2050: cambia el Centro hacia el Sur*

Origen	Destino	2010 Exportaciones totales (%)	2010-2050 Crecimiento (%)	2050 Exportaciones totales (%)
China	Total	100	361	100
	Sur-Sur	47	621	73
	Ex-continente/región	16	759	20
	Otros	53	132	27
India	Total	100	504	100
	Sur-Sur	58	761	83
	Ex-continente/región	29	823	45
	Otros	42	147	17
Brasil	Total	100	431	100
	Sur-Sur	58	651	83
	Ex-continente/región	36	901	68
	Otros	42	121	17
Rusia	Total	100	343	100
	Sur-Sur	19	1066	50
	Ex-continente/región	19	1066	50
	Otros	81	174	50

FUENTE: HSBC, 2011.

les e inversores entre los países emergentes cada vez mayores. De hecho, desde 2009 el comercio entre estos países supera el comercio que realizan con los países OCDE, prueba de la gran revolución que está experimentado la economía mundial.

Un informe reciente de HSBC apuntaba que en el caso de Brasil, por ejemplo, el comercio Sur-Sur ya representaba cerca de 60% del total en 2010 y que en 2050 representaría cerca del 83%[6]. Igualmente, en materia de inversiones directas, la UNCTAD resalta que ahora el 70% de las inversiones realizadas por los emergentes se llevaron a cabo en 2010 en otras regiones emergentes. Igualmente, existe un atractivo creciente de estos países: el 50% de la IED (Inversión Extranjera Directa) de las transnacionales de los países OCDE va ahora a parar a los mercados emergentes.

Los efectos de los Juegos Olímpicos o de las Copas del Mundo por venir reforzarán sin duda estas tendencias, contribuyendo a aumentar los impulsos comerciales de los países huéspedes. En un análisis reciente del desempeño económico de 196 países entre 1950 y 2006, dos economistas, Rose y Spiegel respectivamente de la Universidad de Berkeley y de la Reserva Federal de San Francisco, encontraron que los Juegos Olímpicos tienden a tener un efecto positivo importante sobre las exportaciones del país anfitrión, incrementándolas un 30% por encima del promedio. Las importaciones también registran efectos de magnitudes comparables[7]. En el caso más concreto de América Latina, esto significa que el protagonismo de Brasil seguirá reforzándose conforme se desplieguen los Juegos y el Mundial.

A raíz del nuevo equilibrio, las relaciones comerciales entre los países emergentes, como se ha mencionado, se están intensificando notablemente. Prueba de ello son las dinámicas exportadoras, sobre las cuales se polariza (casi siempre) la atención, pero también las dinámicas importadoras: desde el año 2000 las importaciones de los países emergentes han aumentado en promedio un 17%, superando el

[6] Véase HSBC, *The Southern Silk Road: Turbocharging South South Economic Growth,* Londres y Nueva York, HSBC Global Research, junio 2011. Disponible en [http://www.research.hsbc.com/midas/Res/RDV?p=pdf&key=WZnyWSIf38&n=299714.PDF].

[7] Véase Andrew Rose y Mark Spiegel, «The Olympic Effect», *National Bureau of Economic Research Working Paper,* 2009.

GRÁFICO 1.1. *Distribución de proyectos de IED, por país de origen, 2007-2010*

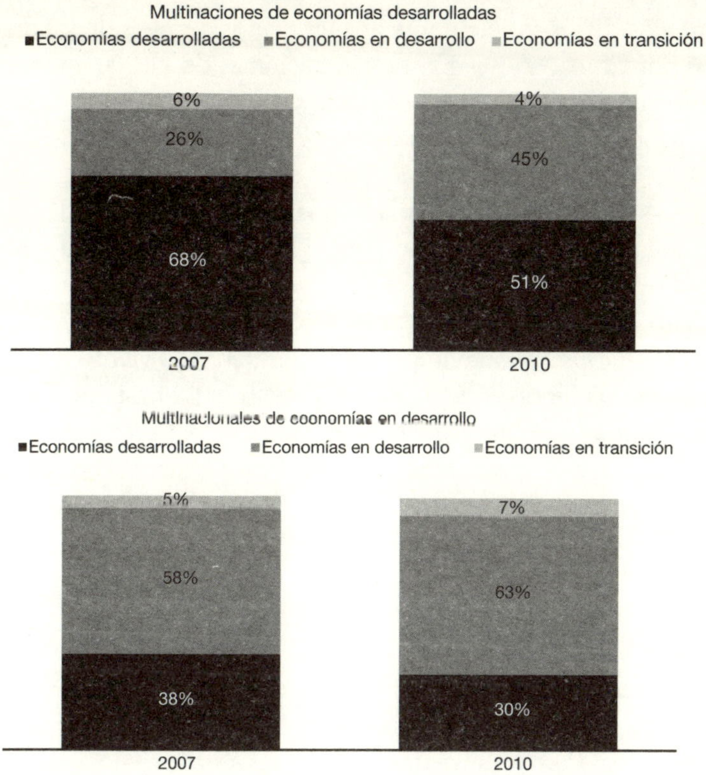

FUENTE: OECD, 2011.

incremento de las importaciones mundiales (13%) y sobre todo del incremento de las importaciones de los países desarrollados (10%). El peso de las importaciones de las economías emergentes en el total mundial ha aumentado de manera significativa, pasando de menos del 30% a principios de 1990 a un 45% hoy en día. Dicho de otra manera, la demanda interna de los países emergentes está ahora dinamizando la demanda mundial y en particular se están intensificando las relaciones entre los países emergentes.

La elección de Río para los Juegos es sin duda un hito para Brasil y otra victoria más para su presidente, Lula, quien en 2010 fue elegido por el *Times Magazine* como el jefe de Estado y el líder más influyente del mundo, por delante de Obama o cualquier otro. Esta es la primera vez que Brasil ha sido designado como sede de los Juegos Olímpicos. Éstos se celebrarán apenas 8 años después de los organizados por China, en Beijing. La estimación es de 11.000 millones de dólares en gastos y se espera que el impacto positivo en la economía del gigante suramericano sea de más de 50.000 millones de dólares (un 3,5% de su PIB actual), a contar desde ahora y hasta 2025, según un estudio elaborado por la Fundación Instituto de Administración de la Universidad de São Paulo (FIA), por encargo del Ministerio de Deportes brasileño.

Cierto o no –lo sabremos solo una vez que se celebren los Juegos– estas cifras apuntan a que los BRIC tienen el viento en popa y lo seguirán teniendo en la década que se abre. La fiesta de los emergentes se anuncia olímpica y la buena noticia, para América Latina, es que también abarcará la región, con Brasil bailando por delante.

II. ADIÓS AL VIEJO MUNDO

Lo que sí veremos es que las economías europeas y estadounidenses irán perdiendo relevancia. Ello no quiere decir que desaparezcan del mapa, al contrario. Siguen y seguirán siendo potencias económicas de primer orden. Pero, y esto es importante, dejarán de ser los únicos protagonistas, teniendo que hacer un hueco cada vez mayor a los emergentes. Esto conllevará, como consecuencia, la necesidad de (re)pensar las relaciones entre Norte y Sur, o por decirlo de otra manera, entre economías «desarrolladas» y economías «en desarrollo». Las relaciones unilaterales serán sustituidas por relaciones más bilaterales, más equilibradas, unos nutriéndose de los otros, en términos de flujos comerciales, de inversiones o de buenas prácticas.

Las categorías tradicionales «países OCDE» y «países emergentes» tienen incluso que resetearse drásticamente: dentro de la OCDE hay ya varios emergentes (México, Turquía, Polonia, Israel, Chile, solo por mencionar algunos), la propia organización, supuestamente acuñada el «club de los ricos», cuenta entre sus filas con países más pobres y menos desarrollados que los Emiratos o Singapur. Es más: su máximo responsable, Ángel Gurría, procede de un país emergente. Con la crisis de 2008 estamos también viendo cómo los países OCDE, antaño detentores de las «mejores prácticas», pueden también ostentar las peores prácticas y en todo caso padecer crisis económicas y financieras de una magnitud que solo se pensaba podía suceder en los mercados emergentes, plagados en los noventa de crisis abruptas e infartos financieros.

Los años 2008-2012, lejos de ralentizar el gran vuelco de las riquezas de las naciones, lo están acelerando. En Europa, los dominós siguen cayendo, uno tras otro. La crisis financiera de 2008-2012 no deja de multiplicar las paradojas. Mientras los países OCDE vieron cómo sus deudas tomaban sendas explosivas, invitando cada vez más a comparaciones con las experiencias de los mercados emergentes de la década de los ochenta y noventa, los mercados emergentes tenían que buscar enfriar el entusiasmo inversor internacional. Mientras, por ejemplo, en América Latina, uno tras otro los países lograban el grado de inversión, primero Brasil, luego Perú y más reciente, en junio del 2011, Colombia, los países OCDE veían sus deudas y riesgos soberanos recalificados por las agencias de *rating*.

En 2011 incluso otro dominó y tabú ha caído. Por primera vez las agencias de *rating*, Standard & Poors y Moody's, insinuaban que Estados Unidos podría perder su calificación de triple A, es decir, dejar de ser la referencia mundial en materia de bonos internacionales (amenaza que ejecutaron en agosto del 2011 con la rebaja del *rating* de EEUU por parte de S&P). La noticia no es trivial y la crisis del verano de 2011, con la discusión del presupuesto en el Congreso de EEUU que casi termina en suspensión de pagos, lo ha magnificado de cierta manera. Los bonos del Tesoro de Estados Unidos, hasta la fecha, eran considerados como los más seguros del mundo, incluso libres de riesgo, según los mercados. Los Treasuries tienen funciones cruciales en el sistema financiero internacional, siendo los más líquidos del mundo, activos refugio en periodo de estrés, e incluso referencia absoluta para ponerle precio a todos los demás bonos del planeta. Cuando Brasil o Rusia emiten deuda, el precio de referencia se fija en función de los bonos estadounidenses. Toda la industria financiera se basa en este postulado: los Treasuries son los bonos de referencia, por ser los más seguros.

Después de 2008, las primas de riesgo de muchos de los países OCDE comenzaron a converger con las de los mercados emergentes. Mientras los primeros veían sus primas aumentar y por lo tanto sus calificaciones deteriorarse, los segundos veían cómo disminuían sus primas y mejoraban sus calificaciones. En 2011, Grecia estaba así a la par con Argentina, considerada por los mercados como uno de los países con mayor probabilidad de impago o reestructuración de su deuda soberana. Por su parte, Brasil ostentaba una prima de riesgo muy inferior a la de su antigua colonia, Portugal. De hecho, en abril 2011, el ex presidente Lula incluso llegó a insinuar que Brasil podría rescatar Portugal, comprando bonos lusos, mientras el *Financial Times* proponía, con cierta ironía, que Portugal aceptase ser anexada a Brasil... para poder así solventar la crisis y reducir su prima de riesgo. Este vuelco de los riesgos financieros internacionales está llevando a las empresas y a los inversores en general a redefinir también los riesgos y las oportunidades.

Uno de los mayores gestores de activos e inversores del mundo, Blackrock, ha introducido así un nuevo índice de riesgo soberano en junio de 2011 en el cual señalaba a China como menos arriesgada que Estados Unidos para invertir, y Chile menos que Alemania, o Brasil menos que España[8]. Algo inimaginable en el pasado reciente: los mercados e inversores empezaron a especular en 2010 y en 2011 con el riesgo de un impago por parte de soberanos de los países OCDE, incluido Estados Unidos[9], algo que hasta entonces era un riesgo y característica de los mercados emergentes. Mientras los niveles de deuda en los países emergentes oscilan entre 49% y 55%, en los países OCDE tienden a oscilar ahora en niveles muy superiores entre 65% y 90% (o más), provocando una reasignación de las carteras de los inversores financieros[10].

---

[8] Véase Blackrock, *Introducing the Blackrock Sovereign Risk Index: A more comprehensive view of credit quality,* Nueva York y Londres, Blackrock, junio 2011. El informe de la gestora está disponible en [https://www2.blackrock.com/webcore/litService/search/getDocument.seam?venue=PUB_IND&source=GLOBAL&contentId=1111142235].

[9] Véase JP Morgan, *The domino effect of a US Treasury technical default,* Nueva York, JP Morgan Reserach, abril 2011. Disponible en [http://www.jpmorgan.com/pages/jpmorgan/investbk/solutions/research].

[10] Véase Pierre Yves Bareau, *Emerging markets debt coming of age,* Londres, JP Morgan Asset Management, 2011. Disponible en [http://www.jpmorgan.com/pages/jpmorgan/investbk/solutions/research].

Los mercados emergentes se han transformado en protagonistas centrales de las finanzas globales y de la economía internacional. En 2011, los mayores tenedores de bonos estadounidenses ya no eran otros países OCDE: dentro de los 10 mayores tenedores, la mitad eran países emergentes. China lo lidera, ahora por delante de Japón y Gran Bretaña, con más de 1.150 miles de millones de dólares de bonos americanos entre sus manos. De ahí que, apenas conocida la noticia de S&P, Beijing se apresurase, no sin ironía, en llamar la atención a Washington para cuidar de que sus bonos no fueran recalificados, es decir dándole consejos sobre cómo lidiar con su crisis. Pero China no es el único emergente que ostenta con opulencia bonos estadounidenses: justo por detrás de Gran Bretaña, aparece Brasil con cerca de 200 mil millones de dólares invertidos en Treasuries. Y le siguen otros tres países emergentes –Taiwán, Rusia y Hong Kong– todos ellos por delante ahora de Suiza, Canadá y Luxemburgo.

Las propias economías emergentes están ahora cuestionando cada vez más el protagonismo de los países OCDE. A finales de 2010, la agencia de *rating* china, Dagong, degradó la nota de Estados Unidos (a principios del 2011 haría lo mismo con otro país OCDE, Japón). Obviamente, uno puede pensar que esta agencia tampoco carece de sesgos y cuestionar, por ejemplo, que China califique igual de bien que Alemania y mejor que Estados Unidos. Sin embargo, estas calificaciones también pueden verse como un reflejo de la (cambiante) visión del mundo de un país. Las calificaciones de Dagong nos dan así una idea de cómo China está viendo el mundo, en términos de riesgos y oportunidades financieras, siendo a la vez sus calificaciones señales políticas.

Vistas así, no deja de llamar la atención, por ejemplo, que hoy en día un país como Chile goce de una relativa mejor perspectiva según Dagong que Estados Unidos. Ambos ostentan una nota idéntica (A+) pero para el país latinoamericano la perspectiva de cara al futuro es «estable» mientras que es «negativa» para su vecino norteamericano. Estados Unidos se encuentra ahora apenas un peldaño por encima de economías emergentes como Rusia o Sudáfrica, ambas convertidas hoy en día en socios económicos estratégicos de Beijing. Por su parte, otros países latinoamericanos como Brasil gozan de calificaciones positivas, desbancando a Estados Unidos y otros países OCDE.

La geografía de las naciones no es cambiante. La geografía financiera y económica sí lo es. Lo que estamos presenciando es un mundo donde las certidumbres más arraigadas del ayer se están cuestionando hoy. Lo que parece seguro es que el mundo de ayer será muy diferente del mundo de mañana. Cuando Stefan Zweig se asienta en Brasil, a mediados del siglo pasado, escribe que éste será el país del futuro. Sin duda los emergentes son países del futuro. Pero se han convertido sobre todo en países del presente: China, Brasil, India, todos ellos se han convertido en actores económicos industriales y financieros[11]. Mientras, los países OCDE, Estados Unidos en cabeza, sin perder su protagonismo, verán cómo dejan de ser epicentros únicos del mundo, la referencia absoluta mediante la cual se mide todo.

III. LAS INVERSIONES EN PAÍSES EMERGENTES

Como hemos visto, los países emergentes salieron mejor parados de la crisis que sus pares de la OCDE. La consecuencia de ello es el atractivo que están cobrando estas economías de cara a las inversiones internacionales. Es más –y señal de los tiempos modernos que cambian–, a estos inversores se suman ahora también los de los propios países emergentes que se han convertido en generadores de capital e inversores a nivel global, junto con sus pares de los países OCDE.

Los emergentes ganaron una atractividad creciente a lo largo de la década de los 2000, como lo reflejan las estadísticas de inversiones extranjeras directas (IED) en particular. En Asia, China e India se convirtieron en importantes receptores. En América Latina, Brasil y México pero también Chile y Colombia recibieron cantidades crecientes de

[11] Este entusiasmo por los mercados emergentes no es inédito como lo muestran los trabajos de historia económica: a finales del siglo XIX y hasta la Primera Guerra Mundial, en lo que fue la primera gran globalización económica y financiera, los europeos han llegado a tener el 60% de sus inversiones en mercados emergentes. Véase Rui Pedro Esteve, «The Belle Epoque of International finance. French capital exports, 1880-1914», University of Oxford, Department of Economics, Discussion Paper Series 534, febrero 2011, disponible en [http://www.economics.ox.ac.uk/research/WP/pdf/paper534.pdf]; y Marc Flandreau, Juan Flores, Nicolas Gaillard y Sebastián Nieto-Parra, «The End Of Gatekeeping: Underwriters And The Quality Of Sovereign Bond Markets, 1815-2007», *NBER Working Paper* 2009, # 15128.

IED. Las reformas económicas emprendidas, la estabilización política[12], así como las sendas de crecimiento y expansión de clases medias logradas a lo largo de la última década, incentivaron el interés creciente por parte de las empresas para invertir en los mercados emergentes.

En 2010, por primera vez en la historia moderna, las economías emergentes han acumulado más entradas de inversión extranjera directa que los países OCDE. Como lo registran diferentes informes de los organismos internacionales, ya sean el Banco Mundial o la OCDE[13], estamos asistiendo a la emergencia de un mundo multipolar, con el auge de las inversiones hacia los países emergentes y desde los países emergentes. A lo largo de la década de los 2000 más de 5.000 multinacionales emergentes iniciaron operaciones en otros mercados a través de 12.500 inversiones *greenfield* y montos que rebasaron los 1.700 miles de millones de dólares. Más de un tercio de las inversiones en los países emergentes proceden ahora de otros emergentes. En 2010, de las más de 11.100 operaciones de fusiones y adquisiciones unas 5.600, es decir más de la mitad, han involucrado a empresas de países emergentes, sea como compradores o como empresas adquiridas por terceros.

En la nueva década de los 2010, esta atractividad no ha disminuido, al contrario. Los mercados emergentes siguen siendo vistos como los principales países donde invertir de cara al futuro. Así lo piensan en particular los empresarios de las grandes multinacionales encuestadas por la consultora AT Kearney en su último informe *2010 Foreign Direct Investment (FDI) Confidence Index*: nada menos que tres paí-

---

[12] Sobre el impacto de la estabilidad política y las instituciones en los flujos de IED, véase en particular Laura Alfaro, Sebnem Kalemli-Ozcan y Vadym Volosovch, «Capital Flows in a Globalized World: The Role of Policies and Institutions», en Sebastian Edwards (ed.), *Capital Controls and Capital Flows in Emerging Economies: Policies, Practices and Consequences,* National Bureau of Economic Research, University of Chicago Press, mayo 2007, pp. 19-72. Sobre los determinantes de la IED, véase Elif Arbatli, «Economic policies and FDI inflows in emerging markets», *IMF Working Paper,* agosto 2011. Disponible en [http://www.imf.org/external/pubs/ft/wp/2011/wp11192.pdf].

[13] Véase World Bank, *Multipolarity: The New Global economy. Global Development Horizons 2010,* Washington DC, The World Bank, 2011. Véase también OCDE, *Perspectives on Global Development: Shift in Wealth,* París, OECD Development Centre, 2010; y para un análisis centrado sobre América Latina véase Javier Santiso, *The Shifting Wealth of Nations,* París, OECD Development Centre, 2009. Disponible en [http://www.oecd.org/dataoecd/52/31/41373888.pdf]; y otra versión del 2008 en [http://www.oecd.org/dataoecd/22/8/41125576.pdf].

GRÁFICO 1.2. *Inversión Extranjera Directa (entradas) en miles de millones de dólares*

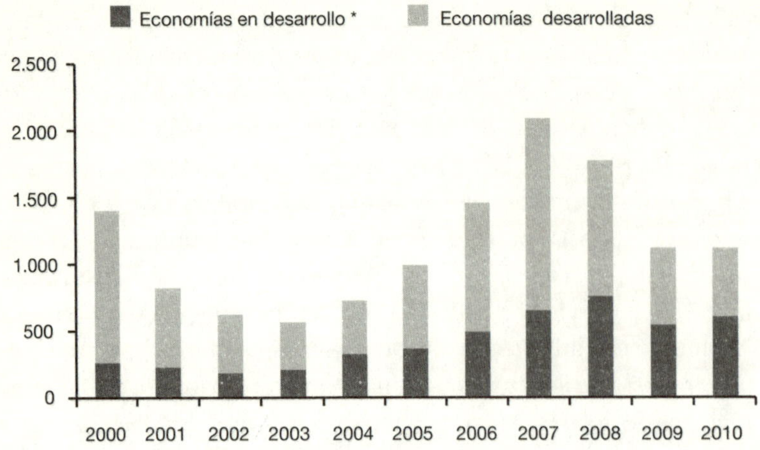

*Incluye Rusia y otras economías emergentes.
FUENTE: Capapé y Santiso, 2011; con datos de UNCTAD, 2011.

ses emergentes (China, India y Brasil) figuran entre las cinco principales economías mundiales donde estas multinacionales esperan destinar sus inversiones[14].

Es más: la actual crisis, que sigue desarrollándose en los países OCDE, podría ser un aliciente para seguir invirtiendo y apoyando en los países (emergentes) donde se concentrará el grueso del crecimiento mundial en la próxima década; mientras que los países más desarrollados verán, al contrario, sus crecimientos potenciales lastrados por las cargas de la deuda y los pendientes ajustes fiscales. No es de sorprender entonces que de los 3 países que más han visto cambiar positivamente sus perspectivas de inversiones sean las tres economías emergentes: China, India y Brasil.

En los mencionados índices, China, como el año anterior, se coloca primera, por delante de Estados Unidos, mientras Brasil se alza como el cuarto destino favorito, por delante de Alemania. Otro país

[14] Véase AT Kearney, *Investing in a Rebound. The 2010 AT Keanry FDI Confidence Index,* Washington DC, AT Kearney, 2010. Disponible en [http://www.atkearney.com/images/global/pdf/Investing_in_a_Rebound-FDICI_2010.pdf].

GRÁFICO 1.3. *Top 10 Destinos de Inversión en 2010*

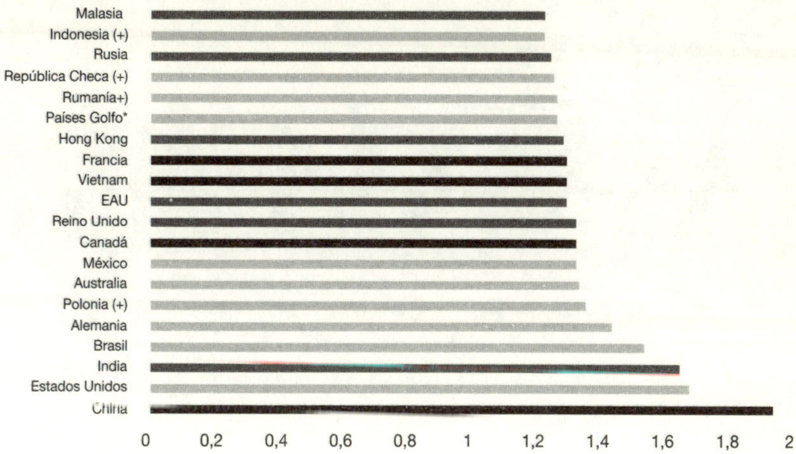

NOTA: (+) Nuevas entradas en la lista; negro: mismo puesto; oscuro: empeora; claro: mejora.
FUENTE: AT Kearney, 2011.

latinoamericano, México, experimenta un salto espectacular, pasando del puesto 19 al 8 entre 2009 y 2010. Dos tercios de los destinos favoritos de los inversores directos para los próximos años son ahora economías emergentes. Algunos de estos países –como Indonesia– ni siquiera aparecían en el radar de los veinte principales destinos de inversiones antes de la crisis, en el 2007.

En América Latina siguen destacando Brasil y México como principales destinos. Es llamativo en particular que Brasil se alce como el cuarto destino favorito, por delante de Alemania. Brasil se permitió el lujo incluso de ver la inversión extranjera directa (IED) en el país aumentar el año de la crisis global con más de 45 mil millones de dólares de entrada, todo un récord. En 2009, según la UNCTAD, el descenso ha sido importante, con flujos de entrada que alcanzaron apenas los 23 mil millones de dólares. Sin embargo éstos repuntaron de nuevo en 2010, año en que la IED creció un 56% para ubicarse en 86 mil millones de dólares, con Brasil encabezando dicha subida y totalizando más de la mitad de lo invertido en la región. Brasil recibió la mayoría de las inversiones directas extranjeras (IDE), ganando 48,5 mil millones de dólares, seguido por México con 17,7 mil millones de dólares.

GRÁFICO 1.4. *Principales cambios en las perspectivas de los inversores entre 2007 y 2010*

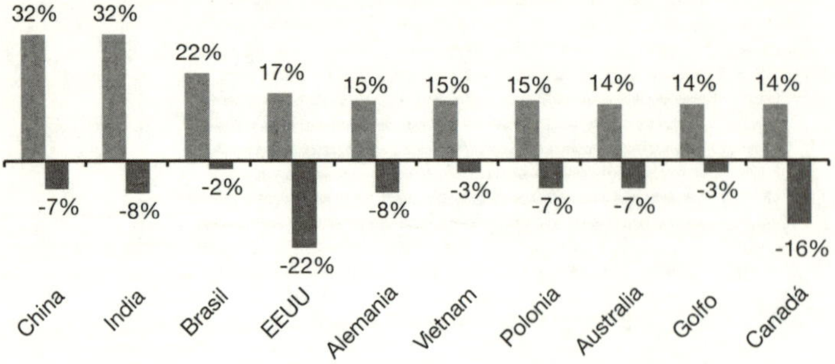

FUENTE: AT Kearney, 2010.

De cara al futuro, la atractitivad de la región permanece. Multinacionales como Wal-Mart o Coca-Cola, por ejemplo, planean alzar sus inversiones de cara a la Copa del Mundo de 2014 y los Juegos Olímpicos de 2016. Con estos eventos mundiales en el punto de mira Brasil se convertirá sin duda en uno de los destinos favoritos de inversiones también en sectores como la construcción, el turismo y las infraestructuras y servicios de manera general.

Por su parte, México, que experimentó en 2009 una fuerte recesión, una de las peores desde los años treinta del siglo pasado, también presenta un panorama más alentador de cara a futuro. En el 2009, la IED se contrajo fuertemente (13 mil millones de dólares después de casi 22 mil millones recibidos en el 2008). Las inversiones están sin embargo repuntando en 2010-2011, conforme el país se orienta de nuevo hacia un mayor crecimiento, con entradas de jugadores nuevos como La Caixa (que compró por 2,2 mil millones de dólares un 20% del Grupo Financiero Inbursa) o la francesa AXA (que compró ING Seguros por 1,5 mil millones de dólares). En 2010, México escaló a la posición 18 entre los mayores receptores de inversión extranjera directa, según la UNCTAD, con una alza del 22% de la IED recibida en el país (18,7 mil millones de dólares)[15].

---

[15] Véase UNCTAD, *World Investment Report 2011,* Ginebra, UNCTAD, 2011. Disponible en [http://www.unctad.org/Templates/webflyer.asp?docid=15189&intItemID=6018&lang=1&mode=downloads].

GRÁFICO 1.5. *Top 20 Mundial – Economías Receptoras de IED (miles de millones de dólares)*

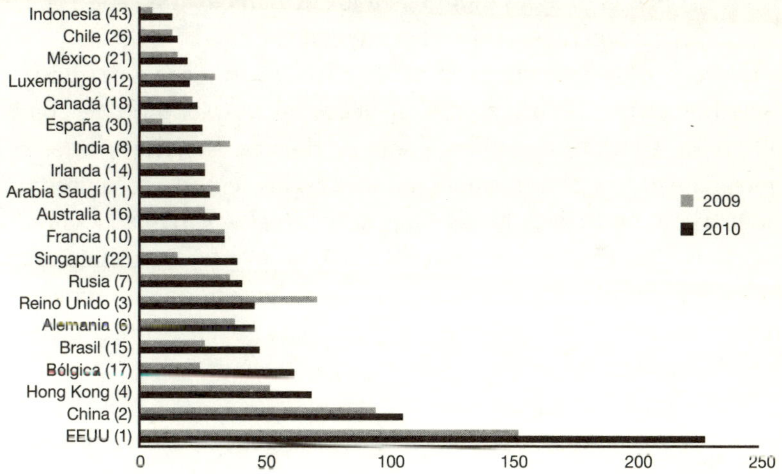

GRÁFICO: Entre paréntesis el ranking en 2009.
FUENTE: UNCTAD, 2011.

El país, junto con Brasil y Chile, se ubica así en el Top 20 mundial en términos de recepción de IED, según la UNCTAD. Es llamativo también, prueba del gran vuelco mundial hacia los emergentes, que la mitad de este Top 20 mundial esté ahora compuesto por economías emergentes, Asia lidera con 5 países, por delante de América Latina con 3.

Sin duda, la crisis mundial de los años 2008-2010 afectó a la región y las corrientes de IED se resintieron, cayendo un 42% en el 2009 hasta los 77 mil millones en total, desde un récord histórico logrado en el 2008 (con casi 132 mil millones de IED). El año 2010, sin embargo, confirmó una recuperación del repunte inversor hacia la región; este repunte tuvo lugar, como veremos, gracias a las propias multinacionales emergentes, y las latinas especialmente, que han reiniciado con fuerza sus inversiones en el extranjero.

Lo más llamativo de todas estas tendencias es que estamos presenciando cambios significativos de los flujos de IED a escala más global: en 2009, casi la mitad de la IED mundial (46%) se concentró en los países emergentes (hace 20 años apenas recibían el 15% del total mundial). Es muy probable que esta historia se repita incluso en 2010 y en 2011, si uno se fía no solo de los resultados de las encuestas mencionadas al inicio, sino también del mero hecho de que el grueso del crecimiento mundial en los próximos años estará en las economías emergentes y no en los mercados OCDE.

De hecho, las inversiones en países estrella como Brasil continúan, como lo muestran las inversiones de la británica Apax Partners con la compra de Tivit por casi mil millones de dólares. En ambos casos estamos hablando de operaciones amplias en los sectores tecnológicos, y además por parte de empresas que hasta la fecha no habían realizado inversiones en Brasil. En mayo de 2010, la propia Telefónica decidió incluso apostar todavía más por Brasil, haciendo una oferta por un importe de 6,5 mil millones de euros para hacerse con el control de Vivo, también participada por Portugal Telecom.

Otra tendencia que llama la atención, y que la crisis lejos de inhibir está acelerando, es precisamente la emergencia de nuevos inversores procedentes de los mercados emergentes. Los grupos procedentes de los países emergentes fueron el origen de casi el 20% en 2008 y 2009 del total de la IED mundial (contra apenas un 11% a principios de la década). Si uno toma los datos del 2009 para América Latina, por ejemplo, potencias de la OCDE como EEUU y España siguen encabezando las inversiones con 57% y 9% respectivamente del total que llegó ese año en América Latina. Sin embargo, los países emergentes de la propia región también invirtieron fuertemente en el resto del continente, sumando un 10% del total; Chile y México encabezaron una lista que, como en años anteriores, fue liderada por Brasil, una tendencia que se confirma en 2010 y 2011.

En 2010, según la UNCTAD, las inversiones por parte de multilatinas en la región repuntaron también. Representaron el 17% del total de las adquisiciones realizadas ese año en América Latina, superando lo volcado en la región por los países OCDE (12% del total). Durante el periodo 1995-2002, la IED intrarregional (es decir, realizada por multilatinas en América Latina) apenas superó el 5% del total; esta cifra subió a más del 36% durante el periodo 2003-2010. Lo más llamativo es, sin embargo, el impresionante salto realizado por los inversores asiáticos (en particular China e India) que acumularon el 20% del total de la IED invertida en 2010 en América Latina, un monto total de más de 20 mil millones de dólares.

Si bien la IED realizada por los grupos latinoamericanos en el exterior experimentó una desaceleración –bajando de los 43 mil millones del pico logrado en 2006 (sobre todo por la operación de Vale) hasta algo más de 11 mil millones de dólares en 2009– la crisis global no detuvo tampoco esta tendencia. En 2010, la inversión directa de las multilatinas en el exterior volvió a situarse en 43 mil millones de dólares. En 2009, Chile se convirtió, por primera vez, en el principal inversionista latinoamericano, con una inversión en el exterior de 8 mil millones de dólares. Los demás países de la región no se quedaron tampoco rezagados, empezando por Brasil.

Así, a principios de 2010, la energética estatal brasileña Eletrobras divulgó, por ejemplo, sus planes estratégicos hasta 2020 y citó entre sus prioridades su internacionalización en América Latina. Unos meses después, la minera Vale se hacía con el control de una concesión en Guinea por un monto de 2,5 mil millones de dólares, después de haber desembolsado otros 3,8 mil millones de dólares a principios de año para hacerse con los negocios de fertilizantes del norteamericano Bunge. De cara al futuro no sorprenderá si las inversiones de multinacionales latinoamericanas también repuntan, y no solo en la región sino también en mercados donde buscan hacerse mayores huecos, como Asia, Europa o incluso África.

IV. AMÉRICA LATINA Y LOS PAÍSES ÁRABES

La región también está atrayendo inversores de otros países emergentes, en particular de Oriente Medio y Asia[16]. Dentro de los cambios que estamos presenciando llama la atención la intensificación de las relaciones económicas entre los países emergentes. China está obviamente en el epicentro de estos cambios, pero se están estructurando nuevas redes comerciales, financieras e industriales entre zonas que hasta hace poco tenían vínculos de baja densidad. Uno de estos ejes emergentes es, por ejemplo, el de América Latina con los países árabes.

[16] Sobre las relaciones entre Asia y América Latina una de las mejores fuentes de información es el observatorio creado por Casa Asia, disponible en [http://www.iberoasia.org/].

Estos vínculos no son nuevos. Históricamente las diásporas de Oriente Medio también llegaron hasta América Latina. Símbolo de estas migraciones son, por ejemplo, los empresarios de origen sirio o libanés que se asentaron en América Latina y levantaron en algunos casos auténticos imperios (se estima que hay unos 20 millones de latinoamericanos de origen árabe en la región, 7 de ellos en Brasil). El más espectacular es probablemente Carlos Slim, la mayor fortuna del continente, dueño del Grupo Carso, Telmex y América Móvil, entre muchas más empresas. En Chile los Yarur, procedentes de Oriente Medio a finales del siglo XIX, fundaron un imperio, poseen el 50% de las Viñas Morandé, una de las más importantes del país, y son fundadores y dueños del Banco de Crédito e Inversiones, la cuarta entidad financiera de Chile. José Said Saffie multiplicó la fortuna familiar y es de los más acaudalados de Chile y América Latina, como dueño del 21% de Parque Arauco; 16% del banco BHIF-BBVA; 25% de Embotelladora Andina; 30% de Factorline, la cuarta compañía de *factoring* del país; 48% de Edelpa, la mayor empresa de envases flexibles, y el 50% de Clínica Reñaca.

Sin embargo, las relaciones con la península árabe fueron hasta fechas recientes menos desarrolladas. En la década de 2000 se multiplicaron los vínculos con una intensidad inédita, en particular de la mano de los fondos soberanos de éstos países.

Desde los Emiratos, ADIA (Abu Dhabi Investment Authority), uno de los mayores fondos soberanos del mundo, empezó a invertir recientemente en América Latina a través de fondos latinoamericanos de gestión, como Southern Cross Group y otros gestores de activos globales. Posee edificios en Río, participaciones en la Bolsa de São Paulo (Bovespa), así como bonos brasileños. El *holding* Al Qudra, por su parte, se interesa en los sectores agroindustriales brasileños mientras el fondo de *private equity* de Abu Dhabi, Mubadala (que tiene el 20% de sus inversiones fuera de los Emiratos) planea también diversificarse hacia Brasil. En 2009, una delegación de Abu Dhabi visitó 14 países en el hemisferio occidental, buscando ampliar el espectro de posibles inversiones.

En enero de 2010, el emir de Qatar, el jeque Hamad Al-Thani, visitó Argentina, Brasil y Venezuela en búsqueda de oportunidades. Los inversores árabes, como el operador de puertos DP World, por ejemplo, han participado también en la construcción del puerto de Callao, en Perú. DP World tiene previsto también una inversión de 250 millones de dólares en Cuba, con el objetivo de transformar el puerto de Mariel en un puerto de primer rango mundial. Otros han hecho también importantes inversiones, cerca de 330 millones de dólares, por ejemplo, en el Banco Santander en Brasil, por parte de otra institución del fondo –Aabar Investments– de Abu Dhabi. En octubre de 2010, Qatar Holdings adquirió el 5% de esta misma filial brasileña –Santander Brasil– por un monto cercano a los 2.000 millones de dólares. Los inversores de Oriente Medio y fondos soberanos, como ADIA, ADIC (ahora Invest AD), Mubadala, AIC y KIA, están analizando agronegocios y alimentos, petróleo y gas, bienes raíces comerciales, hoteles, energías renovables y minería en América Latina.

El sector agroindustrial, y todo lo vinculado al agua (un bien que escasea en la península arábiga), es de particular atractivo. Empresas como Hassad Food (filial del fondo soberano de Qatar) o Al Dahra Agricultural Company (de Abu Dhabi) están buscando ampliar también su presencia en la región. Cosan, la mayor productora mundial de caña de azúcar y etanol, creó una filial especializada en localización y valoración de tierras agrícolas, Radar Propiedades Agrícolas, que tiene entre sus clientes inversores de los países árabes. Este interés por la región no es de sorprender: América Latina concentra cerca del 30% del total de las reservas hidráulicas mundiales y Brasil, por sí solo, algo más del 13% mundial. Este oro azul se está volviendo igual de precioso que el oro negro. Los fondos árabes no son los únicos de hecho en interesarse en tierras y propiedades latinoamericanas.

La diversidad de intereses llama igualmente la atención. Una aerolínea nueva con vuelos diarios a Dubái, la compra del Hotel Seaso, y un proyecto para incrementar el ganado ovino en más de 1,5 mil millones de dólares son algunas de las iniciativas encaradas, por ejemplo, por empresarios árabes en Argentina a lo largo de 2011.

La presencia latinoamericana en Oriente Medio es más escueta. Por ahora solo dos bancos latinoamericanos, Banco Itaú y Banco do Brasil, tienen pequeñas oficinas de representación en Dubái, mientras que el gigante minero brasileño Vale ha establecido una planta de acero de mil millones dólares en Omán. Emirates Airlines acaba de abrir vuelos diarios que conectan Dubái y São Paulo, y vuelos diarios de Qatar Airways que conectan Doha con São Paulo y Buenos Aires, desde junio de 2010. De hecho, los países árabes se han convertido en 2010 en el tercer principal socio comercial de Brasil, absorbiendo más de 10 mil millones de dólares de exportaciones brasileñas, cerca de un 11% del total de las exportaciones de Brasil.

Para estimular las relaciones entre ambas regiones varios empresarios latinoamericanos crearon en 2009 el Gulf Latin American Leaders Council [http://www.gllc.org]. En abril de 2010, unos 25 empresarios de la región viajaron así a los países árabes. Por la parte oficial, en 2005, Brasil impulsó la primera Cumbre Árabe-América Latina, que se volvería a repetir luego en Qatar, en Doha, en 2009[17]. La tercera, programada para febrero de 2011 en Lima, fue alterada por los eventos en el Norte de África y Oriente Medio. Por su parte la revista Latin Finance empezó a organizar también eventos entre ambas regiones, celebrando en 2010, en Abu Dhabi, una segunda edición del Latin America Mid East Investor Forum[18], en el cual participaron los fondos soberanos Invest AD y ADIA de Abu Dhabi. Argentina está también moviendo ficha, al ser anfitriona a finales del 2010 de una conferencia con los Emiratos. En 2010, los Emiratos Árabes Unidos anunciaron una ampliación de su red de embajadas en América Latina, con la apertura de una representación en Chile. Por su parte el primer ministro de Kuwait inició en julio un recorrido de tres semanas por toda la región en búsqueda de oportunidades de inversión.

Este creciente interés por América Latina está en realidad vinculado a una tendencia más amplia, muchos fondos soberanos buscan ahora potenciar sus inversiones en otros países emergentes, por delante de las inversiones en países OCDE. Un ejemplo de ello es el fondo soberano Kuwait Investment Authority que ha reducido en poco tiempo del 90% al 70% su cartera europea y estadounidense para potenciar inversiones en mercados emergentes (la cuota de éstos pasó del 3% a más del 9% del total de la cartera).

Las relaciones entre los países emergentes se hacen más densas. La velocidad con la cual se están estructurando es en sí mismo lla-

---

[17] Véase, para un relatorio histórico de estas relaciones, [http://www2.mre.gov.br/aspa/history.html].

[18] Véase [http://latinfinance.com/event.aspx?ArticleID=2311715].

mativa. En este sentido los vínculos entre América Latina y los países de la península árabe son otra ilustración más de esta tendencia global hacia un mundo mucho más descentrado.

V. AMÉRICA LATINA Y ASIA

Llama igualmente la atención cómo también con Asia se buscan intensificar las relaciones, por ambas partes. El más reciente ejemplo fue la oferta que ha hecho Venezuela de crear un fondo de inversión conjunto en el sector energético, de 100 mil millones de dólares, con India, otro país que busca asegurar su abastecimiento en materias primas para seguir creciendo y nutriendo a su amplia población[19].

India y sus multinacionales se están asomando como inversores importantes en América Latina. Este es el caso, por ejemplo, de la multinacional india Reliance Industries que invirtió 500 millones de dólares en Perú en 2009. El elefante asiático también se está lanzando con fuerza hacia el mundo latino, en búsqueda de alimentos, minerales y petróleo para sustentar su crecimiento. India es el cuarto mayor importador de crudo en el mundo, de ahí el interés por activos e importaciones de hidrocarburos de América Latina. Las multinacionales petroleras indias están ahora iniciando inversiones en el continente. OVL (ONGC Videsh Ltd.), la petrolera india, inició operaciones en Brasil, Venezuela y Cuba por montos superiores a 2 mil millones de dólares, mientras también iniciaba operaciones en Colombia por otros 500 millones de dólares. Bharat Petro Ressources, por su parte, invirtió 280 millones en Brasil para la exploración petrolera. Reliance Industries, otro de los grandes conglomerados indios, importó en 2010 un cuarto del crudo que consume desde América Latina. A finales del 2009 firmó un acuerdo con la estatal ECOPETROL para operar en la exploración y producción de petróleo en Colombia. En Perú también las empresas indias invertirán unos 700 millones de dólares en proyectos mineros y petroleros de la mano de Reliance Industries y de Jindal Steel.

---

[19] Véase sobre las relaciones entre India y América Latina el sitio web [http://induslatin.com/].

En el ámbito agrícola y agroindustrial también se multiplican los proyectos. La Cooperativa de Agricultores de la India (Iifco), junto a la canadiense Americas Petrogas, anunció en 2011 que invertirá 200 millones de dólares en la construcción de una planta de cloruro de potasio. Su compatriota Shree Renuka Sugars invirtió cerca de 410 millones de dólares en Brasil, comprando varias empresas locales en 2009 y 2011 para diversificar sus fuentes de abastecimiento, convirtiéndose así en uno de los 5 principales productores de azúcar de Brasil. Un consorcio indio liderado por Bharat Petroleum Corporation, y otras empresas privadas como Rajashree y Godavari, están igualmente buscando oportunidades en este sector, al igual que Bajaj Hindustan. Por su parte, Jindal Steel & Power Ltd ha invertido ya más de 3 mil millones de dólares en proyectos mineros en América Latina. En 2011 anunció que construirá en Bolivia una planta de fabricación de hierro esponja con una inversión total de 600 millones de dólares. Solo en Bolivia la firma prevé dar empleo directo a más de 5.000 personas, comprometiéndose a que un 95% de los mismos sean bolivianos.

Las inversiones indias en América Latina siguieron intensificándose a lo largo de 2010 y 2011. United Phosphorus Limited (UPL), la mayor empresa de agroquímicos de India, anunció en 2011 que adquirirá el 50% de Sipcam Isagro Brazil (SIB) por un monto estimado en 600 millones de dólares. Esta empresa con base en Mumbai ya tiene realizadas siete adquisiciones en toda América Latina, principalmente en Brasil, Argentina, México y Colombia. La empresa de fertilizantes busca tierras fértiles y agua, algo que tiene en abundancia la región. El esquema se repite también en Uruguay, donde se planea lo que sería una de las mayores inversiones indias en el continente y la mayor inversión realizada hasta la fecha en dicho país. Aratirí, propiedad de la multinacional india Zamín Ferrous, pretende explotar en un terreno de unas 150 mil hectáreas una gigantesca mina a cielo abierto de hierro y otros minerales. El proyecto supondría una inversión cercana a los 2 mil millones de dólares, la mayor en la historia del país, y generaría unos 1.500 puestos de trabajo directo durante su explotación.

Sin embargo, y ello es particularmente llamativo, como apuntaba Luis Alberto Moreno, el presidente del Banco Interamericano (una institución que publicó un informe muy detallado sobre India y América Latina precisamente)[20], India también está invirtiendo fuerte en el continente en áreas de mayor valor añadido.

Las consultoras tecnológicas Infosys, Wipro o Tata Consultancy Services ya emplean más de 17.000 personas en la región. Tata, por ejemplo, tiene 7.500 empleados en la región, con profesionales en Uruguay, Argentina, Chile, Ecuador y México, y desde 2010 también en Perú. Uno de los proveedores de la FIFA para la Copa del Mundo por celebrar en Brasil en 2014 será, de hecho, una tecnológica india: Mahindra Satyam. Por su parte, Tech Mahindra, participada por la multinacional inglesa BT Group, planea compras de empresas de software en la región para expandirse.

Igualmente, en los sectores farmacéuticos estamos viendo movimientos por parte de los laboratorios de genéricos indios Ranbaxy o Strides Acrolab. Éste último realizó una adquisición en Brasil en 2010 por un monto total de 75 millones de dólares. Por su parte el laboratorio indio Glenmark inauguró en 2011 una fábrica de medicamentos de alta tecnología en Argentina. Mediante una inversión de 31 millones de dólares esta planta se convertiría en el centro global de productos oncológicos de la empresa. Empresas manufactureras como Havells Silvana, que opera en la región desde su sede en Costa Rica, planea también expandirse y ya ha adquirido activos en Brasil, Colombia y Costa Rica por 200 millones de dólares. En el sector eólico Suzlon Energy Ltd se estrenó igualmente en el mercado brasileño en el 2010. En el sector del aluminio Hindalco Industries, parte del conglomerado Aditya Birla Group, anunció para 2011 inversiones de 300 millones de dólares en Brasil.

En cualquier caso, India se ha convertido en otro protagonista inversor (más) en el continente latino. Desde el año 2000, las empresas indias han invertido alrededor de 12 mil millones de dólares en la región en tecnologías de la información (TI), productos farmacéuticos, agroquímicos, minería, energía y manufactura. Más aún, la apuesta por la región se fue acelerando como hemos visto a lo largo de los

---

[20] Véase Mauricio Mesquita (ed.), *India: Latin America's next big thing?*, Washington DC, Inter-American Development Bank (IADB), 2010. Disponible en [http://idbdocs.iadb.org/wsdocs/getdocument.aspx?docnum=35239272].

últimos años; prueba de ello es el creciente número de cumbres entre ambas regiones y estudios dedicados a este auge[21].

Otros países emergentes están también haciendo irrupción con fuerza en el continente. Este es el caso de Singapur que ha firmado tratados de libre comercio (TLC) con varios países de América Latina, en particular los del Pacífico: Chile, Perú y Costa Rica. En 2010, el fondo soberano Temasek de Singapur aumentó sus inversiones en la región, de la mano de sus equipos ahora ubicados en Brasil y México, con operaciones de inversiones de 400 y 200 millones de dólares respectivamente. La empresa PSA International de Singapur, que opera varios puertos en América Latina, en particular en Panamá y Argentina, firmó en 2011 un contrato para administrar la terminal de contenedores en el puerto del Mariel, que se convertirá en el centro de carga más importante de Cuba. La singapurense Sembcorp Marine, la segunda mayor constructora de plataformas de perforación de alta mar del mundo, anunció que construirá un astillero en Brasil a partir del 2011.

Corea del Sur, de modo parecido, sigue apostando con fuerza por la región. Así en 2011, el fabricante surcoreano Hyundai Motor informó de que producirá un modelo exclusivo para el mercado brasileño en la nueva planta que está construyendo en el país, y se espera que la producción comience en el segundo semestre de 2012. La firma inició la construcción de una planta de producción de 600 millones de dólares en el estado de São Paulo. El nuevo modelo tendrá un motor que puede funcionar con gasolina o etanol. Por su parte, Hyundai Heavy Industries, subsidiaria también del mismo grupo Hyundai, planea invertir 150 millones de dólares en la construcción de una fábrica de máquinas pesadas en Río de Janeiro, en la que será su primera planta fuera de Asia. Brasil se convertirá así en el cuarto mercado de la multinacional coreana, después de China, Rusia y Estados Unidos, viendo su cuota pasar del 6% al 20% del total de los ingresos de la firma coreana.

La coreana SK Energy anunció también en 2011 que invertirá 600 millones de dólares en actividades petroleras en varios bloques colombianos durante los próximos tres años y más de 480 millones de dólares

---

[21] Véase por ejemplo [http://www.americasquarterly.org/node/2422].

en actividades similares en Perú. Por su parte, LG International Corp invirtió 70 millones de dólares en una adquisición en Chile, realizando así la primera operación de inversión en crudo y gas de una surcoreana en el país andino. En Chile también se multiplicaron los proyectos, uno de los más destacados fue el concluido por el grupo chileno Errázuriz y las surcoreanas Samsung C&T Corporation y Kores. Estas empresas suscribirán una *joint venture* para desarrollar un proyecto de explotación de potasio y litio en el norte de Chile. La *joint venture* considera una inversión de entre 200 millones y 300 millones de dólares.

Estamos también viendo surgir cooperaciones entre empresas estatales, por ejemplo coreanas y colombianas, para invertir en terceros países. Así, la sociedad petrolera colombo-surcoreana Ecopetrol y la Compañía Nacional de Petróleo de Corea (KNOC) anunciaron que invertirán más de 2,5 mil millones de dólares en Perú durante los próximos ocho años, a razón de unos 300 millones de dólares anuales.

En el mercado del litio, el interés surcoreano (junto con el chino) fue particularmente pronunciado. En 2011, el gobierno de Bolivia firmó un convenio con las surcoreanas Korea Sources Corporation (Kores) y Posco para avanzar en la industrialización del litio. Posco, el mayor fabricante de acero de Corea del Sur y cuarto a nivel mundial, anunció también en 2011 la firma de un acuerdo de entendimiento para proveer ayuda tecnológica y financiera a la compañía estadounidense de exploración y explotación de litio Li3 Energy, que controlará un proyecto de litio en Chile. El acuerdo considera la construcción de una planta de extracción de litio que se ubicará en Chile. Por su parte, la constructora Posco Engineering, filial del mismo conglomerado surcoreano Posco, adquirió en 2011 el 70% de la compañía ecuatoriana Santos CMI, especializada en proyectos de ingeniería, por 72 millones de dólares. Posco también anunció en 2011 una inversión de 300 millones de dólares en México, donde ampliará su planta acerera.

El país sin embargo que más destaca, fuera de los propios inversores latinos, es sin duda China[22]. Si en el 2009 China se ha convertido, por primera vez, en el principal socio comercial de Brasil, por delante

[22] Véase en particular el libro de Adrian Hearn y José Luis Márquez (eds.), *China Engages Latin America: Tracing the Trajectory,* Boulder (CO), Lynne Rienner Publishers, 2011.

de Estados Unidos, en el 2010 se convirtió en el primer inversor directo en el país, por delante también de cualquier otra potencia occidental. El gigante asiático ya se convirtió en el tercer inversor en la región en 2010: de los 112,6 mil millones de dólares que se invirtieron en 2010, el 17% provenía de Estados Unidos, el 14% de Holanda y el 13% de China. La tendencia se confirma a lo largo del 2011: entre junio de 2010 y mayo de 2011, en comparación con el mismo periodo del año anterior, la inversión china en América Latina aumentó un 290%, según Deloitte, y el monto se sitúa en 15,6 mil millones de dólares. Estos datos disparan sin duda el *stock* de la IED china en América Latina y su cuota con respecto a otras regiones (hasta 2009 América Latina acaparó el 12% del *stock* de la IED china global)[23].

En los meses posteriores se siguieron acumulando los anuncios de inversiones chinas, en particular relacionadas con la soja y la banca. La estatal china Sanhe Hopefull planea así invertir 7,5 mil millones de dólares en los próximos años en agricultura e infraestructuras en el estado de Goiás para garantizar la compra directa de 6 millones de toneladas de soja al año, el equivalente a toda la producción local actual. Este anuncio se sumó al realizado en abril 2011 por el grupo chino Chong Qing Grain Group, que planea invertir 2,4 mil millones de dólares en un complejo agrícola en el noreste de Brasil. En agosto del 2011 se realizó la primera inversión china en el sector bancario con la compra por parte del Industrial and Commercial Bank of China (ICBC) del 80% de las acciones de la filial argentina del sudafricano Standard Bank por un monto de 600 millones de dólares[24]. En Argentina, también en 2011, XCMC inició la construcción de un parque eólico por 200 millones de dólares mientras se iniciaba también en el país la construcción de una planta de urea, cuya inversión ronda los 800 millones de dólares y que será construida por la empresa de capitales chinos Tierra del Fuego Energía y Química.

---

[23] Véase Alicia García Herrero, *China's outward FDI: What explains geographical destination? Some thoughts for Europe,* Madrid y Hong Kong, BBVA Research, diciembre 2010. Disponible en [http://www.iberchina.org/frame.htm?images/archivos/ChinaoutwardFDI_agh_bbva.pdf].

[24] Sobre las inversiones chinas véanse los informes regulares de Deloitte en particular, disponibles en [http://www.deloitte.com/assets/Dcom-China/Local%20Assets/Documents/Services/Global%20Chinese%20Services%20Group/cn_CSG_MMChinaOutboundMA_301110.pdf].

Las inversiones chinas en el continente se están así acelerando como lo muestran las operaciones realizadas por las petroleras chinas CNOOC y Sinochem que invirtieron, respectivamente, 3,1 mil millones y 3 mil millones de dólares en 2010 en Brasil y en Argentina para hacerse con participaciones significativas en Bridas y un campo petrolífero en aguas brasileñas, antes posesión de la noruega Statoil. En 2010, de hecho, Brasil se ha convertido en el gran receptor de esta inversión con más de 17 mil millones de dólares de inversiones chinas realizadas el año pasado, algo nunca visto. Eso sí, cerca de la mitad está representada por la toma del 40% de la filial brasileña de la petrolea española Repsol YPF (7,1 mil millones de dólares). El flujo de capital chino para actividades productivas sumó un tercio del total de los 48,5 mil millones de ingresos por operaciones de inversión directa, según el Banco Central. Entre las mayores operaciones, además de la inversión de Sinopec en Repsol ya señalada, destacan las inversiones de Sinochem (3 mil millones de dólares), State Grid (1,7 mil millones de dólares), ECE (1,2 mil millones), y Wisco (400 millones de dólares), todas ellas vinculadas a los sectores energéticos y de materias primas.

Por su parte, Perú se está imponiendo como uno de los principales destinos de las inversiones de las empresas chinas en América Latina, destacando, por ejemplo, la inversión realizada por la minera Chinalco, que invirtió 703 millones de dólares en acciones de Perú Copper, o la adquisición de la empresa Northern Perú Copper por parte de la compañía china Minmetals/Jiangxi Copper. La entrada en vigor de un Tratado de Libre Comercio el primero de marzo de 2010 entre China y Perú solo ratifica la importancia que están cobrando Asia, y China en particular, en el ámbito regional. De hecho, en lo que va de año, las exportaciones peruanas hacia China superan ya las realizadas hacia EEUU. En 2009, por primera vez, el principal socio comercial de Brasil ha sido China, por delante de EEUU.

Una tendencia nueva se perfila en el prototipo de las inversiones chinas en la región. Como veremos abarcan también sectores tecnológicos. Sobre todo los países latinoamericanos están buscando que se revierta algo la asimetría que caracteriza la relación comercial con China, incentivando la ubicación del valor añadido en el país vía estas inversiones chinas, intentando así revertir parte de la amenaza y el reto que constituye China de arrinconarlos en un callejón sin salida de bajo valor añadido y estrechamiento del tejido industrial[25].

Un ejemplo de esta estrategia de ir más allá en la relación con China es lo que está ocurriendo incluso en sectores tradicionales como el agroindustrial. En 2011, el grupo chino de granos Chong Qing Grain Group anunció inversiones por 2,4 mil millones de dólares en un complejo agrícola en el noreste de Brasil. Lo interesante es que no se trata de un acuerdo clásico de exportación de soja, sino que la inversión incluirá también una planta de procesamiento de soja, una terminal de almacenamiento y una planta de procesamiento de fertilizantes. Brasil está intentando así clara y deliberadamente aumentar la transformación a nivel local de estos productos para agregar más valor y crear más empleos en la base local brasileña.

Estamos asistiendo a una gran reconfirmación de los equilibrios mundiales, tanto de flujos comerciales como de inversiones. La década que se cierra abrió una nueva era, con mayor protagonismo de los países emergentes. La que estamos iniciando, lejos de interrumpir esta tendencia, la está acelerando. Dentro de este auge de los mercados emergentes, América Latina también ha sido protagonista. Ello se debe en gran parte a un cambio sin precedentes: un (nuevo) contagio latinoamericano que esta vez es virtuoso, el de economías que han emprendido sendas de crecimiento y desarrollo. De ahí que hayan atraído la atención no solo de los inversores OCDE tradicionales sino también los de otros países emergentes como hemos visto.

VI. EL NUEVO CONTAGIO LATINOAMERICANO

América Latina ha experimentado efectivamente un cambio sin precedentes. Hace unos años publiqué un libro donde hablaba de bue-

---

[25] Véase en este sentido el análisis de Kevin Gallagher y Roberto Porcekanski, *The Dragon in the Room: China and the Future of Latin American Industrialization*, Stanford, Stanford University Press, 2010. Para un resumen véase [http://www.bu.edu/pardee/files/2010/10/18-IIB.pdf]; y la presentación en YouTube [http://www.youtube.com/watch?v=nw3PPRrM1k8]; y también Jorge Blázquez y Javier Santiso, «¿Ángel o demonio? Los efectos del comercio chino en los países de América Latina», *Revista de CEPAL* 90, diciembre 2006, pp. 17-43.

nos revolucionarios y apóstoles del liberalismo a ultranza, una región sacudida por paradigmas económicos, estructuralistas, maoístas, neoliberales, modelos para armar que se descargaban, a veces de manera violenta, en las realidades sociales y económicas del continente. Apuntaba que algunos países supieron desprenderse de esta manera de hacer políticas económicas, maximalistas, guiadas por la perfecta pureza de un modelo, entre ellos Chile, Brasil o México. Desde entonces pasaron algunos años y los países que llevaron políticas económicas posibilistas, pragmáticas, combinando ortodoxia macro-económica y políticas sociales, apuestas por el libre comercio y empresas públicas a la vez, fueron multiplicándose. Costa Rica, Colombia, Uruguay, República Dominicana, Panamá, solo por mencionar algunos, se sumaron a esta tendencia de fondo.

Parece ser que estamos ante un contagio inédito, un contagio virtuoso, en el cual, uno tras otro, los países se emulan entre sí. Un grupo que destaca porque sus políticas económicas eminentemente pragmáticas transcienden las tradicionales divisiones y clasificaciones izquierda y derecha a la luz de la cuales se ha pretendido, en particular desde Europa, entender la región. Hace años el tópico común sobre América Latina era que Chile era la (única) «niña bonita» de la región. Ahora América Latina tiene un líder mundial (con Brasil, séptima potencia económica en 2010 por delante, ahora, de España), en términos de PIB nominal, miembro de ese otro club selecto que son los BRIC (más allá de los países OCDE); tiene varias niñas bonitas, algunas, como México y ahora Chile, también miembros de la OCDE, otras multiplicando los esfuerzos por combinar crecimiento y desarrollo, políticas económicas monetarias y fiscales con políticas sociales, todos emulándose los unos a los otros.

Hay un caso que no deja de llamar la atención por ser también una de las mayores sorpresas (positivas) que están brotando del continente y ese país es Perú (veremos, eso sí, cómo la trayectoria peruana se consolida o no con el nuevo gobierno salido de las urnas a mediados de 2011). Hace apenas dos décadas este país andino era sinónimo de guerrillas maoístas, de violencia extrema, rumores de golpe de Estado, quiebras bancarias, hiperinflación y *default* de su deuda. Hoy en día esta historia parece ya muy remota. Perú ostenta una de las tasas de crecimiento mayores no solo de la región sino del mundo, comparable a los campeones asiáticos. El comercio de Perú se triplicó en apenas una década. En 2009, en plena crisis global, Perú alcanzaba el grado de inversión. Hoy en día el PIB de este país de 26 millones de habitantes alcanza 140 mil millones de dólares y estamos viendo asomarse más de 40 mil millones de dólares de inversiones para los próximos diez años, en particular en los clústers de materias primas.

Cualquiera sea la métrica –crecimiento del PIB en máximos, inflación bajo control, cautela fiscal, etc.– los datos peruanos avalan que este país entró en la era del posibilismo de la mano de ministros de Finanzas de la talla de Kuscinski y Carranza. Quien quizás encarna la transformación de Perú es el propio presidente, Alan García, quien después de un primer mandato desastroso se ha reinventado y anclado el país con políticas económicas eminentemente pragmáticas. Obviamente quedan retos, y no pocos, por delante: la pobreza y la desigualdad se han reducido fuertemente pero los números que arroja Perú siguen elevados, el gasto fiscal (como en todo el resto de la región) debería ser más redistributivo, en particular en educación y sanidad; diversificar la economía en un contexto de alza de precios de materias primas no será tarea fácil. Sin embargo, los pasos que ha dado Perú en esta década han sido gigantes, al igual que su vecina Colombia, quien en 2011 obtuvo también el grado de inversión y se convertirá probablemente en la tercera economía del continente en términos de PIB (ya lo es en términos demográficos con unos 46 millones de habitantes).

La historia nunca tiene fin. La de las economías y de los países es un continuo andar. En ese viaje hacia un mundo mejor sin duda algunos países de la región están dando pasos importantes. En 2010, símbolo de ese auge y transformación de Perú, el Premio Nobel de literatura ha recaído (por fin) en el escritor peruano Mario Vargas Llosa. Las agencias de *rating* celebraron el auge económico de Perú otorgando el grado de inversión un año antes. Parece ser que el presente le sonríe a Perú, y también el futuro. La historia de Perú parece haber dejado de ser la de las travesuras de una niña mala para convertirse en el viaje feliz de una niña bonita, al igual que la de todo un continente.

VI. LAS MULTILATINAS DE NUEVO EXPANDIÉNDOSE

Ese auge económico del continente, con la locomotora brasileña en cabeza, ha conllevado un auge paulatino de las multinacionales del continente, las multilatinas. Éstas han surgido con fuerza en realidad en décadas anteriores, en el caso de Argentina como pionera, seguida en la década de los noventa por las mexicanas y las brasileñas. Pero es sobre todo la década de 2000 la que presenció un auge sin precedentes de estas multilatinas, que se lanzaron a la conquista de nuevos mercados, muchas de ellas en América Latina y cada vez más, también, atreviéndose incluso a adentrarse en los países OCDE.

A raíz de la crisis de 2008, estas multilatinas no han frenado su expansión. Como lo estamos viendo con la nueva década de 2010, las multinacionales de América Latina están de nuevo con apetito por expandirse fuera de sus fronteras. Si bien en 2009, como muchas empresas, experimentaron un descenso de sus inversiones internacionales, el año 2010 ha sido el de un auge sin precedentes. Es más, a las multilatinas de Brasil y México se están ahora sumando otras de Chile, Colombia e incluso Perú. La geografía de las inversiones también está variando.

Las multinacionales brasileñas han sido, a lo largo de la década de 2000, particularmente activas. Esta internacionalización está todavía relativamente concentrada. La minera Vale concentra por sí sola el 40% de los activos internacionales de las empresas brasileñas (35 mil millones de dólares). Las dos siguientes, Petrobras y Gerdau, poseen otros 30 mil millones de dólares de activos internacionales (casi un 35%) de las 30 principales empresas brasileñas. El principal empleador brasileño en otros países es el gigante agroindustrial JBS Friboi: con cerca de 80.000 empleados concentra casi un 45% del total de los empleados fuera de Brasil incluidos en estas empresas.

El proceso de internacionalización de las multinacionales brasileñas todavía está, por lo tanto, en una fase inicial e irá a más a lo largo de la década 2010-2020. A finales de 2009 apenas 9 empresas cuentan con activos internacionales superiores a 1.000 millones de dólares y otras 10 empresas tienen activos internacionales superiores a 100 millones de dólares. El total del *stock* de inversiones directas en el extranjero por parte de las multinacionales brasileñas rondaba los 160 mil millones de dólares a finales de 2009, situando así al gigante brasileño como el séptimo mayor inversor en el extranjero emergente.

Por su parte, las multilatinas mexicanas también han sido muy activas a lo largo de la década pasada. El *stock* de inversiones extranjeras de las 20 principales alcanza los 117 mil millones de activos internacionales y cerca de 230 mil empleados ubicados fuera de México. Las 3 primeras, Cemex, América Móvil y Carso Global Telecom, controlan 86 mil millones de estos activos, es decir cerca del 73% del total. En 2009, a pesar del colapso económico, las inversiones en el extranjero no se han interrumpido, totalizando cerca de 7,6 mil millones de dólares. Esta resistencia se explica en gran parte debido al activismo de dos grupos (Bimbo y Grupo México) que representaron casi dos tercios de ese monto. En 2010, las inversiones volvieron a repuntar: solo en América Latina las empresas mexicanas invirtieron más de 42,2 mil millones de dólares. Muchas de ellas se ubicaron en otros países emergentes de la región: México invirtió así más de 3,6 mil millones de dólares en Perú, un monto superior al invertido en Chile (3,5 mil millones de dólares). El principal destino de las inversiones mexicanas en América Latina ha sido Brasil (21 mil millones de dólares), seguido de Colombia (5 mil millones). A finales del 2010, grupos como Bimbo volvieron al ruedo inversor con fuerza comprando por casi mil millones de dólares la división de pan del grupo estadounidense Sara Lee.

La gran novedad, sin embargo, no procede de estos dos países, Brasil y México. Sus multilatinas ya estuvieron activas buscando oportunidades de expansión en las décadas anteriores en otros países. La novedad vino en la década de 2000, y sobre todo la actual de 2010, de la mano de los países andinos, Chile, Colombia y Perú, que iniciaron a su vez un proceso de internacionalización empresarial.

Las multilatinas chilenas han sido particularmente activas, incluso en 2009, año del colapso de los países OCDE. Ese año las multilatinas chilenas han operado adquisiciones por un monto de 8 mil millones de dólares. En los tres primeros trimestres de 2010, la inversión chilena en el exterior alcanzó cerca de 5 mil millones de dólares, llevando el *stock* acumulado de IED chilena a más de 50 mil millones de dólares. De hecho, el año 2010 ha visto el nacimiento de un gigante de la aviación mundial con Latam, impulsada por la fusión de la chilena LAN con la brasileña TAM. Otras empresas chilenas que iniciaron con fuerza su proceso de internacionalización son Sonda, Arauco, Falabella, Ripley, CMPC y Cencosud. También en 2010 la minorista chilena Cencosud, propiedad del empresario Horst Paulmann, se ha hecho con la cadena de supermercados Bretas en Brasil. Por su parte, Sonda, la mayor compañía tecnológica de la región, ligada al empresario Andrés Navarro, ha adquirido solo en 2010 tres empresas, dos de ellas en Brasil (Telsinc y Softeam) además de la firma mexicana NextiraOne México S.A.

A esta tendencia se sumaron también Perú y Colombia. El grupo Santo Domingo es hoy en día uno de los principales accionistas de SAB Miller, una de las mayores cerveceras mundiales, de origen anglosurafricana. Desde Perú destacan los grupos Romero, Brescia y Añaños. Desde Colombia siguen esos pasos empresas como Cementos Argos, Grupo Nacional de Chocolates (GNC), Organización Terpel y Saludcoop. En 2010, las empresas colombianas totalizaron adquisiciones superiores a los 3 mil millones de dólares, una cifra inferior al récord del año 2005 (4,6 mil millones de dólares) pero significativa del proceso de internacionalización desempeñado por los grupos colombianos, liderados por el Banco de Bogotá (que realizó en el 2010 la mayor compra jamás operada por una empresa colombiana en el exterior, concretamente en Centroamérica), Empresas Públicas de Medellín e ISA. En 2011, el Grupo de Inversiones Suramericana compró a la holandesa ING su operación de pensiones, seguros y fondos de inversión en Chile, México, Perú, Uruguay y Colombia por casi 3,8 millones de dólares. Esta compra, que consolida al grupo colombiano como el líder latinoamericano en pensiones con una cartera de 25 millones de clientes, es la adquisición más grande realizada por una compañía colombiana hasta la fecha.

El fenómeno de las multilatinas se está acelerando y el potencial sigue siendo importante. Según el Boston Consulting Group (BCG)[26], las multilatinas ya son 100 empresas de la región, con sede en ocho países latinoamericanos, que operan a nivel internacional y acumulan ingresos de al menos 500 millones de dólares. Brasil totaliza 34 empresas en este grupo, por delante de México (28) y Chile (21). Les

[26] Véase Boston Consulting Group (BCG), *The 2009 BCG Multilatinas,* Boston, BCG, 2009. Disponible en [http://www.bcg.com/documents/file27236.pdf].

siguen luego, relativamente lejos, Argentina (7), Colombia (5) y Perú (3). Por ahora este grupo de multilatinas concentra su actividad internacional en el continente americano con 110 presencias internacionales en la región y 51 en Estados Unidos. Pero se asoman ahora también otros continentes, en particular Europa (33 implantaciones) y Asia (28). Empiezan también a aparecer nuevos destinos como el continente africano (12 implantaciones, la gran mayoría impulsadas por los grupos brasileños).

Por si fuera poco, estas multilatinas ya no solo cotizan en sus mercados domésticos o en Nueva York y Madrid (en este caso vía Latibex) sino que se asoman también a Asia. Así, en 2010, símbolo de los tiempos que cambian y de la creciente atracción de China, el gigante minero Vale empezó a cotizar en Hong Kong. También en 2010 asistimos a una aceleración de las entradas de inversores asiáticos y árabes en el capital de las multilatinas. El fondo soberano de Singapur, Temasek, apostó por el grupo brasileño Odebrecht (400 millones de dólares), mientas sus homólogos de Emiratos (ADIA) y China (CIC), junto con GIC, también de Singapur, han invertido cada uno entre 200 y 300 millones de dólares para hacerse con acciones del banco brasileño BTG Pactual.

El auge de las multilatinas, como ya hemos anticipado y veremos ahora en el siguiente capítulo con más detalle (2), está indudablemente liderado por la gran potencia económica del continente en la cual se ha convertido Brasil a lo largo de la década de los 2000. Las multilatinas brasileñas destacan con respecto a las de sus pares de otros países latinos, de ahí que le dediquemos un capítulo especial (3). En varios sectores ya son líderes mundiales como lo muestra Vale en el sector de la minería, Petrobras en el del petróleo, ABInbev, Brasil Foods y JBS Friboi en el agroindustrial, o Embraer en el sector aeronáutico.

Sin embargo, el protagonismo brasileño no oculta otro (gran) fenómeno al cual estamos asistiendo: la proliferación de multilatinas en muchos más países de la región. A las tradicionales de México y Argentina se han sumado ahora nuevas, procedentes de Chile, Colombia y Perú. Estas multilatinas del Sur, como veremos en el capítulo 4, también están escribiendo una página inédita de la historia económica y empresarial del continente, contribuyendo a posicionar a América Latina en el nuevo mapa mundial inversor.

2. LA DÉCADA DE LAS MULTILATINAS

Año tras año se están acumulando los datos y clasificaciones sobre las multinacionales emergentes. Todos cuentan lo mismo: el auge de estas empresas surgidas desde India, China, Rusia, Brasil o Sudáfrica. En todos los sectores, la sísmica empresarial registra este auge sin precedentes, del cual participan también las multilatinas.

La progresión cuantitativa y cualitativa de estas multilatinas a lo largo de las últimas décadas es destacable. Cuantitativamente está aumentando el número de las multilatinas. En 2006 hubo 18 multilatinas destacadas por BCG en su lista de multinacionales emergentes, en 2008 unas 22, y en 2009 unas 100. Las ventas de estos grupos están aumentando, al igual que el número de países donde operan, como veremos. Sobre todo estamos presenciando un auge sin precedentes del número de empresas de la región que facturan más de mil millones de dólares: hace algo más de una década eran menos de

GRÁFICO 2.1. *N.º de empresas de América Latina con más de mil millones de dólares en ventas, 2010*

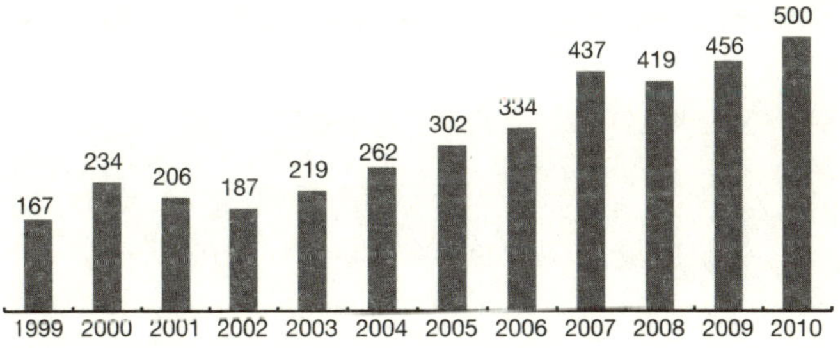

FUENTE: América Economía, 2011.

TABLA 2.1. *Las 500 multilatinas por país, 2010*

RK 2010	País	Número de empresas					
		2005	2006	2007	2008	2009	2010
1	Brasil	204	207	211	212	226	223
2	México	138	111	134	126	119	117
3	Chile	54	63	55	60	55	65
4	Argentina	36	41	36	35	33	32
5	Venezuela	11	12	7	7	6	3
6	Colombia	30	35	31	28	30	26
7	Perú	12	18	15	21	19	22
8	Ecuador	5	3	3	3	3	3
9	Costa Rica	4	3	3	3	3	3
10	Bolivia					1	1
11	Uruguay	2	2	2	2	2	2
12	Brasil/Paraguay						1
13	Panamá	2	2	2	2	2	2
14	El Salvador	1	1	1	1	1	
15	Guatemala	1	2				

FUENTE: América Economía, 2011.

170, hoy en día ya contamos con 500 empresas que facturan más de mil millones de dólares en América Latina.

Brasil domina claramente el mundo de las multilatinas. Del total de las 500 empresas latinoamericanas con más facturación, 223 proceden de Brasil, lejos por delante de México con 117. Sin embargo estamos asistiendo a una sistematización del fenómeno de las multilatinas. Ya no solo son Brasil, México o Argentina quienes cuentan con empresas de repercusión internacional, sino también muchos otros países de la región. De hecho, en 2010 el país que más creció fue Chile: 65 empresas chilenas forman parte de las 500 mayores en 2010, es decir, 10 más que el año pasado. Perú también progresó pasando de 19 a 22 entre 2009 y 2010. Aparecen también ahora empresas de Panamá, Costa Rica, Guatemala, Ecuador o Uruguay, en total 13 países colocan empresas entre las 500 mayores de la región.

GRÁFICO 2.2. *Número de multilatinas por país, 2010*

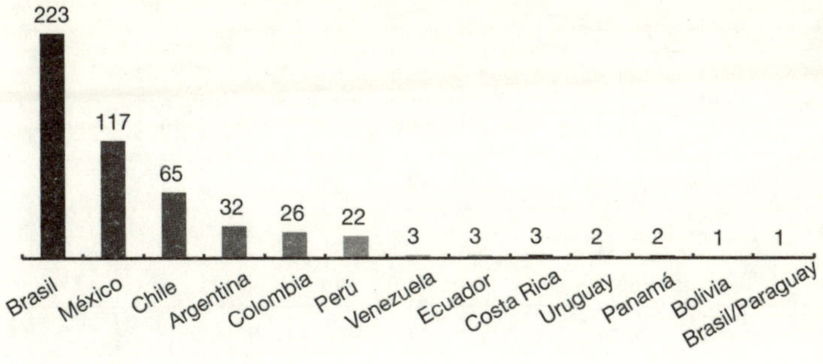

FUENTE: América Economía, 2011.

GRÁFICO 2.3. *Análisis sectorial de las 500 multilatinas, 2010*

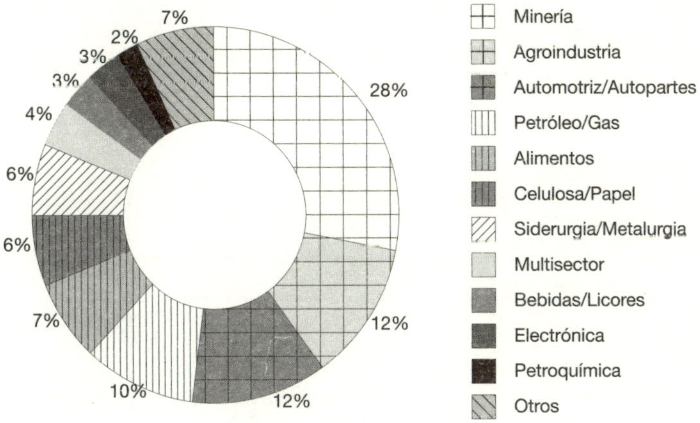

FUENTE: América Economía, 2011.

El sector primario domina también. La semi-estatal brasileña Petrobras, la estatal mexicana Pemex y la estatal venezolana PDVA lideran en términos de facturación. De hecho, el 28% y el 10% de las exportaciones realizadas por las 500 mayores multilatinas proceden de la minería y del petróleo. La agroindustria y alimentos se llevan otro 19% del total.

Sin embargo, estos gigantes estatales de hidrocarburos se ven ahora amenazados por empresas privadas como la minera Vale o la teleco mexicana América Móvil, ambas con facturaciones de unos 50 mil millo-

TABLA 2.2. *Las 500 multilatinas por sector, 2010*

RK 2010	Sector	Número de empresas					
		2005	2006	2007	2008	2009	2010
1	Petróleo/Gas	34	35	32	37	38	38
2	Comercio	71	72	70	74	74	74
3	Telecomunicaciones	45	43	41	37	35	36
4	Energía eléctrica	45	46	44	43	53	49
5	Automotriz/Autopartes	29	31	33	33	31	40
6	Minería	27	36	33	32	31	35
7	Siderurgia/Metalurgia	42	36	40	36	24	27
8	Multisector	25	29	14	15	17	15
9	Agroindustria	15	14	20	19	17	18
10	Bebidas/Licores	18	19	15	15	17	16
11	Alimentos	26	24	24	25	23	20
12	Construcción	9	9	13	13	20	23
13	Transporte/Logística	19	15	17	19	18	18
14	Electrónica	14	11	20	20	21	19
15	Petroquímica	36	13	14	14	12	8
16	Química/Farmacia	36	16	20	18	21	15
17	Cemento	7	8	7	6	6	6
18	Celulosa/Papel	11	12	9	10	7	9
19	Servicios básicos	8	3	6	60	6	6
20	Medios	7	7	6	5	5	5
21	Servicios salud	3	4	6	6	8	5
22	Servicios generales		5	2	2	2	2
23	Ind. manufacturas		4	8	8	6	5
24	Textil/Calzado	5	4	2	2	4	6
25	Ind. Aeroespacial	1	1	1	1	1	1
26	Máquinas/Equipos	3	2	3	4	3	2
27	Software y datos						1
28	Ind. Gráfica						1

GRÁFICO 2.4. *Análisis sectorial de las 500 multilatinas más importantes*

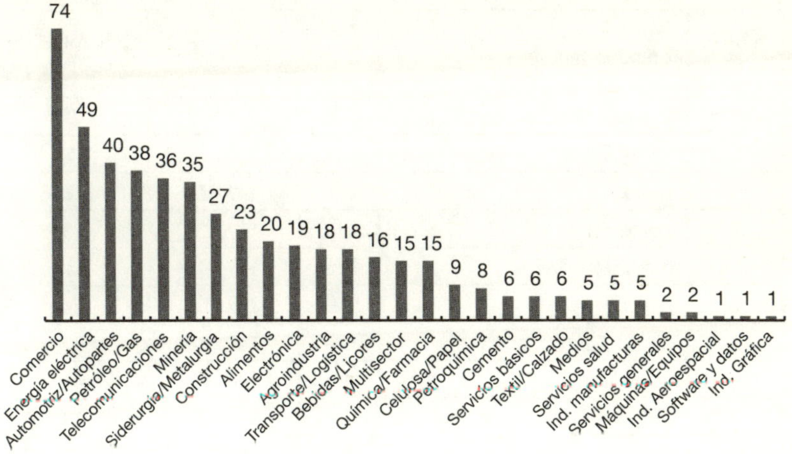

FUENTE: América Economía, 2011.

nes de dólares que las colocan justo por detrás. No sorprende que el sector del petróleo y el de la minería tengan un gran número de empresas en el ranking de las 500 mayores, respectivamente 38 y 35. Pero llama la atención que no sea el sector que más empresas coloque en la clasificación (lo lidera el de comercio con 74) y sobre todo que otros sectores, como el de las telecomunicaciones, coloquen un número comparable de operadores (36).

Si bien el sector del petróleo lidera en términos de ventas agregadas (con 530 mil millones de dólares facturados en 2010), éste deja el protagonismo al comercio cuando se trata de computar el número de empleados: con 1,5 millones de empleados el sector comercio queda muy por delante de los apenas 370.000 del sector petrolero. De hecho, de las cinco empresas que más contrataron durante 2010, tres son grandes *retailers* mexicanos: Wal-Mart (el mayor empleador de toda América Latina, con casi 220.000 empleados), Soriana y Puerto de Liverpool. Destacan también como empresas que más plantilla tienen la chilena Cencosud, con casi 130.000 empleados en la región, o la mexicana Bimbo con 106.000. Es interesante también notar que el segundo mayor empleador en la región de las 500 mayores multilatinas es una empresa de telecomunicaciones: en 2010, América Móvil tenía más de 150.000 empleados en la región.

TABLA 2.3. *Número de empleados, 2010*

subRK 10	Empresa multilatina	País	Empleados	RK América Economía 10
1	WAL-MART MÉX. Y CAM.	Méx.	219.767	9
2	AMÉRICA MÓVIL	Méx.	150.618	5
3	PEMEX	Méx.	147.672	2
4	CENCOSUD	Chi.	127.000	29
5	ODEBRECHT	Bra.	118.701	8
6	FEMSA	Méx.	108.572	26
7	CORREIOS E TELÉGRAFOS	Bra.	107.992	72
8	GRUPO BIMBO	Méx.	106.545	48
9	CBD - GRUPO PÃO DE AÇÚCAR	Bra.	96.662	14
10	NORBERTO ODEBRECHT	Bra.	92.128	45
11	CONSTRUTORA NORBERTO ODEBRECHT	Bra.	92.128	156
12	MARFRIG	Bra.	90.625	46
13	WAL-MART – BOD. Y TIEN. DSCUENTOS	Méx.	86.777	40
14	FALABELLA	Chi.	86.500	55
15	ORGANIZACIÓN SORIANA	Méx.	83.800	69
16	PETROBRAS	Bra.	80.492	1
17	PDVSA	Ven.	79.000	3
18	WAL-MART	Bra.	72.000	34
19	GRUPO CARSO	Méx.	70.787	96
20	VALE	Bra.	70.785	4
21	GRUPO VOTORANTIM	Bra.	70.603	18
22	GRUPO COPPEL	Méx.	68.960	134
23	COCA - COLA FEMSA	Méx.	68.449	61
24	CARREFOUR	Bra.	67.000	23
25	GRUPO CAMARGO CORRÊA	Bra.	61.700	42
26	JBS FRIBOI	Bra.	60.000	7
27	WAL-MART HIPERMERCADOS	Méx.	58.867	71
28	BRF FOODS	Bra.	57.000	27
29	GRUPO ALFA	Méx.	56.332	35
30	GRUPO PEPSICO (1)	Méx.	55.000	110

31	TECHINT	Arg.	54.000	15
32	GRUPO SALINAS	Méx.	53.150	90
33	COCA-COLA	Bra.	53.000	43
34	TELÉFONOS DE MÉXICO	Méx.	52.062	52
35	CASAS BAHIA	Bra.	51.891	137
36	CEMEX	Méx.	46.523	24
37	GERDAU	Bra.	45.000	16
38	AMBEV	Bra.	44.900	22
39	GRUPO BAL (1)	Méx.	40.320	54
40	GRUPO ELEKTRA	Méx.	39.429	145
41	COMERCIAL MEXICANA	Méx.	38.930	114
42	WAL-MART CHILE	Chi.	37.500	106
43	GRUPO MODELO	Méx.	36.566	78
44	COSAN	Bra.	35.351	39
45	EL PUERTO DE LIVERPOOL	Méx.	35.254	122
46	GRUPO INDUSTRIAL LALA (1)	Méx.	34.400	97
47	GRUPO CHEDRAUI	Méx.	33.018	121
48	EXTRA	Bra.	30.000	53
49	ELETROBRAS	Bra.	29.708	17
50	EMPRESAS ICA	Méx.	29.674	186

FUENTE: América Economía, 2011.

I. MULTILATINAS: MULTINACIONALES EMERGENTES

Esta sísmica de las multilatinas se registra en todas las clasificaciones y sectores. Un ejemplo notable de ello es el ranking del *Financial Times,* uno de los más asentados y prestigiosos.

Este ranking clasifica las 500 primeras empresas del mundo y es sintomático del verdadero tsunami que estamos presenciando, y agrega todavía más evidencia sobre este fenómeno al cual se suman también las multinacionales latinoamericanas[1]. Las multinacionales chinas, indias y brasileñas han irrumpido con fuerza en éste (y otros muchos más rankings del mismo tipo). También vemos aparecer mul-

[1] [http://www.ft.com/intl/cms/95edc490-9d61-11e0-9a70-00144feabdc0.pdf].

GRÁFICO 2.5. *Empresas multinacionales más importantes del mundo por países, según FT 500*

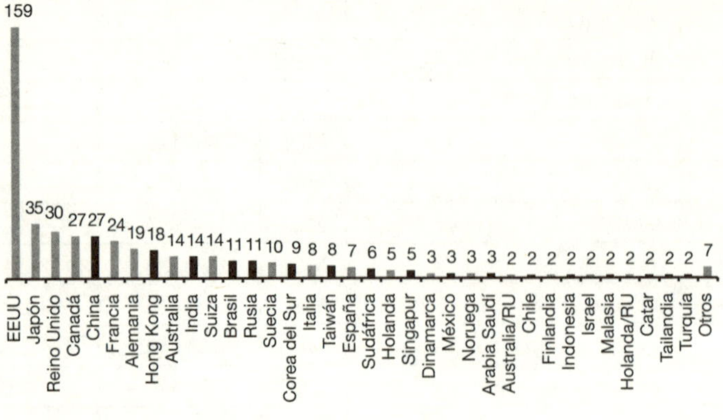

FUENTE: *Financial Times*, 2011.

tinacionales emergentes de Taiwán (8 en total). Estos países ya están desbancando a los de la OCDE. En el caso de América Latina, Brasil con 11 empresas colocadas supera a España (con 7). En total hay unas 125 multinacionales emergentes que copan plazas en esta clasificación. Sin sorpresa China, India y Brasil lideran en número, pero aparecen también multinacionales de Indonesia, Malasia, Taiwán, Corea, Singapur, Turquía, Sudáfrica, Rusia, así como de América Latina, en particular México, Argentina y Chile.

Este ranking inspira varias observaciones[2]. En primer lugar llama la atención cómo en todos los sectores las multinacionales emergentes están desbancando a las de los países OCDE. Ello no es sorprendente en el área de materias primas, por ejemplo, estando muchos de estos productos ubicados en los países emergentes. Así, las petroleras chinas y brasileñas, Petrochina y Petrobras respectivamente, se alzan en el segundo y quinto puesto mundial, justo por detrás de Exxon Mobil, la estadounidense que sigue siendo la mayor empresa del mundo. La clasificación del *Financial Times* al centrarse sobre empresas cotizadas deja sin embargo fuera de radar muchas estatales,

[2] Se desprenderían idénticas observaciones del análisis de otros rankings del mismo tipo como los realizados por *Forbes* o *Fortune.* Véase para una comparación [http://www.gfmag.com/tools/global-database/economic-data/10521-worlds-largest-companies.html#axzz1UETB0Elh].

en particular Aramco de Arabia Saudí, Pemex de México o PDVSA de Venezuela, todas ellas líderes en su sector también. En cualquier caso el ranking del *FT* registra la sísmica de la nueva década: el auge de las multinacionales emergentes. En el Fortune 500, presenciamos lo mismo. Cada año aparecen más compañías de países emergentes, en detrimento de las estadounidenses y europeas: China pasó de tener 37 firmas en 2009 a tener 46 en 2010 y 61 en 2011 (69 si se incluyen las de Taiwán). Por su parte, India y Brasil conservan el número de firmas de 2010: 8 y 7, respectivamente, mientras Corea suma unas 14 multinacionales.

Petrochina y Petrobras, con capitalizaciones bursátiles faraónicas, más de 325 mil millones de dólares y casi 250 mil millones de dólares, respectivamente, en este ranking podrían teóricamente comprarse varias petroleras como por ejemplo la francesa Total (con algo menos de 145 mil millones de dólares de capitalización) y la española Repsol YPF (con algo menos de 75 mil millones de capitalización). Lo mismo ocurre en los sectores mineros: aquí otra brasileña, Vale, se alza en el puesto 23 del ranking mundial, con una capitalización bursátil de casi 170 mil millones de dólares, algo que la coloca por detrás de la anglo-australiana BHP Billiton (sexta en la clasificación) pero ya por delante de la otra anglo-australiana Río Tinto (en el puesto 31).

La segunda observación que se desprende de este ranking es que aparecen cada vez más multinacionales de los países emergentes y también se asoman nuevos países. En las 500 primeras capitalizaciones mundiales ya se asoman más de 125 multinacionales de los países emergentes. Como ya se ha señalado esta clasificación es solo parcial, ya que no incorpora las multinacionales estatales que no cotizan, aun siendo importantes en muchos de estos países. Si bien China, India y Brasil lideran en número la representación de los países emergentes aparecen también multinacionales de Indonesia, Malasia, Taiwán, Corea, Singapur, Catar, Kuwait, Emiratos, Arabia Saudí, Turquía, Sudáfrica o Rusia. De América Latina, además de las multinacionales brasileñas y mexicanas, aparecen ya también alguna de Argentina (Tenaris) y ahora Chile (Falabella). Es de esperar que en el futuro veamos incluso alguna colombiana o peruana asomarse.

La tercera observación es quizá la más llamativa de lo que revelan estos datos y clasificaciones: no solo en los sectores tradicionales, materias primas o agroindustria, trepan a través de las multinacionales emergentes, sino también en los sectores tecnológicos. Al omitir de la clasificación las empresas no cotizadas, perdemos información relevante: aquí destacarían las chinas Huawei y ZTE que están desbancando a los líderes mundiales que fueron Alcatel-Lucent y Ericsson en la industria proveedora de telecomunicaciones. Precisamente en esta industria llama la atención cuántas multinacionales emergentes se están asomando. China Mobile (puesto 16) ya supera a las estadounidenses AT&T (número 20) y Verizon (48) y la británica Vodafone (número 30) en términos de capitalización bursátil. La mexicana América Móvil (puesto 76) ya supera a la japonesa NTT (106). La coreana Samsung ya es más grande que Philips, Intel o Cisco. También vemos tecnológicas como las taiwanesas Taiwán Semiconductor Manufacturing, Hon Hai Precision Industry y HTC, la empresa de Internet china Tencent, la multinacional india Wipro o la sudafricana de medios Naspers, alzarse con fuerza en esta clasificación mundial.

En el sector de las telecomunicaciones, en particular, abundan las multinacionales de los nuevos mundos: además de las chinas y mexicanas ya mencionadas aparecen así otra media docena, lideradas por Hutchison Whampoa de Hong Kong, China Unicom de China SingTel de Singapur, MTN de Sudáfrica, Bharti Airtel de India, Chunghwa Telecom de Taiwán, Emirates Telecoms de Emiratos, o Zain de Kuwait. Este auge de multinacionales tecnológicas apunta hacia otra tendencia masiva que veremos a la largo de esta década: no solo un vuelco de las riquezas financieras e industriales hacia los emergentes sino también un vuelco hacia estos países de la innovación. Éstos pasaron de ser puros consumidores de tecnología (muchas veces de bajo coste) a ser productores de tecnología (cada vez de más alto valor añadido). En determinados sectores –como los proveedores de la industria telecom– ya se han hecho con los primeros puestos; incluso en los ámbitos de los medios digitales e internet vemos cómo empiezan a asomarse en particular los grupos chinos, con Tencent como punta de lanza de la siguiente oleada.

Las multinacionales latinas salen bien paradas también en este ranking, y ésta sería la última observación. Ya hemos mencionado cómo los gigantes brasileños Petrobras y Vale se alzaron en el Top 25 mundial. Llama la atención que haya que llegar al puesto 44 para

TABLA 2.4. *Multilatinas en el FT 500*

RK 2011	Empresa	País	Valor mercado	Sector	Ingresos mill. $	Ingresos netos mill. $	Activos mill. $	Empleados
5	Petrobras	Brasil	247.417,6	Petróleo/gas	128.478,4	21.198,2	309.336,9	80.492
23	Vale	Brasil	168.232,1	Minería	50.135,6	18.114,5	127.844,7	70.785
52	Itau-Unibanco	Brasil	99.719,8	Banca	N/A	8.025,9	439.828,9	108.000
76	AMX	México	81.595,4	Telecomunic	49.187,6	7.349,3	69.568,7	55.627
79	Ambev	Brasil	79.604,2	Bebidas	15.200,8	4.555,1	25.053,4	44.900
93	Bradesco	Brasil	71.981,5	Banca	N/A	6.037,2	373.516,9	95.248
140	Walmex	México	53.400,3	Comercio	27.177,6	1.582	15.763,8	219.767
143	Banco Brasil	Brasil	51.965,2	Banca	N/A	8.110,2	488.790,5	109.026
175	Santander Brasil	Brasil	46.256,7	Banca	N/A	4.447,1	217.492,8	54.000
210	Ogx Petróleo	Brasil	39.055,6	Petróleo/gas		-74,4	6.017,2	213
255	Itausa	Brasil	33.943,5	Financiero	N/A	2.661,6	166.090,2	125.000
310	Grupo México	México	29.074,7	Metalurgia	8.314,6	1.759,9	14.822,6	
312	Tenaris	Argentina	29.032,7	Metalurgia	7.820,6	1.143,3	14.153,8	25.422
377	Falabella	Chile	24.340,3	Comercio	9.468	884,6	13.998,9	48.000
378	Siderúrgica Nacional	Brasil	24.322,9	Metalurgia	8.705,1	1.515,9	21.813,4	19.000
406	Copec	Chile	2.2724	Petróleo/gas	13.265,6	1.106,9	19.270,7	
439	Eletrobras	Brasil	21.481,6	Electricidad	14.949,9	97,8	76.289,4	25.809

FUENTE: Autor en base a *Financial Times,* 2011.

encontrase, por ejemplo, con una multinacional española (Telefónica). Llama todavía más la atención el auge de los bancos brasileños: Itaú Unibanco (puesto 52) está por delante del Santander (puesto 55), mientras que Bradesco (puesto 93) supera por su parte a BBVA (puesto 134). En total, Brasil coloca 11 multinacionales en la lista del Top 500 mundial del *Financial Times,* distanciándose de España que cuenta con 7 multinacionales. Llama la atención además que de las españolas, la gran mayoría (Telefónica, Santander, BBVA, Iberdrola, Repsol) de ellas debe su inclusión en gran parte por su presencia en los mercados emergentes, y en América Latina en particular. La presencia latina no se limita sin embargo a Brasil o España, sino que también destacan México (con 3 multinacionales), Chile (con 2) y Argentina (con 1).

Las clasificaciones siempre cuentan parte de la historia. Cambian de un año a otro. Sin embargo, más allá de sus limitaciones, son otro indicador de cómo está girando el mundo: como los girasoles que buscan el sol, parece que cada vez más la economía mundial busca a los emergentes.

II. EL AUGE DE LAS MULTILATINAS

El auge las multilatinas fue sin precedentes a lo largo de la última década y todo apunta a que en esta nueva década va a continuar. Un buen indicador de este desarrollo son los rankings de América Economía: muestran cómo hay cada vez más multilatinas y que éstas abarcan cada año más sectores, al mismo tiempo que se alarga la lista de los países donde se están expandiendo[3].

El concepto de multilatina fue de hecho acuñado por primera vez por América Economía con el objetivo de describir lo que era entonces una nueva realidad emergente, la de empresas (entonces sobre todo argentinas) que empezaban a hacer negocios en todo el continente latinoamericano. Por su expansión hacia América Latina, uno podría también incluir en esta categoría a las multinacionales españolas, sin embargo, el fenómeno que trataremos sobre todo es de las multinacio-

[3] Véase [http://rankings.americaeconomia.com/2011/500/].

nales emergentes desde América Latina que han surgido a lo largo de la década de los noventa y sobre todo la de 2000[4]. En 2011, la realidad de las multilatinas cambió considerablemente: ha dejado de ser un fenómeno sobre todo argentino para ser una realidad sobre todo brasileña y mexicana, pero además se ha visto cómo otros muchos países de la región –Chile, Colombia, Perú o Guatemala– también han colocado sus multilatinas. La expansión se está ahora contagiando a todo el continente latino: de las 66 empresas que están en este ranking en 2011, 53 tienen ahora operaciones fuera de América Latina.

Lo interesante de los rankings de América Economía no es solo que sean los más completos que existen sobre el tema de las multilatinas sino que además se vienen haciendo anualmente desde 2006, permitiendo analizar también evoluciones y tendencias. El índice, al igual que el de transnacionalidad de la UNCTAD, con la diferencia de que éste está focalizado en América Latina y es mucho más exhaustivo, «busca medir, comparar y registrar el grado de internacionalización que alcanzan las grandes empresas de la región», como apunta América Economía.

Para lograrlo, se elaboró un índice de cobertura internacional basado en la cantidad de países y distintas regiones del mundo en que la empresa tiene operaciones. Es decir, que lo que busca este ranking es precisamente medir en qué medida las multilatinas son multinacionales, cuánto se han expandido internacionalmente. Hay matices en esa medición, estar en 5 países de una misma región como América Latina, por ejemplo, otorga una puntuación menor que tener operaciones en 5 países repartidos en otros continentes como Europa o Asia. Además de la presencia internacional en términos de plantas, oficinas o representaciones, la metodología incorpora también la internacionalización en términos de activos, de inversiones y de recursos humanos.

Lo primero que llama la atención es que el número de multilatinas se está ampliando. Además, desde el ranking del año 2006 los sectores donde se sitúan las multilatinas se ha ido ampliando considerablemente. Tradicionalmente surgen desde los sectores ligados a las materias primas y la agroindustria. De hecho, las mayores multilatinas, en

---

[4] Véase Javier Santiso, «La emergencia de las multilatinas», *Revista CEPAL* 95, agosto 2008, pp. 7-30.

GRÁFICO 2.6. *Distribución sectorial de las multilatinas en el ranking Multilatinas AE, 2011*

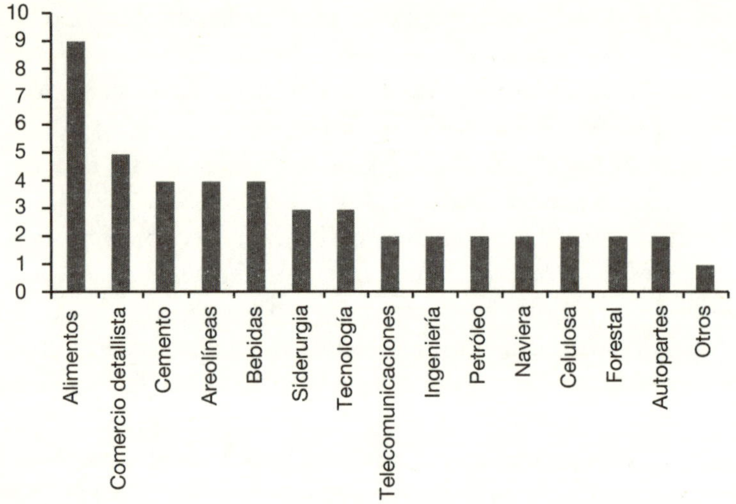

FUENTE: ESADEgeo con datos de América Economía, 2011.

términos de capitalización bursátil, siguen siendo empresas vinculadas a las materias primas, como las brasileñas Petrobras y Vale. Pero incluso este hecho empieza a ser arrebatado por las recientes tendencias: una empresa de tecnología y telecomunicaciones, como la mexicana América Móvil, se asoma ahora con capitalizaciones bursátiles que van rumbo a las de la petrolera y minera anteriormente mencionadas. En 2011, vemos así cómo alimentos, comercio, cemento, aerolíneas e incluso tecnología y telecomunicaciones se colocan por delante del sector petrolero, tradicionalmente dominante.

Si miramos las multilatinas que están más globalizadas, las 10 con mayor porcentaje de inversiones en el extranjero, lo que resalta es precisamente esta diversidad: el ranking lo lidera un laboratorio farmacéutico (Bagó de Argentina), por delante de un suministrador de la industria petrolera (Tenaris también de Argentina) y de otros grupos en otros sectores como el cementero (Cemex de México), un grupo agroindustrial (JBS Friboi de Brasil) e incluso una empresa tecnológica (Brighstar). Esta última tiene su sede en Miami pero fue creada y fundada por un latinoamericano, el boliviano Marcelo Claure

GRÁFICO 2.7. *Las empresas más internacionalizadas en el ranking Multilatinas AE, 2011*

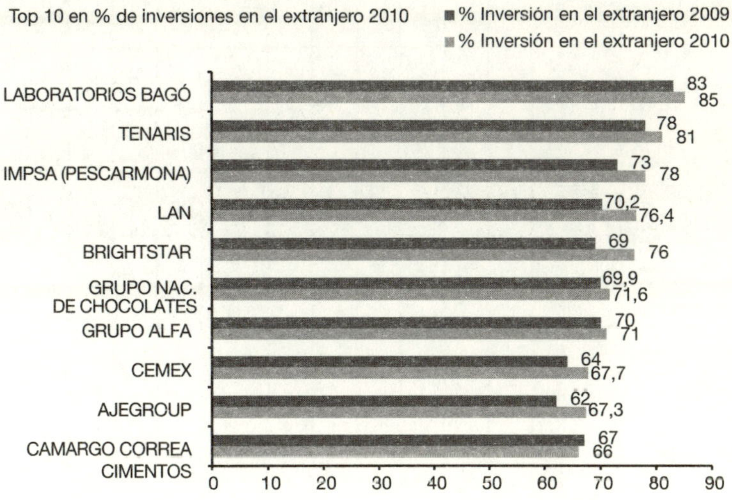

FUENTE: América Economía, 2011

(de ahí que figure como boliviana en el ranking). Con 3.600 empleados y una facturación de 6,4 mil millones en 2010 es la más internacionalizada de las multilatinas.

La mayor novedad del ranking de 2010 es sin duda no solo la inclusión de una empresa tecnológica como Brighstar, sino también que ésta además lidera el ranking de las multilatinas más globales por estar en más países (61) y regiones (8) que cualquier otra. Supera así a la brasileña JBS Friboi y a la mexicana Cemex, ambas en 8 regiones pero en «solo» 21 y 35 países respectivamente. También supera a la minera Vale, presente en 9 regiones pero en «solo» 38 países. Su índice de globalización es el más elevado de toda la región. Cuenta con un 84% de sus empleados fuera, el 76% de sus inversiones también fuera, y más del 60% de sus ventas en mercados internacionales.

En la tabla siguiente reproducimos el Top 20 de las multilatinas tal como figura en el ranking. De nuevo, como señalamos anteriormente, resalta la diversidad sectorial y país de origen de las multilatinas: bebidas, alimentos, minería pero también telecomunicaciones, farmacia, o *retail* se encuentran representados.

TABLA 2.5. *Globalización de las multilatinas, 2011*

RK 11	Empresa	País origen	Sector	N.° de países	Zonas / regiones	% ventas	% invers.	% trabaj.	Índice de globalización
1	BRIGHTSTAR	Bol.	Telecom.	61	8	60	76	84	**82,3**
2	GRUPO JBS (FRIBOI)	Bra.	Alimentos	21	8	89,2	65,5	64,0	**78,2**
3	CEMEX	Méx.	Cemento	35	8	75,6	67,7	65,8	**77,7**
4	TENARIS	Arg.	Siderurgia	11	5	80,4	81,0	71,7	**77,0**
5	LAN	Chi.	Aerolíneas	19	7	78,0	76,4	43,0	**73,2**
6	TELMEX	Méx.	Telecom.	9	3	94,9	50,2	92,2	**70,0**
7	GRUPO ALFA	Méx.	Autopartes/ petroquímica	17	6	54,0	71,0	51,5	**69,8**
8	IMPSA (PESCARMONA)	Arg.	Energía	11	3	84,0	78,0	65,0	**69,0**
9	VALE	Bra.	Minería	38	9	33,6	49,8	27,1	**67,2**
10	CONST. NORBERTO ODEBRECHT	Bra.	Ingeniería	34	7	70,5	56,0	48,6	**66,3**

11	GERDAU	Bra.	Siderurgia	14	6	38,9	59,9	48,0	**65,1**
12	AJEGROUP	Per.	Bebidas	16	4	78,0	67,3	74,0	**64,0**
13	GRUPO BIMBO	Méx.	Alimentos	18	6	55,0	60,1	52,7	**63,8**
14	PETROBRAS	Bra.	Petróleo	28	8	34,5	31,0	19,9	**61,3**
15	AVIANCA – TACA	ElS.	Aerolíneas	23	4	82,0	22,0	77,0	**61,3**
16	LABORATORIOS BAGÓ	Arg.	Farmacéutica	18	4	23,1	85,0	69,0	**60,3**
17	AMÉRICA MÓVIL	Méx.	Telecomunicaciones	18	4	36,0	33,0	70,0	**60,2**
18	GRUPO NAC. DE CHOCOLATES	Col.	Alimentos	11	4	38,0	71,6	19,5	**59,1**
19	GRUPO CASA SABA (FASA)	Méx.	comercio detallista	4	2	73,0	53,0	70,0	**58,8**
20	MARFRIG	Bra.	Alimentos	22	6	54,9	31,6	41,7	**57,0**

FUENTE: América Economía, 2011.

GRÁFICO 2.8. *Las 10 empresas con mayor porcentaje en el extranjero, 2011*

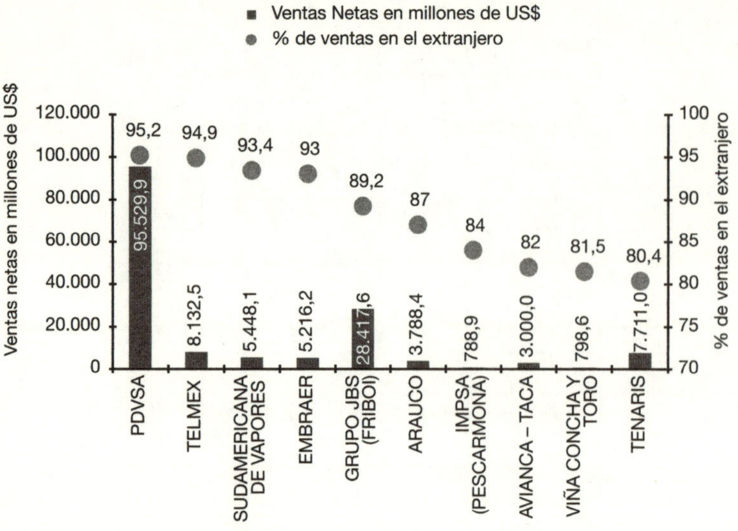

FUENTE: América Economía, 2011.

En términos de ventas en el extranjero lidera la petrolera PDVSA, tanto en volumen exportado como en porcentaje del total producido. También llama la atención la diversidad: le siguen Telmex (un operador Telecom), Sudamericana de Vapor (una naviera) y Embraer (en el sector aeronáutico), empresas que todas venden más del 90% de su producción en el extranjero.

Si analizamos el ranking no ya por sectores sino por países, entonces aparece una cierta concentración. Brasil, con 27 de las 66 multilatinas incluidas, domina masivamente, por delante de México (15) y Chile (11). Si hacemos clasificaciones por volúmenes de ventas o número de empleados también destacan las multilatinas brasileñas. Petrobras, con 128 mil millones de ventas en 2010, es la multilatina que más vende de todo el continente, por delante también de otra petrolera, la venezolana PDVSA con 95 mil millones de ventas. Las agroindustriales JBS Friboi y Brasil Foods, con respectivamente 124.000 y 120.000 empleados, lideran la clasificación en términos de empleados. Cualquiera que sea la métrica, dominan las multilatinas brasileñas.

GRÁFICO 2.9. *Número de multilatinas en el ranking AE, 2011*

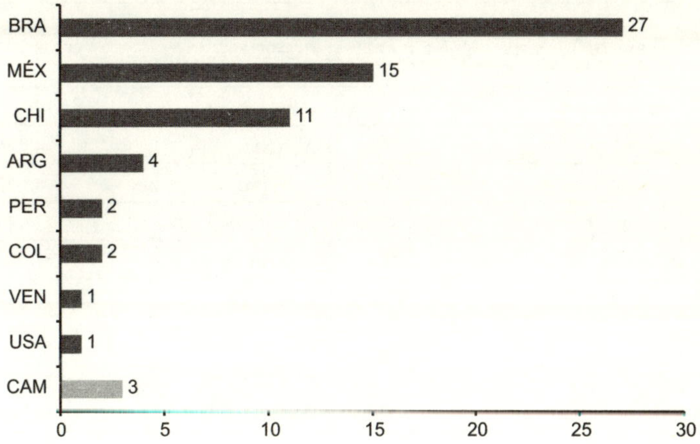

FUENTE: América Economía, 2011.

La evolución del ranking también es ilustrativa de la rapidez con la cual se están moviendo las multilatinas. Hace apenas un año las tecnológicas brasileñas Bematech y Totvs no figuraban en el ranking, en 2010 irrumpen en los puestos 59 y 63, ilustrando también el empuje del sector tecnológico en esta clasificación. La inclusión más espectacular es sin duda la de los laboratorios farmacéuticos Bagó, una multilatina argentina que aparece en el puesto 16 por primera vez, al igual que IMPSA, otra multilatina argentina del grupo Pescarmona, que entra en la clasificación en el puesto 8. Pero sin duda se llevan la palma en términos de progresión las multilatinas colombianas: el grupo Avianca salta así del puesto 31 en 2009 al puesto 15 en 2010, mientras la cementera Argos irrumpe por primera vez en el puesto 40.

El salto de 10 posiciones que tuvo la aerolínea colombiana Avianca se explica por una operación de M&A, en particular por la absorción que hizo de su rival centroamericana Taca para formar el grupo Avianca-Taca, con lo que sumó de golpe varios países a su estructura operacional (en 2010 está presente en 23 países). Con una flota de 160 aviones y 16.000 empleados conjuntamente es hoy en día una de las más importantes aerolíneas internacionales. Su factu-

TABLA 2.6. *Top 20 multilatinas por volumen de ventas, 2010 (millones de dólares)*

RK 2011	Empresa	País	Sector	Ventas 2010
14	PETROBRAS	Bra.	Petróleo	128.000
9	VALE	Bra.	Minería	49.949
17	AMÉRICA MÓVIL	Méx.	Telecomunicaciones	49.221
2	GRUPO JBS (FRIBOI)	Bra.	Alimentos	28.418
11	GERDAU	Bra.	Siderurgia	18.841
3	CEMEX	Méx.	Cemento	14.435
7	GRUPO ALFA	Méx.	Autopartes/ Petroquímica	11.045
13	GRUPO BIMBO	Méx.	Alimentos	9.487
6	TELMEX	Méx.	Telecomunicaciones	8.133
20	MARFRIG	Bra.	Alimentos	7.788
4	TENARIS	Arg.	Siderurgia	7.711
1	BRIGHTSTAR	Bol.	Telecomunicaciones	6.400
10	CONST. NORBERTO ODEBRECHT	Bra.	Ingeniería	5.500
5	LAN	Chi.	Aerolíneas	4.387
19	GRUPO CASA SABA (FASA)	Méx.	Comercio detallista	4.100
15	AVIANCA – TACA	ElS.	Aerolíneas	3.000
18	GRUPO NAC. DE CHOCOLATES	Col.	Alimentos	2.225
12	AJEGROUP	Per.	Bebidas	1.127
8	IMPSA (PESCARMONA)	Arg.	Energía	789
16	LABORATORIOS BAGÓ	Arg.	Farmacéutica	655

FUENTE: América Economía, 2011.

ración alcanza los 3 mil millones de dólares en 2010 y tiene 110 destinos en el continente americano, además de dar servicio a otros destinos internacionales. Está presente en 23 países y 4 de las regiones segmentadas por América Economía.

Otras operaciones de fusiones y adquisiciones que propulsaron a las multilatinas en la clasificación fueron las de la mexicana Grupo Casa Saba, que saltó 26 posiciones tras la adquisición en 2010 de la cadena

TABLA 2.7. *Top 20 Multilatinas por número de empleados, 2010*

Rk 11	Empresa	País origen	Sector	Empleados 2010
2	GRUPO JBS (FRIBOI)	Bra.	Alimentos	123.936
13	GRUPO BIMBO	Méx.	Alimentos	102.000
10	CONSTRUTORA NORBERTO ODEBRECHT	Bra.	Ingeniería	87.662
14	PETROBRAS	Bra.	Petróleo	76.919
6	TELMEX	Méx.	Telecomunicaciones	74.769
9	VALE	Bra.	Minería	60.036
17	AMÉRICA MÓVIL	Méx.	Telecomunicaciones	55.000
7	GRUPO ALFA	Méx.	Autopartes/ Petroquímica	52.000
3	CEMEX	Méx.	Cemento	46.500
18	GRUPO NAC. DE CHOCOLATES	Col.	Alimentos	28.200
4	TENARIS	Arg.	Siderurgia	22.591
5	LAN	Chi.	Aerolíneas	17.000
19	GRUPO CASA SABA (FASA)	Méx.	comercio detallista	11.922
12	AJEGROUP	Per.	Bebidas	9.800
15	AVIANCA – TACA	ElS.	Aerolíneas	6.700
16	LABORATORIOS BAGÓ	Arg.	Farmacéutica	6.500
1	BRIGHTSTAR	Bol.	Telecomunicaciones	3.600
8	IMPSA (PESCARMONA)	Arg.	Energía	1.500

FUENTE: América Economía, 2011.

de farmacias chilena Farmacias Ahumada (por cerca de 640 millones de dólares), y la chilena Concha y Toro que saltó 10 posiciones: se trata de una multilatina que inició su trayectoria como empresa familiar, empezando a cotizar en 1933 e iniciando entonces sus primeras exportaciones a Europa. En 1994, fue la primera viña del mundo en cotizar en la bolsa de Nueva York. Tres años más tarde firmó un acuerdo con Baron Philippe de Rothschild para producir un vino conjuntamente, Almaviva. En 2011, la viña chilena confirmó la com-

GRÁFICO 2.10. *Las 10 empresas con mayor potencial de crecimiento internacional*

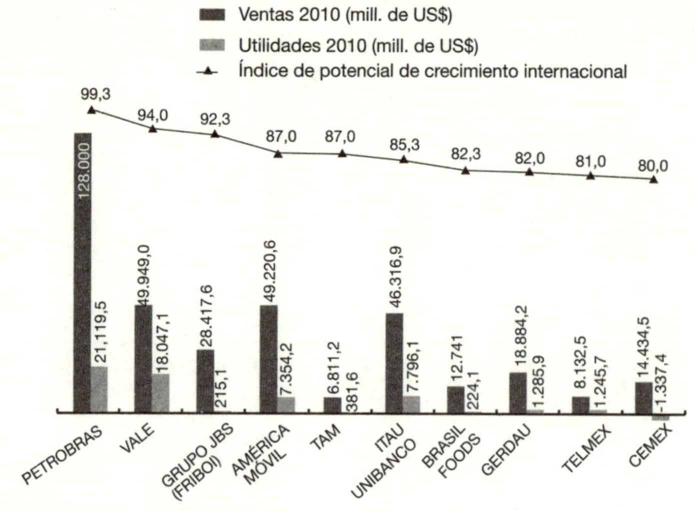

FUENTE: América Economía, 2011.

pra de la estadounidense Fetzer Vineyards por 234 millones de dólares, una de las diez marcas más importantes de Estados Unidos. Con esta operación se convierte en la quinta mayor viñera del mundo y refuerza su presencia de distribución en EEUU, su segundo mercado de exportación, después del Reino Unido. Concha y Toro tiene hoy en día presencia mundial, llegando a más de 130 países, y el mercado doméstico chileno apenas representa un 17% del total de sus ventas.

De cara al futuro, con la adquisición en 2011 de los activos de pensiones de ING en América Latina, el grupo de seguros y financiero colombiano Suramericana sin duda dará el salto en esta clasificación, al igual que la chilena LAN y la brasileña TAM que se fusionaron para crear una de las mayores aerolíneas del mundo (Latam). Estas dos multilatinas ilustran de hecho algo que estamos viendo con más evidencia de un año a otro: si bien Brasil (y en menor medida) domina el número de multilatinas que hay en el continente, también se asoman «nuevos» países, en particular Chile, que en 2010 ya tiene 11 multilatinas colocadas en el ranking de América Economía, y Colombia, que solo tiene 2 hasta la fecha pero que verá con toda probabilidad aumentar su peso en los próximos años y superará probablemente a Argentina (que ostenta 4 multilatinas) en un futuro cercano.

A éstas habrá sin duda que sumarle Petrobras, Vale, JBS Friboi o América Móvil que, como apunta América Economía, son las que más potencial de crecimiento internacional tienen de cara a lo realizado y capacidades inversores. La brasileña Gerdau, después de la compra de Tamco en Estados Unidos en 2010 por 165 millones de dólares, también aparece en el Top 10 como mayor potencial de cara al futuro. Por su parte, la petroquímica brasileña Braskem aparecerá también mejor parada en este ranking de cara al futuro al operar una nueva adquisición en 2011 por 323 millones de dólares en la compra de varias plantas en Estados Unidos y Alemania del gigante estadounidense Dow Chemical. Por su parte, el conglomerado industrial mexicano Alfa también se verá positivamente afectado por su nueva adquisición, realizada a mediados de 2011, en Estados Unidos (185 millones de dólares).

III. NUEVAS MULTILATINAS, NUEVAS FRONTERAS

Cuando América Economía inició en 2006 el ejercicio de rastrear el fenómeno de las multilatinas de manera sistemática, la gran mayoría de éstas todavía tenían un perímetro de internacionalización muy centrado en el continente.

De ahí que la terminología sea de «multilatinas». Esto ha cambiado con los años, y estas multilatinas se han convertido cada vez más en empresas globales, en «global latinas»[5], con incursiones y adquisiciones en Estados Unidos, Europa o Asia. Algunas han construido empresas exclusivamente latinoamericanas, como por ejemplo las mexicanas América Móvil o FEMSA. Las chilenas, colombianas o peruanas han desarrollado sobre todo una internacionalización andina, aunque algunas, como hemos visto, ya se están expandiendo ampliamente en todo

[5] Este término fue acuñado recientemente por Lourdes Casanova del INSEAD. Véase en particular Lourdes Casanova, *Global Latinas. Emerging Multinationals from Latin America,* Palgrave Macmillan, 2009; y también el artículo de Lourdes Casanova, «El ascenso de las multilatinas en la economía mundial», *Revista ICE* 859, marzo-abril 2011, pp. 21-31. Disponible en [http://www.revistasice.com/CachePDF/ICE_859_21-32__AB6E846F8E555C313551E3D3F54FCE10.pdf].

el continente (Suramericana por ejemplo) o en Estados Unidos (Concha y Toro). Las mexicanas en particular se lanzaron las primeras hacia Estados Unidos, mientras que, por su parte, las brasileñas empezaron incursiones primero en el continente para luego encaminarse también hacia Estados Unidos, Europa, Asia e incluso África.

De todos los nuevos destinos de estas multinacionales, Asia está entre los preferidos, con 34 empresas de distintas nacionalidades del total de las 66 que han iniciado operaciones en ese continente en los últimos años. Algunas empresas latinoamericanas ya tienen acuerdos de cooperación con contrapartes indias, como es el caso de la brasileña Marcopolo, que produce autobuses con Tata Motors en India, o la siderúrgica brasileña Gerdau, que ha invertido 70 millones de dólares con socios locales. Marcopolo, con más de 20.000 empleados y una facturación de 1,9 mil millones de dólares en 2010, tiene también presencia en China.

La información cuantitativa y completa sobre las inversiones de las multilatinas en Asia es escueta. Las estadísticas oficiales sobre IED en América Latina muestran muy bajas participaciones; sin embargo, hay que tomarlas con cautela ya que en muchas ocasiones la IED transita por plataformas de paraísos fiscales que no son los destinos finales de las inversiones. Muy probablemente las estadísticas oficiales muestran cifras que subestiman la amplitud del fenómeno inversor latino en Asia. Una investigación realizada por la El Observatorio Económico de la Red Mercosur[6] muestra una realidad algo diferente, computando información a partir de los datos de las empresas, los anuncios en la web y en la prensa.

Brasil lidera la actividad inversora en Asia; es el país que ostenta el mayor número de firmas invirtiendo en el continente, pero también hay presencia de varias empresas mexicanas, chilenas y argentinas. China es el país donde más buscan operar (35 en total), por delante de Japón (13), Emiratos Árabes Unidos (10), India (7), Singapur (6), Malasia y Hong Kong (5 cada uno) y Tailandia (4). Los sectores son bastante variados destacando alimentos y bebidas, por delante de ingeniería y construcción, acero y metalurgia, autopartes y vehículos de transporte y petróleo y minería.

---

[6] Véase [http://oered.org/].

Un país que todavía tiene pocas relaciones inversoras con Asia es México. La inversión acumulada de las compañías chinas en México fue de 500 millones de dólares en los pasados 10 años y hay relativamente pocas inversiones mexicanas en China hasta una fecha reciente (apenas 65 millones de dólares invertidos en la última década). Las inversiones chinas sumaron más de 15 mil millones dólares en América Latina durante 2010, según la CEPAL: México fue, sin embargo, el gran ausente de esta oleada inversora ya que al territorio mexicano llegaron solo 5 millones de dólares, que contrastan con los 9,5 mil millones de dólares que recibió Brasil.

Esto parece también estar cambiando. Se iniciaron vuelos directos de México a Shanghái en 2008 y luego de México y Beijing en 2010 con el afán de fomentar la llegada de turistas chinos al país azteca. En el 2010, la empresa china Minth invirtió 16 millones de dólares para establecer una planta en Aguascalientes, donde produce marcos para puertas, otras molduras e interiores automotrices. Los inversores mexicanos Nemak, Gruma, Bimbo o Corona, por ejemplo, ya asentaron bases en China. La subsidiaria de autopartes del Grupo Alfa, Nemak, amplió así en 2010 su planta en China, donde espera por lo menos cuadruplicar su producción actual para el 2014, cuando previsiblemente ese país desplace a Estados Unidos como el mayor consumidor de automóviles en el mundo.

Al igual que empiezan a desarrollarse multilatinas mexicanas en China también lo están haciendo en India. La mexicana Cinepolis, la cuarta mayor cadena de salas de cine del mundo, con operaciones en muchos mercados de América Latina, entró así en 2009 en India, un país donde tiene prevista una fuerte expansión con inversiones de 160 millones de dólares de cara al futuro. Hoy en día tiene 15.000 empleados distribuidos en 10 países. Esta empresa nacida en Michoacán tiene ahora complejos cinematográficos no solo en México, sino también en Guatemala, El Salvador, Costa Rica, Colombia, Panamá, Brasil, Perú, Honduras e India. En 2011 inició también operaciones en Estados Unidos.

Por su parte Nemak, una filial del conglomerado mexicano Alfa, decidió a finales del 2010 ampliar sus operaciones en Asia, invirtiendo 15 millones de dólares en una planta automotriz que se localiza en la India. Actualmente la compañía está en 13 países con 27 plan

TABLA 2.8. *Multilatinas en Asia*

País	Empresa	Sector	Centros de producción	Asistencia técnica/comercial y representación
Argentina	Techint	Acero	China, Japón, Indonesia, Arabia Saudí, India, Corea, Catar, Kazajstán, EAU	Singapur
	IMPSA	Metalurgia	China, Malasia, Filipinas, Vietnam	India, Hong Kong, Indonesia, Singapur
	Bagó	Farmacia	Pakistán	
	Arcor	Alimentos/bebidas		China
	Chemo	Farmacia	China	
Brasil	Vale	Minería	China, Indonesia, Japón, Corea, Omán, Kazajstán, Filipinas, Malasia, Mongoloia, Hong Kong	Singapur
	Petrobras	Petróleo	China, India, Japón	Irán, Singapur
	Votorantim	Minería/metalurgia		China
	Embraer	Aeronáutica	China	Singapur
	Odebrecht	Ingeniería/construcción	EAU	China
	Sadia	Alimentos/bebidas		EAU, China, Japón
	Perdigao	Alimentos/bebidas		EAU
	Vicunha	Textil	China	
	Marfrig	Alimentos/bebidas	China, Corea, Tailandia, Malasia	
	Gerdau	Acero	India	
	Weg	Equipamiento	China, India	Corea, EAU, Japón, Singapur, Tailandia
	Banco do Brasil	Financiero		China, Japón, Hong Kong, Corea, EAU
	Bradesco	Financiero		Japón

	Itau	Financiero		China, Japón, Hong Kong, EAU
	Sabó	Autopartes	China, Japón	
	Marcopolo	Vehículos transporte	India, China	
	Randon	Camiones/autopartes	China	EAU
	Caixa Economica Federal	Financiero		Japón
	Iochpe	Autopartes/ferroviario	China	
	Andrade Gutierrez	Ingeniería	EAU, Arabia Saudí, Catar, Irán, China	
Chile	Sociedad Química y Minera de Chile	Química/minería	China, India, Tailandia	Japón
	Molymet	Química		China
	Banco de Chile	Financiero		China
	BCI	Financiero		Hong Kong
	ENAP	Petróleo	Irán, Kuwait	
	Antofagasta	Minería	Pakistán	
	Viña Montes	Restauración		Japón
	Luksic	Vinos	China	
México	Cemex	Cemento	Filipinas, China, Bangladesh, EAU, Israel, Malasia, Tailandia	
	Grupo Televisa	Entretenimiento		China
	Grupo Bimbo	Alimentos/bebidas	China	
	Gruma	Alimentos/bebidas	China, Malasia	
	Alfa	Autopartes	China	
	Grupo Modelo	Alimentos/bebidas		Japón
	Grupo Carso	Autopartes/equipamiento		China

FUENTE: Observatorio Económico de la Red Mercosur, 2011.

tas industriales, a las cuales se sumaría la operación en India. Otro grupo mexicano muy activo a nivel internacional y que desembarcó en China es Gruma. Además de China, Gruma tiene operaciones en México, Estados Unidos, Inglaterra, Italia, Holanda, Guatemala, Costa Rica, El Salvador, Venezuela, Ucrania y Australia. Además, la compañía está buscando adquisiciones en Europa, Oriente Medio y Estados Unidos, que la ayuden a impulsar su crecimiento.

Otra región del mundo emergente con quien América Latina está tejiendo relaciones y dinamizando inversiones es África y Oriente Medio[7]. En Oriente Medio, las inversiones son todavía limitadas, aunque han aumentando los flujos comerciales entre ambas regiones. En Egipto y Emiratos las inversiones chilenas alcanzaron unos 130 millones de dólares. Por su parte el banco Itaú abrió oficinas en Dubai y Abu Dhabi para aprovechar el creciente flujo comercial e interés entre Brasil y Oriente Medio. En Israel, la empresa mexicana AHMSA ha invertido más de 100 millones de dólares en exploraciones mineras.

En cuanto a Brasil, si bien las relaciones comerciales se han disparado con Oriente Medio, solo dirige IED a cuatro países: EAU, Bahréin, Líbano y Libia. La empresa brasileña con más trayectoria en el mundo árabe es Sadia, grupo referente de alimentación, presente en Oriente Medio desde los años setenta y cuyas exportaciones a la región suman 550 millones de dólares anuales. En 2009, antes de la fusión con Perdigao para crear Brasil Foods, casi el 25% de sus exportaciones se dirigían al mercado árabe. En 2001 conquistó de hecho la posición de segunda mayor marca en el mercado de aves en la región, con más del 25% del mismo. Petrobras, por su parte, desarrolló proyectos y acuerdos con Libia, Argelia y Arabia Saudí. Embraer se ha ido introduciendo en el mercado aeronáutico árabe con la venta de *jets* privados, así como de aviones comerciales. Odebrecht, por su parte, operó varias construcciones en la región, en particular en Yibuti, Abu Dhabi y el metro de Dubái.

---

[7] Sobre las crecientes relaciones entre América Latina y Oriente Medio véase en particular el informe de SELA: [http://www.sela.org/attach/258/EDOCS/SRed/2011/03/T023600004688-0-Relaciones_de_ALC_con_el_Medio_Oriente.pdf]; y sobre las relaciones con Perú véase también el estudio disponible en [http://idei.pucp.edu.pe/docs/2011-paises-arabes-jaime-garcia.pdf].

La proliferación de inversiones y relaciones económicas con otras regiones del mundo es todavía un fenómeno incipiente pero apunta hacia la globalización de las multilatinas que en la actual década y en la década anterior han explorado y exploran cada vez más fronteras. El caso de las multilatinas brasileñas es así paradigmático, como vamos a ver ahora. No solo incursionaron con fuerza en todo el continente, del Norte al Sur, sino que también empezaron a explorar inversiones en Europa, Asia, Oriente Medio e incluso África, un continente del cual hablaremos en el siguiente capítulo.

3. LA EXPANSIÓN DE LAS MULTILATINAS BRASILEÑAS

Las multilatinas brasileñas han experimentado un auge sin precedentes a lo largo de la última década. Hace dos décadas pocas de ellas tenían presencia significativa internacional. Pocos esperaban que algunas de ellas se colaran entre los primeros puestos mundiales.

Esto es sin embargo lo que ha ocurrido a lo largo de los últimos años en sectores como el del petróleo con Petrobras[1], de la minería con Vale, el de la agroindustria con JBS Friboi, pero también en el de la aeronáutica con Embraer, que se codea ahora con la canadiense Bombardier para el primer puesto mundial en su segmento. En el sector bancario surgieron también gigantes como Bradesco, Itaú Unibanco o Branco do Brasil, que se están ahora asomando a nivel internacional, aunque todavía esta oleada inversora queda pendiente[2].

Las capitalizaciones de todos estos grupos mencionados superan en 2011 las de sus respectivos rivales españoles, por ejemplo: Petrobras supera con creces a Repsol; Vale y Embraer no tienen equivalente en España; JBS Friboi supera con creces a Campofrío o Ebro Foods; también los bancos brasileños superan al español BBVA en términos de capitalización bursátil. Brasil fue un país de eterno fu-

---

[1] Sobre la trayectoria de Petrobras véase el artículo de Andrea Goldstein, «The emergente of multilatinas: The Petrobras experience», *Universia Business Review*, 2010, pp. 98-111. Véase también de este autor el ensayo sobre multinacionales emergentes, Andrea Goldstein, *Multinational Companies from Emerging Economies: Composition, Conceptualization and Direction in the Global Economy,* Londres, Palgrave Macmillan, 2007.

[2] Sobre los estudios de caso de Vale, Embraer y Petrtobras véanse los artículos incluidos en BID, *From multilatinas to global latinas. The new Latin American multinationals (compilation case Studies),* Washington DC, Banco Inter-Americano de Desarrollo, 2010.

turo que se ha convertido a lo largo de la pasada década en una potencia del presente y con esta transformación han emergido con fuerza las multilatinas brasileñas.

Estas son solo la punta emergida de este iceberg tropical. Actualmente existen 223 empresas brasileñas que facturan más de mil millones de dólares. Más de 800 tienen una facturación anual superior a los 120 millones de dólares, y representan ya el 46% del PIB del país. La internacionalización empresarial brasileña se puede medir tanto por la presencia de multinacionales extranjeras (São Paulo ya es una de los principales focos de producción de las empresas alemanas, por ejemplo) como por el propio recorrido internacional de las multilatinas brasileñas.

Como veremos en este capítulo este auge corresponde ante todo al de todo un país y una economía que se han proyectado con fuerza en la escena internacional con una combinación de recursos naturales y humanos, parque tecnológico y capital para competir en grandes ligas. A este auge le ha correspondido el de las empresas brasileñas. Éstas se han convertido en las auténticas puntas de lanza del fenómeno más regional de las multilatinas.

I. BRASIL: UNA POTENCIA DEL PRESENTE

Uno de los tópicos más comunes sobre Brasil es hablar de él como país del futuro. Este cliché corre desde los años cuarenta, fecha en la cual el novelista Stefan Zweig publicó el que fue su último libro, dedicado precisamente a Brasil. Lo que estamos presenciando en esta década es, sin embargo, algo inédito: la emergencia de Brasil como una potencia del presente y no solo como una (eterna) promesa de futuro.

Hoy en día Brasil es uno de los grandes países emergentes, junto con China e India, que están cambiando el rumbo del mundo[3]. En 2011 se ha convertido en la séptima potencia económica del mundo

[3] Véase Javier Santiso, *Brazil and The Shifting Wealth of Nations. The Re-Balancing of the World towards Emerging Markets*, Madrid, ESADE Business School, Conferencia en la Fundación Juan March, 25 de enero 2011. Disponible en [http://www.march.es/Recursos_Web/Culturales/Documentos/conferencias/PP2714.pdf].

con un PIB nominal de 2 billones de dólares, superando así a España, entre otros países, y 10 veces más grande que Chile. En los diferentes espacios internacionales, tanto en el G-20 o en el Fondo Monetario, su peso ha aumentado. Ya sea en los temas de cambio climático o de comercio internacional la posición de Brasil importa.

En 2011 el presidente brasileño Lula fue galardonado como uno de los líderes más influyentes del mundo y se ha convertido en una autoridad moral. El pragmatismo económico del país (combinando ortodoxia monetaria y fiscal con importantes programas sociales) se ha convertido en un referente para muchas economías emergentes, incluidas las del continente latino. Sobre todo, uno de los grandes logros del periodo Lula habrá sido precisamente lograr esta combinación con éxito, cuando pocos en 2002 se lo creyeron. Por si fuera poco, el país también consiguió reducir, a base de crecimiento y de programas focalizados, la pobreza y la desigualdad endémicas. Hecho inédito: la clase media en Brasil se está expandiendo más que nunca, este grupo representa en 2010 casi el 45% del total de la población (un crecimiento de 10 puntos porcentuales en apenas cinco años).

Este auge económico quedó plasmado con más éxitos cosechados a principios de 2010: no solo se supo entonces que el país de Pelé acogerá, en 2014, el Mundial de Fútbol sino que, además, en 2016 y, por primera vez en su historia, organizará también los Juegos Olímpicos. Tradicional potencia agrícola, Brasil se estaba también convirtiendo en un jugador internacional de primer nivel en el mercado del petróleo, como lo corroboran los descubrimientos de yacimientos históricos en las costas de Río. Pero tampoco nos engañemos y caigamos en otro tópico más: Brasil no solo exporta soja, petróleo o minerales sino que también exporta productos de alta tecnología como lo muestran el desempeño de sus campeones nacionales en sectores aeronáuticos, de servicios tecnológicos o de productos cosméticos. Como veremos, las multilatinas brasileñas actúan en sectores muy diversos, sean agroindustriales, mineros o aeronáuticos.

Los eventos deportivos señalados simbolizan, en definitiva, un vuelco masivo de los equilibrios económicos mundiales que estamos presenciando y del cual Brasil es, junto a China e India, uno de los principales actores. El caso de Brasil es, de hecho, emblemático: en 2008, en plena crisis global, el país recibía un récord de inversiones extranjeras

Gráfico 3.1. *Flujos de IED en Brasil, 2000-2010 (en miles de millones de dólares)*

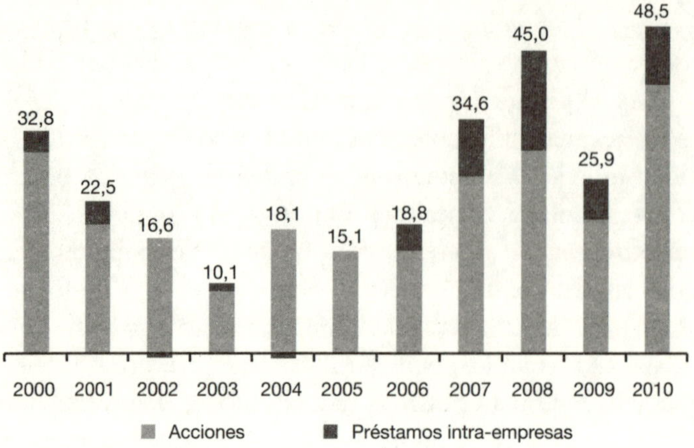

Fuente: UNCTAD y Banco de Brasil, 2011.

directas (45 mil millones de dólares). Este récord fue de nuevo superado en 2010 con unos flujos de entrada de IED en el país de 48,5 mil millones de dólares. Pero más emblemático aún es el hecho de que Brasil se ha convertido también en un inversor potente en el extranjero.

Las previsiones del banco Bradesco apuntan incluso hacia un nuevo récord para 2011 con cerca de 60 mil millones de IED en Brasil[4]. En cualquier caso, las cantidades anuales que estamos viendo entre 2007-2011, es decir incorporando la crisis global del 2008, desafían cualquier comparación histórica, con promedios muy superiores al del anterior quinquenio del 1997-2001 cuando se dieron inversiones también importantes. Se espera en particular que China tras invertir unos 12,6 mil millones de dólares en Brasil en 2010 supere esta cantidad en 2011 con 13 mil millones de IED[5].

---

[4] Véase el informe del economista jefe de Bradesco, Octavio de Barros, uno de los mejores especiales sobre las dinámicas de flujos de capitales, en [http://www.fiesp.com.br/irs/cosec/pdf/transparencias_reuniao_cosec_13_06_11_-_octavio_de_barros_-_distribuicao_final.pdf].

[5] Véase también para más información económica de Brasil por parte de Bradesco [http://www.economiaemdia.com.br/].

GRÁFICO 3.2. *Flujos de IED en Brasil, 1995-2011 (en millones de dólares)*

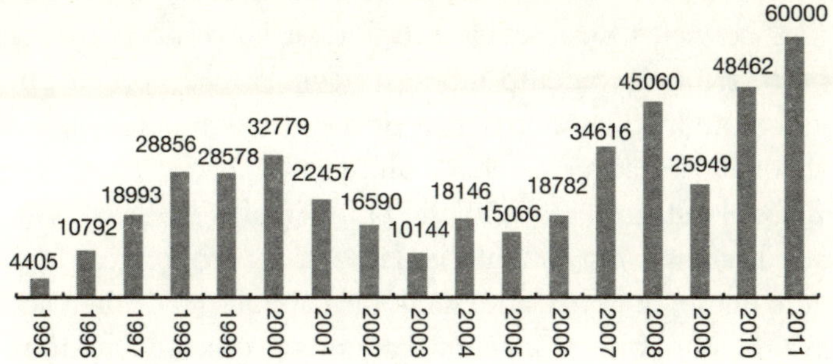

FUENTE: Bradesco, 2011.

En paralelo a ese tsunami inversor exterior, Brasil también experimentó un auge sin precedentes de las inversiones de sus empresas en el exterior, propulsándolas internacionalmente. El auge de Brasil y de sus mercados financieros ha empujado también todas las métricas financieras de estas multilatina. En la década de 2000 surgieron multinacionales cuyas capitalizaciones bursátiles son hoy en día comparables a las de sus pares de los países OCDE. La del banco Itaú-Unibanco, por ejemplo, supera a muchas de sus rivales europeos, incluido el banco español BBVA; la minera Vale se compara con la anglo-australiana Rio Tinto; y el gigante Petrobras supera a sus competidores europeos, capitalizando por encima de la española Repsol o la francesa Total.

II. EL MILAGRO BRASILEÑO

En el ámbito petrolero, con los descubrimientos recientes en Río de Janeiro, Brasil se está convirtiendo en uno de los mayores productores y exportadores de crudo del mundo. Petrobras, la mayor empresa del continente en términos de capitalización bursátil, ya es uno de los grandes del sector y además un jugador innovador, con capacidad tecnológica en aguas profundas e impulsor de diversificación hacia los biocombustibles y el etanol en particular. También es y será un eje importante de diversificación ya que el gobierno insiste en que Petrobras se suministre un 65% localmente. Esto permitirá construir sus propios buques de transporte de crudo, las plataformas y todos los servicios posibles de una industria, como Noruega, otro país petrolero que fomentó una estrategia similar con su campeón nacional Statoil y que se ha convertido en un emulador potentísimo para diversificar hacia clústers de alta tecnología.

Quizás el milagro brasileño esté también ahí: en esa combinación única de pragmatismo en materia de políticas económicas tanto macro como micro, donde se apuesta por el capitalismo de mercado pero no se duda a la hora de inventar caminos propios. Cuando todo el mundo (organismos internacionales, economistas de las universidades Ivy League) aconsejaban que había que privatizar todos los bancos, Brasil mantuvo la calma, promoviendo diversidad: algunos bancos se privatizaron, algunos incluso fueron comprados por extranjeros, otros se mantuvieron públicos, otros en manos de inversores privados nacionales. Esta combinación única le ha permitido al país capear la crisis global de 2008-2011 con más capacidad que otros, pudiendo activar cuando fue necesario los canales de financiación bancaria pública, haciendo a su vez que los bancos privados nacionales y extranjeros mantuvieran también las líneas.

Lo mismo está ocurriendo en sectores donde se reiteró varias veces a los brasileños que cambiaran el rumbo, que ya «inventarían otros» y dejaran su obsesión con los campeones nacionales, y en particular en sectores de alta tecnología. Aquí también (y con razón de nuevo) los brasileños no escucharon los consejos de los expertos y sabios internacionales, y hoy en día la multilatina Embraer se codea con la canadiense Bombardier o la francesa Dassault como la mayor empresa de aviación en su segmento.

Sin embargo, hay un sector donde el milagro brasileño fue total: la agroindustria. En un par de décadas, Brasil levantó varias multinacionales agroindustriales que dominan el sector. La más reciente es Brasil Foods, fundada en 2009 como resultado de la fusión de las empresas Sadia y Perdigão. La compañía cuenta con más de 113.000 empleados y está presente en 116 países. En 2010, las exportaciones representaron algo más del 40% de sus ingresos y tiene tres plantas industriales fuera de Brasil: en Argentina, Inglaterra y Holanda. JBS Friboi se originó en 1953 y cuenta con 125.000 empleados repartidos en 110 países. En 2011 JBS se convirtió en la mayor empresa en procesamiento de proteína animal del mundo. Esta multilatina tiene hoy en día plataformas de producción y oficinas no solo en Brasil sino también en Argentina, Italia, Australia, EEUU, Uruguay, Paraguay, México, China y Rusia. El grueso de sus ingresos (65%) proceden de Estados Unidos, por delante de Brasil (16%) y Australia (12%). El Estado brasileño (vía el BNDES) todavía conserva el 30% del capital.

Por detrás de estos dos gigantes se asoma también Marfrig, la tercera agroindustrial del país. Está presente con implantaciones en 22 países y exporta sus productos en total a 140. Cuenta con 90.000 empleados y ha multiplicado sus adquisiciones, en particular en Argentina (Quickfood, comprada en 2007 por 140 millones de dólares), el Reino Unido (Moy Park, comprada en 2008 por 680 millones de dólares), en Estados Unidos (Keystone Foods, comprada en 2010 por cerca de 1,3 mil millones de dólares). Otra de las adquisiciones significativas ocurrida en 2010 fue la de Seara Alimentos Ltda propiedad de Cargill Inc (900 millones de dólares). También destaca Cosan, un conglomerado brasileño líder en bioetanol, azúcar y energía. Fundada en 1936, la empresa emplea a 45.000 personas en 2011 y se ha unido a Shell para desarrollar uno de los mayores proyectos de bioetanol hasta la fecha.

A todas estas multilatinas brasileñas hay que añadir ABInbev, la mayor cervecera del mundo, resultado de la fusión de varias cerveceras de Brasil, Bélgica y Estados Unidos. Su origen se encuentra en la brasileña Ambev –la mayor industria privada de bienes de consumo de Brasil y la mayor cervecera de Latinoamérica– que se fusionó con la empresa de cerveza belga Interbrew y pasaron a llamarse InBev. En el 2008, la empresa belgo-brasileña InBev adquirió la firma estadounidense Anheuser-Busch por casi 33 mil millones de euros para crear la cervecera más grande del mundo Anheuser-Busch InBev. La sede de esta multinacional está hoy en día en Bélgica pero más de la mitad de su comité de dirección, CEO y CFO incluidos, son brasileños.

No solo se están levantando grupos de nivel mundial como Brasil Foods, Inbev, Cosan o JBS Friboi, sino que aquí se ha producido una auténtica revolución verde, a base de innovación y esfuerzos repetidos a lo largo de tres décadas. En apenas 30 años Brasil ha dejado de ser un importador de alimentos para convertirse en una potencia agrícola de primer nivel mundial codeándose con los tradicionales cinco grandes de este sector: Estados Unidos, Canadá, Australia, Argentina y la Unión Europea. Es el primer país de la franja tropical en conseguir además semejante salto, teniendo en cuenta que todos los demás son países de las franjas templadas tanto de los hemisferios norte como sur.

El *boom* de productividad experimentado por las granjas brasileñas ha sido espectacular: entre 1996 y 2006, las cosechas del país crecieron más del 360%; las exportaciones de carnes se multiplicaron por diez, superando a las de Australia, relegado ahora a segundo mayor exportador mundial; Brasil es hoy en día el mayor exportador mundial de etanol y de caña de azúcar; un tercio de la soja mundial exportada procede del país. Todo ello se ha conseguido a base de innovación y productividad: para darse una idea del milagro que aquí se ha producido cabe recordar que hoy en día Brasil provee un cuarto de la soja mundial que se comercializa y todo ello haciendo uso de tan solo el 6% del total de la tierra cultivable del país. Todo ello se ha logrado además, a pesar de los tópicos que siguen persiguiendo al país, sin subvenciones ni intervencionismo a ultranza del Estado: según la OCDE, las ayudas estatales a los agricultores apenas alcanzan el 6% de los ingresos de las granjas, cuando en EEUU superan el 12% y el 26% en promedio para todos los países OCDE (29% en los países de la Unión Europea). Es decir, aquí el mundo se da la vuelta: las mejores prácticas están en los emergentes y no en los desarrollados, en Brasil y no en los países OCDE.

Igualmente, frente a otro tópico difícil de deshacer, este milagro no se ha conseguido a base de deforestación masiva del pulmón del mundo. La expansión de las granjas ocurrió a más de 1.000 kilómetros de la Amazonía, en esas tierras ácidas del *cerrado*. Allí, una agencia estatal, EMBRAPA, a partir de 1973, empezó por importar especies y animales, adaptó la soja, procedente de Asia, a los climas y tierras de Brasil, a base de investigación genética, ensayos y errores, que llevaron varios años para desembocar en el milagro de productividad que es hoy la envidia del mundo entero. A base de innovación también en los procesos y productos, EMBRAPA consiguió acortar los ciclos de producción de la soja de tal manera que se logran hoy en día dos cultivos al año. Y la soja no fue el único ámbito donde se dieron saltos inesperados. Hoy en día Brasil es el primer exportador mundial de zumos de naranja, de pollos, de café, de carnes, de azúcar, el segundo exportador mundial de soja y de maíz, y el cuarto de algodón y de cerdo.

El potencial del desarrollo de este sector agroindustrial es además inmenso: de aquí al 2050 la población mundial seguirá creciendo pasando de 7 a más de 9 mil millones de habitantes. De todos los países del mundo Brasil es el que posee más tierras cultivables todavía por explotar: según la FAO, Brasil tiene más tierras todavía disponibles que los dos países siguientes juntos (EEUU y Rusia) y todas ellas de nuevo muy alejadas de la región de la Amazonía, todas ellas en el *cerrado,* que ya concentra el 70% del total de la producción brasileña. A esto se le añade el hecho de que Brasil tiene más de 8.000 mil millones de metros cúbicos de agua todos los años: Brasil por sí solo (con 190 millones de habitantes) posee más agua potable renovable que toda Asia (con 4.000 millones de habitantes).

El milagro brasileño fue así tanto democrático como económico. Hoy en día otros países tropicales buscan importar las innovaciones brasileñas. Lo que sí llama la atención es que no hubo atajos: EMBRAPA no logró todo ello del día a la mañana, sino a base de esfuerzo, ensayos y errores, apuestas audaces y algo de suerte, es decir, a base de innovar y emprender. Con más de 8.000 empleados, esta institución se ha volcado también en desarrollar cooperación internacional, es decir, exportar tecnología brasileña a diferentes puntos del mundo, incluido África. En términos de cooperación internacional, la empresa mantiene 68 acuerdos bilaterales de cooperación técnica con 37 países y un total de 64 instituciones. Además de los laboratorios para desarrollar estudios en tecnología punta que tiene en Estados Unidos, Francia o Países Bajos, EMBRAPA también ubicó una oficina regional en Ghana para compartir conocimiento científico y tecnológico con el continente africano.

El recorrido inversor de las multilatinas brasileñas es todavía importante. Si bien muchas de las inversiones se concentran en América Latina, aún en esta región tienen margen para seguir aumentando su presencia[6]. El caso de Perú es ilustrativo: el *stock* total de la IED bra-

---

[6] Sobre el auge inversor de las multilatinas brasileñas véase en particular Afonso Fleury y Maria Teresa Leme Fleury, *Brazilian Multinationals: Competences for Internationalization,* Cambridge, Cambridge University Press, 2011.

sileña apenas supera los mil millones de dólares en 2010. Desde el año 2005 viene creciendo a un ritmo anual del 30%, concentrándose en la minería, los hidrocarburos, la industria y los servicios. Sin embargo, a pesar de este crecimiento en los últimos años, Brasil tiene una presencia inferior a la de otros países de la región, como por ejemplo Chile, que invierte en su vecino andino un 30% más que la economía brasileña.

Sin embargo, la relación inversora es muy probable que siga un crecimiento exponencial en los próximos años como apuntan los datos de 2011: solo en el primer semestre del año se anunciaron proyectos de inversión brasileña en Perú por más de 24 mil millones de dólares para los próximos años, según estimaciones de BBVA[7]. Las constructoras Odebrecht y Andrade Gutiérrez están involucradas en varias operaciones de autovías; por su parte Petrobras y Odebrecht están implicadas en el macro proyecto gasista de Camisea. El proyecto más significativo es, sin embargo, el de Electrobras en el sector hidroeléctrico, el gigante brasileño optando a varias plantas en Perú que podrían representar una inversión de 15 mil millones de dólares.

III. LAS MULTILATINAS BRASILEÑAS BUSCANDO NUEVAS FRONTERAS INVERSORAS

Las multilatinas brasileñas están también intensificando la búsqueda de nuevos mercados y países donde invertir. Ya no solo invierten en otros países de América Latina, en Estados Unidos o Europa, sino también en nuevas fronteras como África, Oriente Medio o Asia.

Con África en particular las relaciones se han desarrollado a gran velocidad a lo largo de la última década. Esto ha sido algo generalizado para los BRIC y no solo para Brasil: el comercio de estos países con el continente negro pasó así de unos 22 mil millones de dólares a más de 166 mil millones de dólares entre 2000 y 2008. En 2015, Standard Bank estima que ese comercio se triplicará y alcanzará los 530 mil

---

[7] Véase el estudio realizado por BBVA sobre las relaciones entre Perú y Brasil, en [http://serviciodeestudios.bbva.com/KETD/fbin/mult/110726_EconomicWatch_Peru-Brazil_tcm348-264701.pdf?ts=882011].

TABLA 3.1. *Inversiones principales de multilatinas brasileñas*

Sector	Empresa	Proyecto	Inversión ($ millones)	Estado
Petróleo	Petrobras	Modernización de la refinería en Talara	700 (est)	Anunciado/ Aprobación AIE
Petróleo	Petrobras	Exploración y perforación del Bloque 58 (Cuzco)	130	Anunciado
Petróleo	Kuntur (Odebrecht)	Gasoducto Sur-Andino	3000	Anunciado/ Aprobación AIE
Petróleo	Odebrecht / Petrobras	Industria petroquímica en Perú Sur (Ilo/ Matarani)	2000	Anunciado
Minería	Vale do Río Doce	Bayóvar (fosfatos)	450 (est)	Iniciado
Minería	Votorantim	Modernización de la refinería en Cajamarquilla (zinc)	300	Iniciado
Hierro y Acero	Gerdau	Modernización de Siderperú	120 (est)	Iniciado
Agroindustria y Energía	Odebrecht	Chavimochic	852	Iniciado
Energía	Electrobras	Concesión de 5 plantas hidroeléctricas (Generación total: 6,7GW)	15000 (est)	Anunciado
Infraestructuras	Odebrecht / Andrade Gutiérrez / GyM Consortium	Autopista Interoceánica Sur	800	Iniciado
Infraestructuras	IIRSA Norte Consortium	Autopista Interoceánica Norte	500	Iniciado

FUENTE: BBVA, 2011.

GRÁFICO 3.3. *Auge de las exportaciones de China y Brasil hacia África, 2001-2009 (en % del total exportado)*

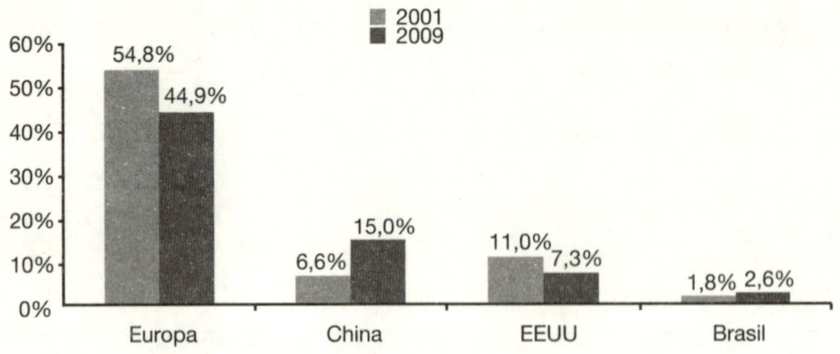

FUENTE: BNDES en base a UNComtrade, 2011.

millones de dólares. África representa un 6,3% del comercio brasileño. Si en 2001 Europa representaba más de la mitad de las exportaciones hacia África y Estados Unidos superaba a China, a finales de la década europeos y norteamericanos perdieron posiciones mientras que China progresaba de manera notable y Brasil se asomaba al continente, acaparando el 2,6% del total de las exportaciones hacia África frente a menos del 1,8% a principios de la década. El grueso de las exportaciones brasileñas hacia África se realiza hacia dos países, Angola y Sudáfrica, que absorben juntos el 75% del total.

Los países emergentes en general aumentaron de manera notable la IED en África, liderados por Sudáfrica y China principalmente, pero también por India, Taiwán, Corea, Turquía y, por parte de América Latina, Brasil. En la pasada década China e India en particular han invertido en el continente africano 29 y 25 mil millones de dólares, mientras Brasil también asomaba con fuerza con más de 10 mil millones de dólares, superando así a Rusia (9 mil millones)[8]. El *stock* de IED de los países BRIC en África representaba en 2009 unos 60 mil millones de dólares; las proyecciones son que se dupliquen de

[8] Sobre el auge de los BRIC en África, y sobre Brasil en particular, véase el informe de Standard Bank, *BRIC and Africa: Tectonic shifts tie BRIC and Africa's economic destinies,* Standard Bank, octubre 2009. Disponible en [http://ws9.standardbank.co.za/sbrp/LatestResearch.do].

aquí a 2015 y alcancen los 150 mil millones[9]. Por entonces China e India seguirán liderando las inversiones de los BRIC en África con respectivamente 70 y 40 mil millones de dólares, pero Brasil (25 mil millones de dólares) se habrá distanciando de Rusia (15 mil millones de dólares). Estos montos, tal como apunta el FMI, son estimaciones bajas, ya que probablemente la IED total efectiva será mayor[10].

Un ejemplo paradigmático del creciente interés por África por parte de Brasil es la multinacional Vale. De cara al futuro el gigante minero brasileño tiene un plan de inversiones por 9 mil millones de dólares en varios de países hasta 2014. Estos países incluyen (sin sorpresa) América del Sur y del Norte con inversiones importantes en Argentina, Perú o Canadá. Pero también incluyen países africanos como Guinea, Zambia o Mozambique, así como Asia y Oriente Medio, con Omán, Indonesia y Malasia. En Argentina, los proyectos de Vale incluyen la explotación de una mina de potasio que supondrá una inversión de 1,2 mil millones de dólares, uno de los mayores desarrollos de la firma hasta el 2014.

En Mozambique, Vale colabora con la constructora brasileña Odebrecht en el desarrollo de las reservas carboníferas, la construcción de una central energética y de las infraestructuras ferroviarias y portuarias para la exportación de ese mineral. Estas inversiones iniciales están estimadas en más de 1,3 mil millones de dólares. En Mozambique también están presentes la petrolera Petrobras y la siderúrgica CSN.

Por su parte Odebrecht se ha convertido en la mayor compañía del sector privado en Angola, con actividades que van desde la producción alimentaria hasta la de etanol, oficinas, factorías y supermercados. La constructora y cementara Camargo Corrêa tienen inversiones previstas y realizadas por 8 mil millones de dólares, principalmente en

---

[9] Véase Standard Bank, *BRIC-Africa in 2015: tectonic shifts continue apace*, Standard Bank, noviembre 2010. Disponible en [http://ws9.standardbank.co.za/sbrp/search.do].

[10] Véase Montfort Mlachila y Misa Takebe, «FDI from BRIC to LICs: Emerging Growth Driver?», *IMF Working Paper* 11-178, julio 2011. Disponible en [http://www.imf.org/external/pubs/ft/wp/2011/wp11178.pdf]. Véase también Era Dabla-Norris, Jiro Honda, Amina Lahreche y Geneviève Verdier, «FDI Flows to Low Income Countries: Global Drivers and Growth Implications», *IMF Working Paper* 10/132, 2010.

unidades de producción en Angola y Mozambique, dos países donde los bancos brasileños Bradesco y Banco do Brasil están buscando oportunidades activamente.

La presencia de las multilatinas brasileñas en África ilustra lo que señalamos en la introducción del libro: la creciente descentralización del mundo. En total, las inversiones directas realizadas por Brasil en África totalizan unos 10 mil millones de dólares. En 2010, más de la mitad del comercio internacional africano se realizará con otros países emergentes y no con los de la OCDE. Desde 2008, este comercio sur-sur (incluido el que realiza con Brasil) representa más del 50% del comercio total del continente africano[11]. Lula visitó durante su último mandato como presidente unos 27 países africanos (durante su primer mandato visitó el continente seis veces), duplicó el número de embajadas brasileñas en el continente, mientras el comercio pasó de 3 mil millones de dólares a cerca de 30 mil millones entre 2000 y 2010. El BNDES, el brazo inversor del gobierno, inició un proceso de internacionalización en África con líneas de 2 mil millones de dólares disponibles para operaciones en el continente africano.

Al interés por los países africanos se ha sumado también un auge de las relaciones con los países árabes. Como ya hemos visto en el capítulo anterior este auge refleja también el mayor tropismo Sur-Sur. En 2011, Brasil Foods anunció una inversión de 120 millones en los Emiratos para abrir una planta industrial, como una prueba más –si fuera necesaria ya– de la búsqueda de nuevos mercados y oportunidades por parte de las multilatinas.

[11] Véase McKinsey, *Lions on the move: The progress and potencial of African economies,* Boston, McKinsey Global Institute, junio 2010. Disponible en [http://www.mckinsey.com/mgi/publications/progress_and_potential_of_african_economies/index.asp].

4. LA EXPANSIÓN DE LAS OTRAS MULTILATINAS

Brasil es el líder indiscutible con el mayor número de multilatinas de la región. Los rankings de América Economía lo indican pero no son los únicos. Así lo vaticina, en su informe sobre multilatinas, la consultora BCG: dentro de las 100 primeras multilatinas que identificó 34 procedían de Brasil, por delante de México (28), Chile (21), Argentina (7), Colombia (5), Perú (3), Venezuela y El Salvador (1 cada uno). Este último ranking apunta también a una tendencia que se confirma con los años: cada vez más países de la región están produciendo multilatinas. Otra manera de ver el ranking de BCG es que al final 66 de las 100 primeras multilatinas, es decir dos tercios, no son brasileñas. La expansión de las otras multilatinas también crece en importancia.

Ya sean las brasileñas o las de los otros países de la región, hoy en día la mayoría de las multilatinas están dominadas por inversores privados (97%) y están todavía controladas en su mayoría por familias (77%)[1]. Esto contrasta con las multinacionales rusas o chinas todavía controladas en su mayoría por el Estado e inversores públicos: un 33% en el caso de Rusia y el 69% en el caso de China. En cuanto a la expansión internacional, las multilatinas todavía se concentran en el continente: de las 100 mayores identificadas por el BCG en 2009 un 53% están activas en Argentina, un 49% en Estados Unidos y un 42% en Perú. Las brasileñas, como hemos visto, están generalmente más focalizadas en América del Sur y las mexicanas más enfocadas hacia América del Norte. Sin embargo, como veremos, entre 2009 y 2011 se diseñan nuevas tendencias y en particular la

[1] Boston Consulting Group (BCG), *The 2009 BCG Multilatinas*, Boston, BCG, 2009. Disponible en [http://www.bcg.com/documents/file27236.pdf].

GRÁFICO 4.1. *Profundidad de los mercados financieros en 2010 (en % del PIB)*

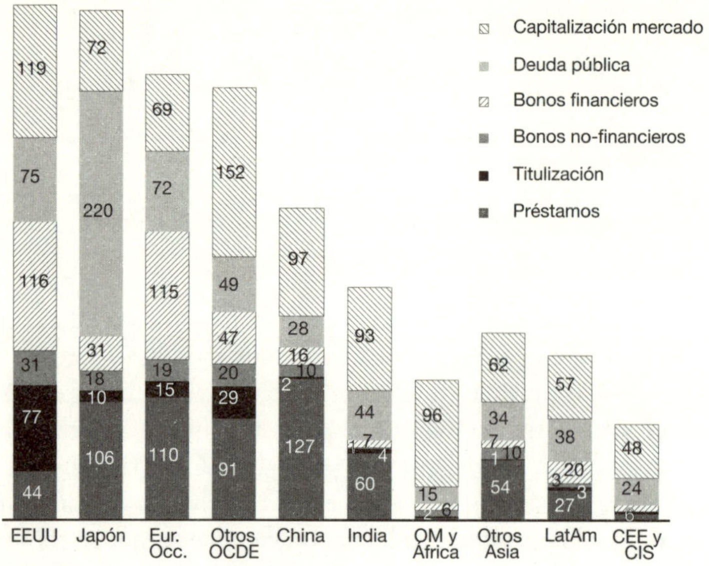

FUENTE: McKinsey Global Institute, 2011.

más llamativa es la multiplicación de los destinos inversores más allá del continente americano.

Para todas ellas, las latinas del Sur como del Norte, de Brasil como de los demás países, el desarrollo de los mercados de capitales ha sido importante. Un facilitador de la expansión de las multilatinas, a lo largo de la década de 2000, ha sido el auge de los mercados de capitales locales. El *stock* de *equity* y deuda en los mercados emergentes estuvo creciendo a un ritmo superior al 18% anual, frente a un 5% para los países OCDE. La consecuencia de ello es que los mercados financieros de los países emergentes, si bien son todavía más pequeños que los de los países desarrollados, están en proceso de convergencia rápida. El valor total del *stock* financiero en los emergentes todavía es de menos del 200% del PIB en comparación con el 430% del PIB en los países OCDE. La tendencia es sin embargo convergente, en América Latina ya se alcanzó en 2010 casi el 150% del PIB regional[2].

---

[2] Véase McKinsey, *Mapping global capital markets 2011,* Boston y Washington, McKinsey Global Institute, agosto 2011. Disponible en [http://www.mckinsey.

Estos han crecido en tamaño, con inversores institucionales cada vez más importantes (en particular los fondos de pensiones locales pero también los inversores internacionales que se volcaron hacia los mercados emergentes). Al mismo tiempo el costo del capital, tanto en deuda corporativa como en *equity,* se fue abaratando para las multilatinas a lo largo de la década pasada[3]. Un 77% de las 100 multilatinas analizadas por BCG ha aprovechado el desarrollo de los mercados financieros locales para financiarse en mejores condiciones y a costos muchas veces comparables o inferiores a sus competidores de los países OCDE. Este alineamiento de las condiciones financieras ha permitido igualar las oportunidades y ha conseguido que los inversores latinos puedan entonces competir con sus rivales OCDE. Este ha sido particularmente el caso de las multilatinas brasileñas y chilenas que han utilizado de manera intensiva (un 79% y un 100%, respectivamente) el acceso a los mercados financieros locales.

De ahí que para su expansión hayan recurrido con frecuencia a operaciones de fusiones y adquisiciones: entre 1998 y 2008 se contabilizan así más de 310 operaciones de M&A impulsadas por multilatinas para adquisiciones fuera de su país (153 protagonizadas por mexicanas y 98 por brasileñas). Este activismo inversor ha hecho que las multilatinas hayan expandido ampliamente su perímetro de inversión. Si bien, como hemos señalado, todavía concentran el grueso de sus operaciones en el continente americano (51 de las 100 multilatinas analizadas tienen presencia en América del Norte; 86 en América del Sur) estamos viendo un auge de actividad hacia otras geografías: 33 de ellas ya tienen presencia en Europa, pero sobre todo estamos viendo cómo empiezan a operar también en Asia (22 de ellas) e incluso en África (12 de ellas).

com/mgi/reports/freepass_pdfs/Mapping_global_capital_markets/Capital_markets_update_email.pdf].

[3] Véase Martín Grandes, Demian Panigo y Ricardo Pasquini, «The cost of corporate bond Financing in Latin America», *Center for Financial Stability, Working Paper,* 20 de julio 2007. Disponible en [http://www.cefargentina.org/files_publicaciones/16-36wp20-cob-grandes-panigo-pasquini-julio-2007.pdf]; y Martín Grandes, «Demian Panigo y Ricardo Pasquini, The Cost of Equity beyond CAPM: Evidence from Latin American Stock Markets 1986-2004», *Center for Financial Stability, Working Paper* 17, marzo 2007. Disponible en [http://www.cefargentina.org/files_publicaciones/16-33wp17-coe2-jan-2007.pdf].

Se combinan así dos fenómenos que analizaremos en este capítulo: cada vez más países de la región producen multilatinas; y cada vez más estas empresas buscan nuevas fronteras inversoras, más allá del propio continente latino. También podemos apostar de cara al futuro que estas tendencias no van a frenar. Una de las consecuencias del vuelco mundial es que cada vez hay más capital disponible en, y para, los mercados emergentes. Goldman Sachs estima, de hecho, que en 2030 estos mercados representarán el 55% de la capitalización bursátil mundial, frente al 31% actual. Los gestores institucionales de los países OCDE para entonces habrán elevado significativamente sus inversiones en estos países pasando de tener en sus carteras de renta variable un 6% de exposición a emergentes a tener más del 18% en el 2030. Esto significaría que se volcarán más de 4 trillones (americanos) de dólares en acciones de las multinacionales emergentes. Para entonces la capitalización bursátil de China sería la mayor del mundo (28% del total), por delante de EEUU (23%); Brasil, con el 3% del total mundial, superaría a España con un 1% e igualaría a Japón e Inglaterra; México y Chile, por su parte, tendrían un 1%, comparable a España[4].

Estos son, obviamente, ejercicios cuestionables que, sin embargo, apuntan hacia lo que será el mundo en breve: mucho más descentrado a favor de los emergentes y de sus multinacionales. En cualquier caso los cambios están en camino: las multilatinas, ya no son solo un fenómeno brasileño. También, como vamos a ver ahora, empresas chilenas, colombianas, peruanas, mexicanas o argentinas se están haciendo un hueco cada vez mayor en otros países, arrebatando a las multinacionales tradicionales de la OCDE posiciones de liderazgo.

Este auge no hace más que reflejar el desarrollo económico de toda una región que ya no solo incluye a la «niña bonita» del barrio que era Chile, sino también a Brasil, México, Colombia, Uruguay o Perú. Todos estos países latinos se perfilan ahora como economías más abiertas que se codean con sus pares asiáticas tal como lo refleja el Brookings Graduation Scorecard (BGS), que muestra cierto lide-

---

[4] Goldman Sachs, *Emerging markets equity in two decades: a changing landscape,* Nueva York y Londres, Goldman Sachs Global Economics Papers 24, septiembre 2010.

TABLA 4.1. *El ranking «Brookings Graduation Scorecard», 2011*

RK 11	País	RK 11	País	RK 11	País
1	Singapur	12	Sudáfrica	23	Estonia
2	Taiwán	13	Bulgaria	24	Argentina
3	Chile	14	Malasia	25	Hungría
4	Israel	15	Indonesia	26	Turquía
5	China	16	Tailandia	27	Rusia
6	Corea	17	Perú	28	Rumanía
7	Brasil	18	Vietnam	29	Lituania
8	Uruguay	19	Egipto	30	Letonia
9	Polonia	20	Colombia	31	Venezuela
10	Rep. Checa	21	Filipinas	32	Ecuador
11	India	22	México	33	Ucrania

FUENTE: Brookings Institution, 2011.

razgo de Singapur o Taiwán, pero seguidas por Chile por delante de China, mientras que Brasil y Uruguay también se adelantan a India o Indonesia[5].

I. MÉXICO

Las multilatinas mexicanas fueron las que iniciaron las primeras aventuras internacionales, antes incluso que muchas de las brasileñas comentadas en el capítulo anterior. El caso más emblemático es el de la cementera Cemex. En 2007, Cemex compró a la australiana Rinker por 14,6 mil millones de dólares, unas de las mayores inversiones jamás realizadas por una multilatina en el exterior.

[5] Este índice combina 11 variables en torno a 4 criterios centrales: crecimiento macroeconómico; calidad del *policy;* resistencia financiera e indicadores de desarrollo económico. Véase Mauricio Cárdenas y Eduardo Levy-Yeyati (eds.), *Latin America Economic Perspetives. Shfting Gears in an Age Heightened expectations,* Washington DC, Brookings Institution, 2011. Disponible en [http://www.brookings.edu/~/media/Files/rc/reports/2011/0408_blep_cardenas/04_blep_cardenas_yeyati.pdf].

GRÁFICO 4.2. *Exportaciones por destino (% de exportaciones totales)*

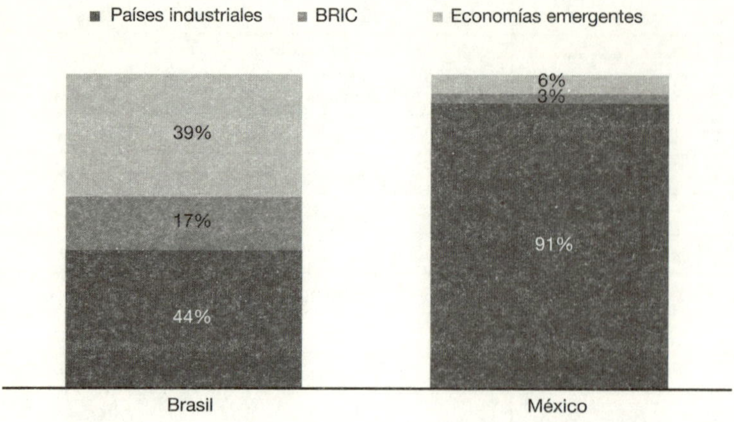

FUENTE: BID, 2011.

La mayoría de las inversiones de las multilatinas mexicanas se concentraron en el continente americano, tanto el norte como el sur. Con respecto a Brasil, la gran diferencia es probablemente el tropismo más pronunciado por parte de las multilatinas de invertir en particular en Estados Unidos. Los datos de IED –así como los datos comerciales– reflejan en definitiva la fuerte dependencia de México con respecto a Estados Unidos, como queda plasmado en los ciclos económicos del país que muestran una correlación perfecta con la actividad (en particular industrial) del vecino norteamericano[6].

México (así como América Central) tiene una fuerte dependencia con respecto a EEUU: mientras en 2009 el «clúster mexicano» exportó apenas el 9% a los mercados emergentes, el «clúster brasileño» exportó el 56% del total a mercados emergentes, estando menos expuesto a la crisis en los países OCDE y en particular a la que inició EEUU en 2008. México es, de hecho, de las grandes economías de la región la más expuesta a EEUU y a las economías más avanzadas de la OCDE: las exportaciones a estos países representan más del 28%

[6] Véase sobre esta imbricación de los cliclos económicos de ambos países Diego Comín, Norman Loayza, Farooq Pasha y Luis Servén, «Medium term Business cycles in developing countries», *Harvard Business School, Working Paper* 10-029, septiembre 2010. Disponible en [http://www.hbs.edu/research/pdf/10-029.pdf].

GRÁFICO 4.3. *Exportación de bienes y servicios a Economías Avanzadas, 2009 (en % del PIB).*

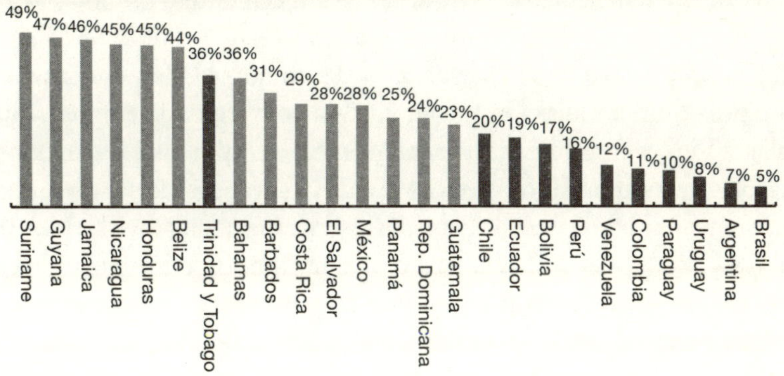

NOTA: Más oscuro, el «clúster brasileño»; más claro, el «clúster mexicano».
FUENTE: BID, 2011.

de su PIB, frente a menos del 5,5% para Brasil, el país que menos expuesto está a las economías avanzadas en términos comerciales[7].

Esta asimetría entre México y Brasil explica en gran parte también el desempeño diferenciado de ambas economías cuando golpeó la crisis de 2008. Mientras el PIB mexicano se hundía, el de Brasil apenas registraba un crecimiento cero. Las multilatinas mexicanas, hasta entonces de las más pujantes de la región, se vieron atrapadas en un ciclo adverso con su principal mercado internacional desplomándose (EEUU), llevándose por adelante el doméstico y disparando los costos financieros de empresas muchas veces muy endeudadas y además con operaciones en los mercados de capitales que les afectaron negativamente.

En 2008, las multilatinas mexicanas vieron así cómo sus ingresos se desplomaron un 45% ese año y tuvieron que hacer frente a endeudamientos insostenibles. Cemex, la más global de ellas, pero aun así muy expuesta a EEUU, tuvo que enfrentar desinversiones importantes para aligerar el lastre de su deuda. En 2009 tuvo que poner en venta

[7] Véase Alejandro Izquierdo y Ernesto Talvi, *One region, two speeds? Challenges of the new global economic order for Latin America and the Caribbean,* Washington DC, IADB, 2011. Informe disponible en [http://idbdocs.iadb.org/wsdocs/getdocument.aspx?docnum=35816781].

sus operaciones en Australia y vendió activos que compró por 1,9 mil millones de dólares su competidor suizo Holcim. La deuda de la empresa, que se elevaba en 2010 hasta los 14,5 mil millones de dólares, tuvo que ser renegociada. Cemex, la tercera cementera mundial, se ha caracterizado por realizar compras apalancadas en los últimos 15 años y liderar el proceso de globalización de las multinacionales mexicanas. Su última gran adquisición fue en 2007 la compra de la empresa australiana Rinker (fuertemente asentada en EEUU) por 14,2 mil millones de dólares, todo un hito entonces. En 2010, después de sanear su balance, emprendió de nuevo su expansión internacional, invirtiendo 100 millones de dólares en Perú, a través de un fondo de inversión de capital riesgo, para construir una planta de cemento.

En el caso de la IED, el patrón es más similar: en 2009, para el «clúster mexicano» el 93 % de la IED procedía de las economías avanzadas (sobre todo Estados Unidos) mientras que para el «clúster brasileño» el 88% procedía de las economías más avanzadas (eso sí, con una diferencia importante: la presencia mayor de IED europea). El origen de la IED en ambos casos no es el factor discriminante sino más bien el destino final de los productos de muchas empresas que invirtieron en particular en el sector manufacturero e industrial. En el caso de México, mucha IED apunta al final no solo hacia el mercado doméstico sino también al mercado de EEUU, algo que no es el caso de Brasil. De ahí que se hayan también resentido los flujos de inversiones y de capitales de manera más general hacia México, en particular en 2008 y 2009.

Si de cierta manera hubo «*decoupling*» de los emergentes con los países OCDE, la trayectoria mexicana muestra que ese fenómeno fue incompleto y no afectó a todas las economías emergentes. Además, si hubo *decoupling* de la economía *real* para algunas economías emergentes (como Brasil) ese no fue el caso desde el punto de vista *financiero*[8]. Para muchos emergentes como Brasil las crecientes relaciones sur-sur, con otros emergentes, suavizaron los impactos recesivos; pero todas se vieron afectadas en los canales financieros y las recomposicio-

[8] Véase sobre este punto el análisis de Eduardo Levy-Yeyati, «Emerging economies in the 2000s: Real decoupling and financial decoupling», *Universidad Torcuato di Tella, Documento de Trabajo* (no publicado), junio 2010. Disponible en [http://www.bde.es/webbde/GAP/Secciones/SalaPrensa/Agenda/Eventos/10/Jul/04.Levy-Yeyati.pdf].

GRÁFICO 4.4. *IED hacia los clústers brasileños y mexicanos, 2009 (en % del total)*

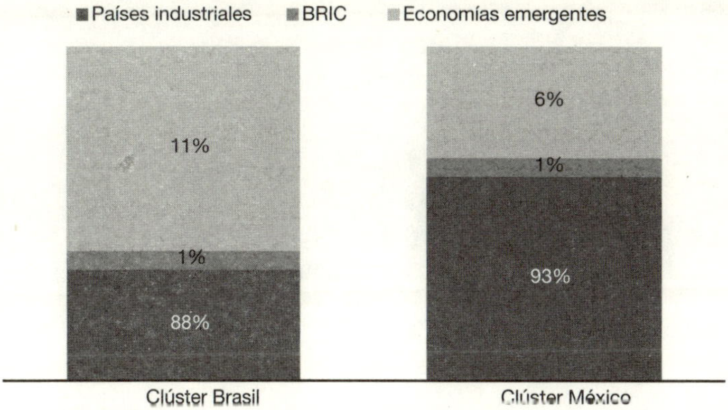

NOTA: Clúster Brasil (Argentina, Brasil, Chile, Colombia, Perú); Clúster México (Costa Rica, Rep. Dominicana, El Salvador, Honduras, México); Economías emergentes y países industriales como definidos en el World Economic Outlook (FMI).
FUENTE: BID, 2011.

nes de carteras de los inversores, algo de nuevo patente con la crisis que azota Europa en 2011 y que está afectando también a los mercados bursátiles emergentes, Brasil incluido.

La crisis del 2008 supuso un apagón de la IED mexicana en el exterior, interrumpiendo el ciclo inversor de las multilatinas mexicanas (ese año la IED mexicana fuera del país apenas alcanzó los 1,1 mil millones de dólares). Sin embargo éste fue solo temporal. El año 2010 marcó otro hito en la historia de las multilatinas mexicanas. Las empresas mexicanas invirtieron en activos productivos en el extranjero 14,3 mil millones de dólares según los datos oficiales de las autoridades mexicanas (12,7 mil millones de dólares según la CEPAL), una cantidad récord y con una marcada diversificación geográfica y sectorial. Este ano superaron el pico del 2007 previo a la crisis global que golpeó duramente las multilatinas mexicanas en 2008 (de ahí la reducción drástica de su actividad inversora ese año), y duplicaron las del año 2006[9]. Han supuesto también un repunte

[9] Véase para todos los detalles de la IED dentro y fuera de México [http://www.economia.gob.mx/swb/es/economia/p_Direccion_General_Inversion_Extranjera].

GRÁFICO 4.5. *La inversión en el extranjero de multilatinas mexicanas, 2001-2010 (en millones de dólares)*

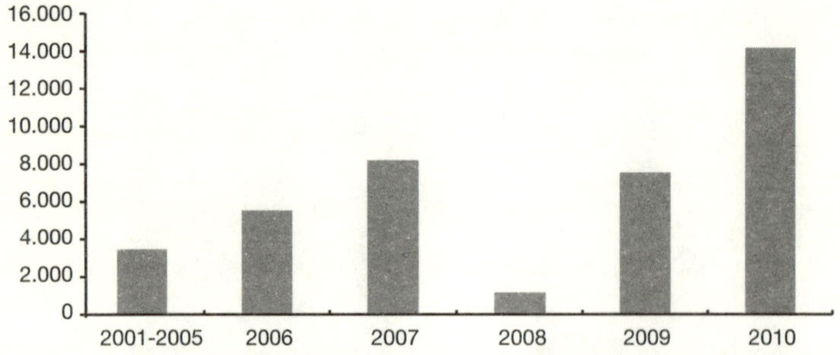

FUENTE: ESADEgeo en base a CEPAL y Banco Central de México, 2011.

del 80% con respecto al año 2009 en el cual la IED mexicana fuera del país rebotó para alcanzar los 7 mil millones de dólares.

Entre todas las inversiones sobresale la de Casa Saba, que adquirió a la chilena Fasa, operadora de cadenas de farmacias, por 637 millones de dólares. En otra transacción destacada, Mexichem compró la división de flúor de la inglesa Ineos Group, que incluye activos en Estados Unidos, Canadá, Reino Unido, Taiwán y Japón, por 354 millones de dólares. De cara al futuro, Mexichem prevé también expandirse en Brasil (con inversiones superiores a 100 millones de dólares), un país donde también tiene planes ambiciosos Cinepólis (proyecta construir 290 salas con 276 millones de dólares entre el 2010 y el 2012).

También en 2010 el Grupo Televisa firmó un acuerdo por 1,2 mil millones de dólares para adquirir una participación en Univisión y prolongar un convenio de programación en EEUU. Ese mismo año también destacó el acuerdo del Grupo Bimbo con Sara Lee Corporation para adquirir su negocio de panificación en EEUU por mil millones de dólares. También en EEUU Sigma Alimentos (Grupo Alfa) se hizo con la estadounidense Bar-S Foods, por 575 millones. Grupo México, que cuenta con las terceras mayores reservas de cobre en el mundo y opera la mayor red ferroviaria del país, tiene minas en México y Perú a través de su unidad Southern Copper, y en Estados Unidos con la recién reincorporada Asarco (por la cual pagó más de 2,9 mil millones de dólares en 2009), siendo otro ejemplo contra cíclico de multilatinas mexicanas.

Todas estas operaciones muestran una tendencia de las multilatinas mexicanas en concentrar adquisiciones en el continente americano. Estados Unidos es un destino particularmente importante. En 2010, Estados Unidos fue, de hecho, el principal destino de esas inversiones, acaparando un 56% del total, seguido por América del Sur (27%) y Europa (15%). Este tropismo confirma una tendencia anterior donde las operaciones de gran calado se hicieron en el mercado norteamericano o relacionado con él. Entre éstas se pueden mencionar las inversiones de Vitro (envases de vidrio e industrias conexas) y Cementos Mexicanos (Cemex), dos grupos que abanderaron la expansión mexicana internacional.

Aparecen sin embargo nuevos destinos, en particular en América Latina y en Europa. En América Latina, además de las operaciones mencionadas en Chile, destacaron también inversiones en países andinos. Así, las inversiones mexicanas en Ecuador llegaron a unos dos mil millones de dólares en 2010 con el anuncio de la compra del 75% de acciones de la embotelladora ecuatoriana de Coca-Cola por parte de la mexicana Arco. Asia también aparece en el radar inversor. Así, Mexichem anunció en 2011 inversiones por 150 millones de dólares en Japón y Corea para instalar plantas de refrigerante y ácido fluorhídrico. En Europa, Bimbo anunció su interés por pujar por los activos de Sara Lee en España (Bimbo España). El año anterior FEMSA anunció que su Consejo de Administración llegó a un acuerdo para intercambiar sus operaciones de cerveza por una participación del 20% de Heineken, en una transacción valorada en 7,4 mil millones de dólares. FEMSA se centra así en su negocio como embotelladora (de Coca-Cola), con presencia en México, Guatemala, Nicaragua, Costa Rica, Panamá, Colombia y Argentina.

En 2010, junto con EEUU, Brasil fue uno de los principales destinos de la IED mexicana con un total de 3,6 mil millones de dólares invertidos. De acuerdo con la Secretaría de Relaciones Exteriores de México, Brasil es ahora el principal destino de las inversiones mexicanas, no solo en América Latina y el Caribe sino en el mundo, con una inversión acumulada de México en Brasil de 17 mil millones de dólares. Las principales empresas mexicanas con inversión en ese país son América Móvil, Telmex, Coca-Cola Femsa, Dako Electrodomésticos Mabe, Nemak, Grupo Posadas, Bimbo, Softtek y Mexichem. Bimbo, por ejemplo, que entró en Brasil en 2001 con las marcas Pullman, Nutrella y Ana María, cuenta con siete plantas en el país, que representa su tercer mercado a nivel global, por detrás de México y Estados Unidos. Otras empresas mexicanas que ampliaron su presencia en este mercado durante 2010 fueron la fabricante de línea blanca Mabe, la embotelladora Coca-Cola Femsa y el Grupo Carso, del magnate Carlos Slim, en el ramo de las telecomunicaciones. En 2011, Coca Cola Femsa, la embotelladora mexicana más grande de Latinoamérica, destinará 150 millones de dólares a una nueva planta en la región de Minas Gerais, en Brasil.

Dentro de los grupos más internacionalizados está Gruma, una multilatina fundada en 1949 en la Ciudad de Monterrey. Hoy en día Gruma es uno de los productores más grandes de harina de maíz y tortillas en el mundo, operando principalmente en EEUU, México, Venezuela, Centroamérica, Europa, Asia y Australia, y exportando a 105 países en el mundo. La firma cuenta con alrededor de 20.000 empleados y 95 plantas industriales. En 2011, prueba de su apetito, volvió a operar adquisiciones en particular en EEUU (por 9 millones de dólares) y desembarcó en Rusia con otra compra (por 7 millones de dólares). En 2011, prueba también de su salida del hundimiento que supuso el impacto de la crisis en EEUU, ganó casi 360 millones de dólares, un 50% más que en el año 2010. La venta de acciones del banco Banorte le ha permitido igualmente deshacerse del 50% de su deuda.

Otro paradigma mexicano inversor es el de América Móvil y Teléfonos de México (ambas de Carlos Slim) que han construido un imperio en todo el continente. Con presencia en 19 países de América y más de 200 millones de usuarios se ha convertido en una de las mayores empresas de telecomunicaciones del mundo. En 2011 anunció que invertirá 8,3 mil millones en los 19 países donde tiene negocio, de los cuales 3,7 mil millones serán en México y 2,5 mil millones en Brasil (casi un 75% del total anunciado).

II. ARGENTINA

Durante muchos años Argentina ostentó el liderazgo con alguna de las más importantes multilatinas del continente. Grupos como Techint, Arcor o Bagó fueron multilatinas pioneras, de los primeros conglomerados latinos en internacionalizarse. Estas multilatinas siguen hoy en día como importantes referentes, a pesar del declive relativo de las multilatinas, argentinas. Mientras Chile, Colombia e incluso Perú han visto sus multinacionales crecer en importancia y en número, Argentina emprendió el camino opuesto.

Hoy en día las empresas argentinas cuentan con un *stock* de IED fuera del país de apenas 30 mil millones de dólares, monto dos veces inferior al de Chile. Un país como Colombia, que se lanzó tarde en la carrera por las multilatinas, ya se aproxima a los datos argentinos. Las 19 principales multilatinas argentinas totalizan, a finales de la década del 2000, unos 20 mil millones de dólares de activos en el exterior, cuentan con 42.000 empleados fuera del país y unas 315 subsidiarias repartidas en 42 países del mundo[10]. Están repartidas en un abanico amplio de sectores que van desde el farmacéutico, la electrónica y computación, la ingeniería civil, la química y el sector de los hidrocarburos y servicios hasta la industria petrolera.

Cabe también resaltar que Argentina está incorporando multilatinas tecnológicas del mundo digital. En la última década surgieron así nuevas multilatinas argentinas como Mercadolibre, que cotiza desde 2007 en el Nasdaq, o Globant. Ya tendremos ocasión de hablar de ellas en el capítulo «Multilatinas 2.0». Estas empresas apuntan si fuera necesario al potencial argentino (y regional) en el ámbito del mundo de Internet. En 2011, Globant prosigue su expansión internacional, buscando hacerse un hueco en Brasil; en total factura 90 millones de dólares, principalmente en EEUU e Inglaterra (93% del total).

También en el sector tecnológico destaca el grupo Assa, una multilatina argentina del sector de la consultoría y el *outsourcing* fundada en 1992 y con presencia internacional en Brasil, Chile, Estados Unidos y México. En 2010 el fondo de inversión privado HSBC Latin American Partners y el brazo inversionista del Banco Mundial, International Finance Corporation (IFC) invirtieron 20 millones de dólares en la compañía. Con esta inyección de capital Assa prevé acelerar su expansión internacional, incluida Europa. En 2010 fue considerada

[10] Véase ProspeAr Invest in Argentina, *Primer* Ranking *de las Multinacionales Argentinas*, Buenos Aires y Nueva York, ProsperAr y Vale Centre Columbia University, 2009. Véase [http://www.prosperar.gov.ar/es/descargas/Publicaciones/Primer-Ranking-de-empresas-multinacionales-argentinas/]

como una de las 100 mejores empresas de servicio IT del mundo, compartiendo pódium con otras 10 empresas del continente. En orden alfabético, las compañías de América Latina (AL) consideradas las mejores en el mundo son CPM Braxis, con base en São Paulo, Brasil; DBA Engenharia de Sistemas Limited de Río de Janeiro, Brasil; Globant, Grupo ASSA, Grupo Prominente y Hexacta en Buenos Aires, Argentina; Hildebrando en la Ciudad de México; la mexicana Neoris basada en Florida, EEUU; Stefanini IT Solutions en San Pablo, Brasil; Synapsis en Santiago, Chile; y Transactel en Guatemala, Guatemala. La industria IT de la región, de la mano de grupos como Assa y otros, está así creciendo, pasando de representar apenas un 5% del total del Top 100 en 2009 a un 11% en 2010. Con oficinas centrales en Buenos Aires, Grupo ASSA posee operaciones en Brasil, Chile, México, Estados Unidos y Europa. La compañía emplea actualmente más de 1.000 consultores y, a través de su plan de expansión, proyecta ampliar este número a 2.500 profesionales, es decir, planea más que duplicar la plantilla en los próximos años.

Su presencia internacional se concentra sobre todo en América Latina, aunque algunas de ellas como Tenaris, Arcor, IMPSA o Bagó están también presentes en Asia y, en el caso de Arcor, también en Oriente Medio. Muchas de ellas tienen presencia y actividades importantes en Europa. Los casos de Tenaris y Ternium, del grupo Techint, son llamativos al haber decidido estas multilatinas mover sus sedes a Europa (Luxemburgo). Arcor, Bagó, Molinos Río de la Plata, Tecna, Iecsa y Assa están también en Europa. La mayoría de ellas también tienen presencia en Estados Unidos, tal como aparece en la tabla siguiente que muestra el índice de regionalización de estas multilatinas (calculado como el cociente del número de filiales externas de una firma en una región específica por el total de sus filiales y multiplicando el resultado por 100).

En total, las 19 principales multilatinas del país tienen 222 filiales en América del Sur y Central y 55 en América del Norte. En Asia y Oriente Medio totalizan 9, y en Europa 25. El grueso de sus activos externos está en América del Norte y América del Sur. El Grupo Techint es el que más activos posee en el exterior, representando el 91% del monto total de activos en el exterior de las 19 principales multilatinas del país. Arcor ocupó el segundo lugar, con el 3% del

TABLA 4.2. *Índice de regionalización de las multilatinas argentinas*

Empresa	América del Sur	América del Norte	Europa	América Central	Asia	Oriente Medio y África	Sudeste Asiático y Oceanía
Grupo Techint	29	45	14	10	1	-	-
Arcor S.A.I.C.	67	15	11	-	4	4	-
IMPSA	45	9	-	-	27	-	18
Grupo Bagó	50	8	4	31	8	-	-
Molinos Río de la Plata S.A.	60	13	27	-	-	-	-
Grupo Los Grobo	100	-	-	-	-	-	-
Cresud	80	20	-	-	-	-	-
Roemmers	100	-	-	-	-	-	-
TECNA	67	22	11	-	-	-	-
Iecsa S.A.	70	-	20	10	-	-	-
S.A. San Miguel A.G.I.C.I.	67	-	-	-	-	33	-
EGH	100	-	-	-	-	-	-
CLISA	100	-	-	-	-	-	-
Petroquímica Río Tercero S.A.	100	-	-	-	-	-	-
Grupo Assa	40	40	20	-	-	-	-
Grupo Plastar	-	100	-	-	-	-	-
Sancor Coop. Unidas Ltda.	100	-	-	-	-	-	-
Havanna	94	-	1	5	-	-	-
Bio Sidus	-	100	-	-	-	-	-

FUENTE: Encuesta ProspeAR, Vale Centre Columbia University, 2011.

GRÁFICO 4.6. *Activos internacionales de las multilatinas argentinas: Distribución geográfica (% de filiales en el exterior)*

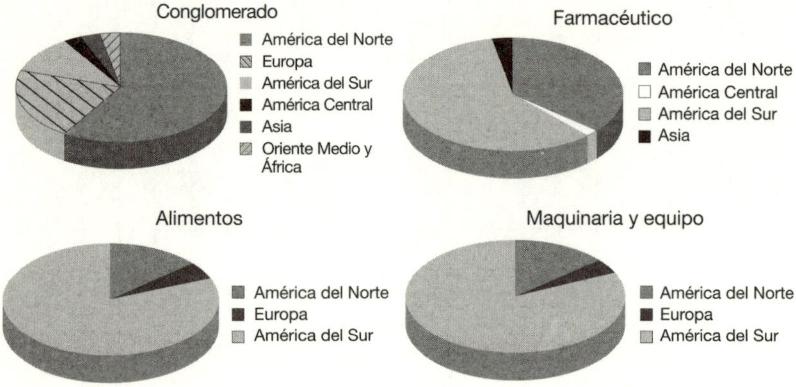

FUENTE: ProsperAr, 2010.

total de activos externos. Los activos externos de las 19 compañías relevantes representaron un 68% de los 28 mil millones de dólares de activos externos correspondientes a la totalidad de las firmas argentinas a finales de la década de los 2000.

Muchas de las multilatinas argentinas se han convertido en estudios de caso en las escuelas de negocios. Así, las veteranas Arcor y Tenaris son estudiadas en las aulas de Stanford y Harvard[11]. Estas empresas, junto con otras del país, han sido pioneras en materia de inversión exterior, con ejemplos que datan de fines del siglo XIX y principios del XX. La experiencia temprana de compañías como Alpargatas, Bunge y Born, Siam Di Tella, Quilmes y Aguila-Saint abrieron camino para otras multinacionales argentinas como Techint, YPF (la compañía petrolera estatal), Pérez Companc, Bagó o Arcor. La integración regional del Mercosur en particular provocó que muchos de estos grupos respondieran con alzas de productividad e intensidad tecnológica[12].

---

[11] Véase para Arcor [https://gsbapps.stanford.edu/cases/detail1.asp?Document_ID=2876]; y para Tenaris [https://gsbapps.stanford.edu/cases/detail1.asp?Document_ID=2603].

[12] Véase Paula Bustos, «Trade Liberalization, Exports, and Technology Upgrading: Evidence on the Impact of MERCOSUR on Argentinian Firms», *American*

Sin embargo muchos de los grupos argentinos, como Loma Negra (la cementera de Amalia Lacroze de Fortabat), pasaron a estar bajo control de multilatinas brasileñas (en este caso Camargo Correa por más de mil millones de dólares en 2005). A raíz de la crisis del 2001 en Argentina, muchas empresas brasileñas aprovecharon la oportunidad para comprar activos en el país: entre otras Pérez Companc pasó así a estar controlada por Petrobras, mientras la cervecera Quilmes y la textil Alpargatas eran también compradas por rivales brasileños[13].

Muchas de estas multilatinas históricas como Alpargatas, Quilmes, YPF y Pérez Companc fueron vendidas a grupos extranjeros. Aguila-Saint fue vendida a una multilatina argentina (Arcor) y Siam Di Tella cerró sus operaciones. En cuanto a Bunge y Born atravesó un importante proceso de reestructuración durante la década de 1990 y no existe más como tal. En la actualidad es una empresa internacional localizada en los Estados Unidos, con sede en Nueva York. Las demás, con algunas excepciones, han quedado algo rezagadas con respecto a sus contrapartes latinas o de los países emergentes. Con la excepción del Grupo Techint, las multinacionales argentinas no superan volúmenes de activos externos superiores a los 10 mil millones o un número de empleados superior a los 20.000, algo relativamente frecuente por ejemplo hoy en día en Brasil.

En la actualidad destacan como multilatinas argentinas el grupo Techint, compuesto por 6 empresas: Tenaris, Ternium, Tenova, Tecpetrol, Humanitas y Techint Engineering & Construction. Fundado en 1945 por la familia Rocca es hoy en día una multinacional con sede en Luxemburgo y operaciones principalmente en Argentina, Bolivia, Brasil, Canadá, Colombia, Ecuador, Estados Unidos, Guatemala, Indonesia, Italia, Japón, México, Perú, Rumanía y Venezuela. En 2010 el grupo facturó cerca de 20 mil millones de dólares y empleaba a más de 55.000 personas.

Economic Review 101(1), 2011, pp. 304-340. Disponible en [http://www.crei.cat/people/bustos/Trade_Skill_PBustos.pdf].

[13] Véase sobre este fenómeno Andrés Niembro, Daniela Ramos, y Cecilia Simkievich, «El papel del Mercosur en la llegada de la IED a Brasil y la intercacionalización de empresas brasileñas», *Fundación CENIT, Documento de Trabajo,* mayo 2009. Disponible en [http://www.fund-cenit.org.ar/investigaciones/dt33.pdf].

TABLA 4.3. *Ranking de las multilatinas argentinas (activos en el exterior en millones dólares)*

Posición	Empresa	Sector	Activos externos
1	Grupo Techint	Conglomerado	17.406
2	Arcor S.A.I.C.	Alimentos	491
3	IMPSA	Maquinaría y equipo	300
4	Grupo Bagó	Farmacéutica	192
5	Molinos Río de la Plata S.A.	Alimentos	190
6	Grupo Los Grobo	Agropecuaria	175
7	Cresud	Agropecuaria	68
8	Roemmers	Farmacéutica	58
9	TECNA	Construcción	50
10	Iecsa S.A.	Ingeniería civil	50
11	S.A. San Miguel A.G.I.C.I.	Alimentos/bebidas	23
12	BGH	Electrónica	15
13	CLISA	Residuos	8
14	Petroquímica Río Tercero S.A.	Química	8
15	Grupo Assa	Servicios de TI	7
16	Grupo Plastar	Plástico y caucho	5
17	Sancor Coop. Unidas Ltda.	Alimentos	3
18	Havanna	Servicios asoc. alimentos	2
19	Bio Sidus	Investigación científica	1

FUENTE: ProsperAr, 2010.

Tenaris es una de las puntas de lanza del grupo, cotiza en Nueva York desde 2002 y se constituye en *holding* en Luxemburgo, con cotización además de en Buenos Aires y Nueva York también en Milán y México. Durante la década de 2000 esta estructura en el extranjero le ha permitido seguir teniendo acceso a capital internacional y operar adquisiciones, en particular en Rumanía, Estados Unidos, Canadá, Colombia y México, y también abrir oficinas comerciales en China y Arabia Saudí. Su presencia industrial se distribuye en 15 países y tiene facilidades comerciales y operaciones directas en un total de 25 países. En 2010, el 43% de sus ventas se realizaban en América del Norte, por delante de América del Sur (25%), Oriente Medio y África (16%), Europa (10%) y Asia (6). Tenaris por sí sola factura más de un tercio del total del grupo y emplea a más de 25.000 personas. Ternium es la segunda joya del imperio Techint con 15.500 empleados distribuidos entre Argentina, México, Colombia, Estados Unidos y Guatemala.

Otra multilatina argentina de gran éxito fue Pérez Companc, comprada en los años 2000 por Petrobras. De este imperio queda hoy en día la alimenticia Molinos Río de la Plata, de la cual la familia Pérez Companc, la mayor fortuna del país, posee un 73% del capital accionarial. Molinos Río de La Plata S.A. es hoy en día una multilatina argentina, fundada en 190 países por Bunge & Born y adquirida en 1999 por el grupo Pérez Companc, líderes de la industria alimenticia de Sudamérica, con alcance a más de 50 países en todo el mundo, siendo la empresa más importante de Argentina en su sector. Sus ventas en 2010 superaron los 2,6 mil millones de dólares, el 67% de las cuales están destinadas a exportación.

III. CHILE

En 2009 y 2010 uno de los países que sorprendió fue Chile. Esos dos años, y a pesar de la crisis global, las multilatinas de la economía andina realizaron un récord de inversiones en el exterior. En 2009 totalizaron 4,9 mil millones de inversiones y en 2010 de nuevo unos 4,8 mil millones de dólares. En 2010, en términos relativos al PIB, Chile encabeza así el ranking regional, pues las inversiones de sus empresas fuera del país totalizaron un récord de 4,6% del PIB, por delante de Colombia (2,3%), otro país que también ha sorprendido favorablemente.

En total la inversión chilena directa en el exterior alcanzó la suma de 57 mil millones en los últimos 20 años, distribuidos en más de 70 países de América, Europa, Asia, Oceanía y África[14]. En el primer

[14] Véase Ministerio de Relaciones Exteriores, *La inversión directa de capitales chilenos en el mundo, 1990-2010,* Santiago de Chile, Ministerio de Relaciones Exteriores, Dirección General de Relaciones Económicas Internacionales, 2011. Disponible en [http://www.direcon.gob.cl/bibliotecas/scategorias/list/1937].

GRÁFICO 4.7. *América Latina: Inversión Extranjera Directa, 2010 (salidas netas en % del PIB)*

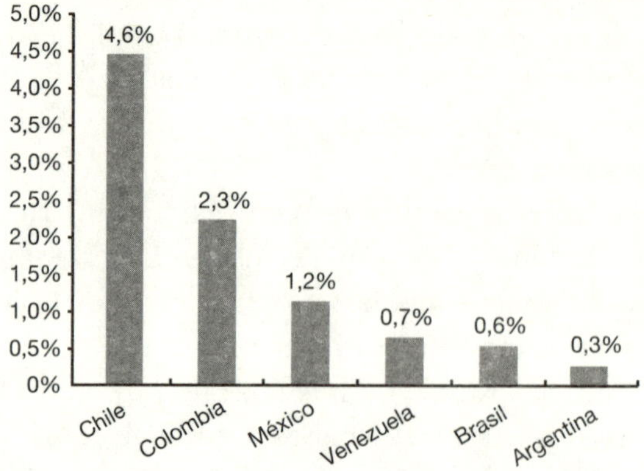

FUENTE: ESADEgeo con datos de la CEPAL, 2011.

semestre del 2011 la IED chilena en el exterior alcanzó 3,5 mil millones de dólares, con lo cual el total invertido desde 1990 por Chile en el exterior ya supera los 60 mil millones de dólares.

Durante el periodo 1990-2010, Argentina continuó siendo el principal receptor de la IED chilena, pese a la tendencia decreciente de los últimos años (apenas 56 millones de dólares en 2010). En total, la IED chilena en Argentina acumulada totalizó casi 16 mil millones de dólares. A lo largo de ese mismo periodo, en Brasil las inversiones directas chilenas muestran una curva ascendente. En 2009 fue el principal receptor de capitales chilenos y el año 2010, pese a ocupar el tercer lugar tras Perú y Colombia, concentró inversiones chilenas por 1,2 mil millones. En total la IED chilena en Brasil totalizó más de 11 mil millones de dólares, una quinta parte del total de la IED chilena en el exterior durante el periodo 1990-2010.

Un país donde Chile concentró la inversión en los últimos años ha sido Perú, también por tratarse de un país vecino: en 2010 Perú captó más del 40% de la inversión en el exterior realizada por Chile, un récord de 1,8 mil millones de dólares. En 2010, Colombia ocupó el segundo lugar como receptor de capitales chilenos con 1,7 mil millones de dólares. En estos dos países andinos, Chile ha invertido respectivamente 10 y 8 mil millones de dólares. En total 10 países, todos ellos del continente americano a excepción de uno, concen-

GRÁFICO 4.8. *Inversión en el exterior de las multilatinas chilenas, 1990-2010 (millones de dólares)*

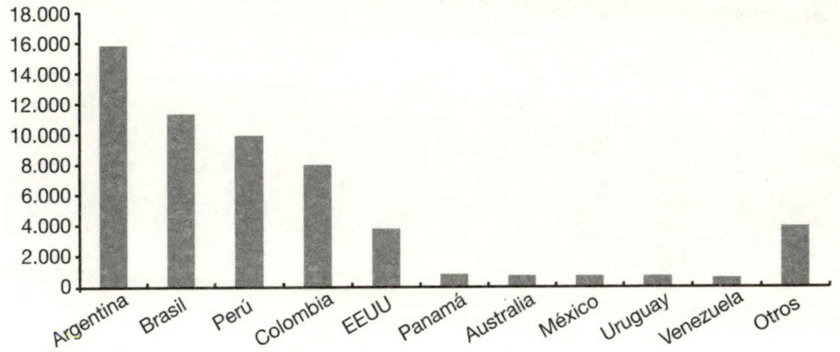

FUENTE: Ministerio de Relaciones Exteriores de Chile, 2011.

tran casi el 95% del total de la IED realizada en el exterior por Chile a lo largo de las dos últimas décadas.

De manera interesante, podemos igualmente comprobar cómo en el año 2010 empieza una diversificación geográfica de la IED chilena en el exterior. Si, como he indicado antes, el grueso de la IED se volcó hacia el continente americano, en 2010 aparecen dentro de los 10 primeros países de destino uno de Asia (China) y dos de Europa (Bélgica e Italia). Los montos son todavía modestos pero indican que Chile está emprendiendo, al igual que Brasil y con un rezago temporal, una internacionalización que mira hacia nuevas fronteras. A lo largo de los últimos años también se iniciaron inversiones chilenas en Oriente Medio por un monto de 130 millones, sobre todo en los Emiratos y Egipto. En Europa, la IED chilena alcanza, hasta finales del 2010, los 870 millones de dólares, es decir, el 1,5% del total invertido fuera del país. La mitad de estas inversiones se realizaron en España y otro cuarto en Francia. Estos montos son (muy) inferiores en cualquier caso a lo invertido en EEUU (3,8 mil millones de dólares hasta la fecha, es decir, algo menos del 7% del total).

En términos sectoriales, los capitales chilenos en el exterior en los últimos 20 años se han dirigido principalmente hacia los sectores de servicios (40%), energía (28,8%) e industria (23,1%). En algunos sectores Chile empieza a posicionarse como líder regional o internacional. El país es el primer productor y exportador mundial de co-

GRÁFICO 4.9. *Inversión en el exterior de las multilatinas chilenas, 2010*

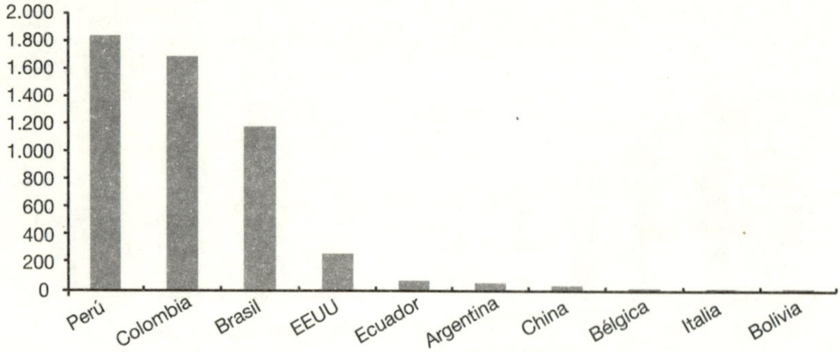

FUENTE: Ministerio de Relaciones Exteriores de Chile, 2011.

bre y como tal cuenta con grupos de primer nivel en este sector, empezando por la estatal Codelco o el grupo privado Luksic. Éste tiene la particularidad de haber localizado la sede global de su principal minera, Antofagasta, en Londres.

En otros sectores se están también imponiendo las multilatinas chilenas: el país ya es el tercer operador *retail* de América Latina; entró dentro del Top 10 mundial de los productores de madera aserrada del mundo; sus multilatinas ocupan el 4.º lugar en la producción mundial de celulosa y ácido bórico; el 30% de la producción mundial del litio y sus derivados; el 33% del mercado mundial del yodo; el 35% de mercado mundial de procesamiento de molibdeno y el 47% del mercado mundial de nutrición vegetal de especialidad. Con la fusión de LAN y TAM, esta multilatina chileno-brasileña representará el 37% de la carga aérea de América Latina, un 0,6% del tráfico aéreo mundial y un 10% de las utilidades de la industria aérea mundial.

A lo largo de la última década un gran número de empresas chilenas se fue así expandiendo. Este es el caso en particular de las empresas *retail* chilenas. Cencosud, la tercera mayor empresa de Chile, tras Codelco y Enersis, tiene presencia en Argentina, Brasil, Colombia, Chile y Perú; por su parte Falabella está presente en Argentina, Colombia y Perú; y Ripley y Parque Arauco en Perú. En 2010, la minorista Cencosud, propiedad del empresario Horst Paulmann, acaba de hacerse con la cadena de supermercados Bretas en Brasil. Cencosud,

GRÁFICO 4.10. *Inversión en el exterior de las multilatinas chilenas, por sectores, 1990-2010*

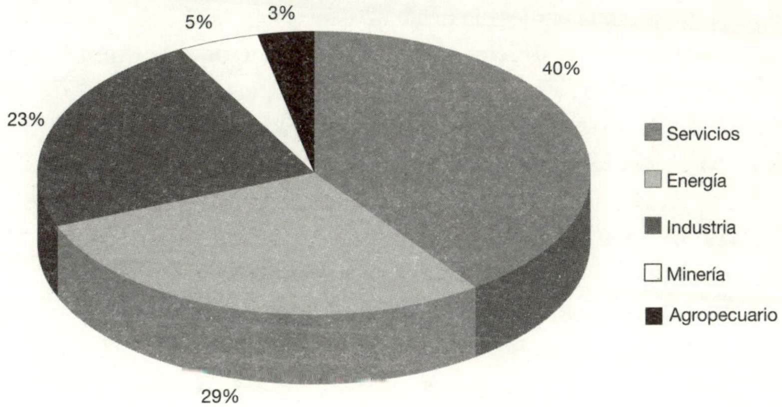

FUENTE: Ministerio de Relaciones Exteriores de Chile, 2011.

con presencia en Argentina, Brasil, Chile, Perú y Colombia, emplea hoy en día más de 100.000 personas en el mundo. En 2011, Copec, uno de los más importantes conglomerados del país, que opera en los sectores forestales y energéticos, ha proseguido su expansión internacional con una compra e inversión en Colombia por 76 millones de dólares. Copec controla la productora de celulosa Arauco, que está entre las cinco mayores exportadoras del mundo, con operaciones también en Brasil (donde compró una empresa local por 230 millones de dólares en 2009), Argentina y Uruguay.

También destaca la reciente operación llevada a cabo por Mall Plaza, una empresa dedicada a la gestión y construcción de centros comerciales. La compañía chilena, propietaria y operadora de 11 centros comerciales en Chile y dos en Perú, tiene como objetivo convertir estos centros comerciales en un icono, con el fin de que sirvan de punto de referencia para ingresar a otros países de la región y continuar así la expansión internacional de la compañía. Mall Plaza ha invertido en 2011 75 millones de dólares para construir el mayor centro comercial en Colombia, en la ciudad de Cartagena.

En términos regionales, como ya hemos indicado, los países Mercosur dominan como principal destino (con casi el 50% del total de la IED invertida entre 1990 y 2010), por delante de la zona andina (33%)

y del Nafta (8%). Europa (1,5%) y Asia / Oceanía (2%) todavía son marginales. Pero estamos viendo ya incursiones en otras regiones del mundo. En 2008, Cencosud abrió una oficina en Shanghái con el afán de mejorar la eficiencia de su abastecimiento en Asia y en China en particular. Un caso llamativo es la multinacional Soquimich ampliamente internacionalizada. Opera en 18 países del mundo. Además de en América Latina tiene bases operativas en Estados Unidos, Europa y también Asia. Desde su base para Europa, Oriente Medio y África en Bélgica lidera las operaciones en varios países africanos y de Oriente Medio. Tiene también presencia directa en Turquía Sudáfrica, Emiratos, India China, Japón y Tailandia. En Europa está presente en Bélgica, Alemania, Italia, Portugal y España. La naviera Compañía Sudamericana de Vapores (CSAV), fundada en Valparaíso a finales del siglo XIX, es por su parte la más antigua y grande de América Latina. En 2011, el grupo Luksic tomó una participación de casi el 20% en la naviera por un monto de más de 240 millones de dólares, a través de Quiñenco, el brazo financiero e industrial de los Luksic, con el afán reimpulsar la naviera.

El Grupo Luksic controla el 65% de la minera Antofagasta, el 50% del Banco de Chile, la segunda institución financiera del país, y el 48% de Madeco. Sus actividades están en todos los continentes. El Banco de Chile abrió en 2006 una sucursal en Beijing, siendo la primera representación bancaria latinoamericana en la capital china. Madeco, un grupo diversificado de empresas manufactureras de productos de cobre, aluminio, PVC y envases flexibles, cuenta con 12 plantas productivas en Chile, Perú y Argentina. En 2008 entró en el capital de la francesa Nexans a cambio de su propio negocio de cables y elevó al 20% su participación en la multinacional gala en 2011.

Las incursiones chilenas en Asia son todavía testimoniales pero apuntan hacia un interés mutuo creciente. En el primer semestre de 2011, el Comité de Inversiones Extranjeras de Chile recibió solicitudes de inversión por 417 millones de dólares desde países asiáticos, lo que supera con creces los 300 millones solicitados durante todo el año 2010.

China en particular tiene los ojos puestos en Chile, que produce el 35% del cobre mundial. Por ahora las inversiones directas entre ambos países son marginales. A pesar del robusto intercambio comercial entre ambos países, que en 2010 superó los 25 mil millones de dólares, la inversión china representa solo el 0,11% del monto ingresado a través del estatuto de inversión extranjera entre 1974 y 2010, alcanzando apenas los 85 millones de dólares. Esto debería cambiar de cara al futuro: en 2011, el fondo soberano chino CIC, que gestiona montos superiores a los 300 mil millones de dólares, equivalentes a 1,5 veces el PIB chileno, anunció su interés por invertir en el país, en particular en proyectos mineros y de infraestructuras[15]. Igualmente el *stock* de inversiones chilenas en el país oriental solo llega a los 212 millones de dólares, lo que representa un 0,4% del total del monto colocado por firmas locales en el exterior. En 2010, la inversión chilena en China bordeó los 70 millones de dólares, pero en 2011 comenzará a manifestarse un cambio en la tendencia. Además del Banco de Chile, Cencosud y Soquimich, ya mencionados, Falabella, D&S o Celulosa Arauco también iniciaron operaciones en China. En 2011 Codelco y China Minmetals Corp firmaron una alianza estratégica que debería desembocar en inversiones. Lo mismo han hecho los dos bancos estatales Banco del Estado (Chile) y el China Development Bank.

IV. COLOMBIA

Al igual que Chile, Colombia experimentó en los últimos años cambios notables tanto desde el punto de vista macro como micro-económico. Como Chile, que fue uno de los primeros países de la región en obtener el grado de inversión, Colombia volvió a recuperar el grado de inversión en junio 2011, apremiándose así una década de esfuerzos para estabilizar la economía y conseguir encarrilarla luego en una senda de crecimiento sostenible.

A este auge macro le ha correspondido un auge micro con la expansión internacional de las multilatinas colombianas. Como Chile (que se incorporó oficialmente a la OCDE a principios del 2010), Colombia también inició un proceso de incorporación a finales del 2010

[15] Véase [http://www.inversionextranjera.cl/].

(que se alargará varios años como en el caso de Chile) y su candidatura fue saludada por un primer informe económico del país[16].

No solo Colombia ha recibido un importante impulso de IED (más del 3,5% y 4% del PIB en 2010 y en 2011, respectivamente) sino que también se ha convertido en inversor directo. Para el periodo 2001-2010, Colombia alcanzó un acumulado de inversión (*stock*) de casi 60 mil millones de dólares. En 2010 la Inversión Extranjera Directa (IED) en Colombia alcanzó 6,8 mil millones de dólares, en línea con el año anterior[17]. En 2011, la IED hacia Colombia podría bordear los 10 mil millones de dólares, según las previsiones del Banco de Bogotá[18].

Petróleo y minas acaparan casi el 70% del total. En 2011 ya solo en el primer semestre del año se rebasó esa cifra con 7,4 mil millones de dólares invertidos en el país. En cuanto al origen es difícil saberlo a partir de las estadísticas oficiales ya que casi el 50% de la IED que entra a Colombia lo hace vía plataformas fiscales como Panamá, Anguila, Bermudas o Islas Caimán. En cualquier caso llama la atención que Brasil apenas represente un 2% de la IED.

Pero sobre todo estamos viendo un auge sin precedentes de la IED colombiana en el exterior. Durante el año 2010 ascendió a 6,7 mil millones de dólares, con un crecimiento de más del 110% con respecto al año anterior. Este monto representa casi un tercio del *stock* de IED en el exterior acumulado durante el periodo 2001-2010 (unos 20,5 mil millones de dólares de IED acumulada), lo cual indica una neta aceleración de la actividad inversora en el extranjero de las multilatinas colombianas. El grupo de las multilatinas colombianas está por lo tanto en expansión notable. Más de una veintena de empresas colombianas acumulan méritos suficientes para ser consideradas como multilatinas; esto es, tienen gran presencia en el exterior, no tanto por medio de exportaciones, sino que operan en otros países.

---

[16] Véase OCDE, *Colombia Economic Assessment,* París, OCDE, 2010. Disponible en [http://www.oecd.org/dataoecd/38/14/46797800.pdf].

[17] Véase el informe detallado de IED en Colombia por parte de Proexport Colombia, en [http://www.inviertaencolombia.com.co/Adjuntos/246_Reporte%20de%20Inversion.pdf].

[18] Véase el informe económico del Banco de Bogotá, uno de los mayores del país, en [https://pbit.bancodebogota.com.co/Investigaciones/PresentacionPDF.aspx?PDF=42].

GRÁFICO 4.11. *IED en Colombia, 2010*

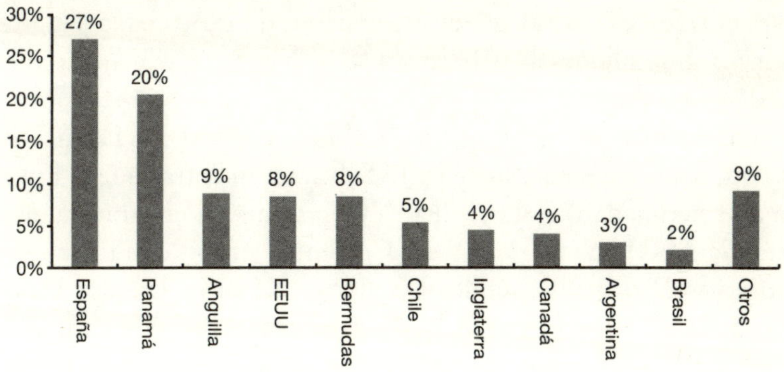

FUENTE: Banco de La República de Colombia, 2011.

AviancaTaca, Sudamericana, Aval o Cementos Argos son algunas de las más activas en términos de adquisiciones fuera del país. En 2010 destacó una financiera, el Grupo Aval, con la compra del BAC Credomatic en Centroamérica por más de 1,9 mil millones de dólares. En 2011 destacó Sudamericana, que compró los activos de los fondos de pensiones de la holandesa ING en América Latina por 3,7 mil millones de dólares. Las casas de bolsa colombianas, aprovechando los movimientos de integración de los mercados de capitales andinos, salieron también a la búsqueda de negocios en el exterior. Muchas operan en Estados Unidos y, por ejemplo, InterBolsa ya tiene una presencia importante en Brasil y en Panamá. En el mercado panameño también están Corredores Asociados, Correval y Valores Bancolombia. Esta última firma también adelanta trámites para constituir una corredora de bolsa en Perú.

Tampoco las multilatinas industriales del país se quedaron atrás. ISA es así una de las empresas que más se han extendido en la región, por medio de distintas líneas de negocio. En energía opera en Brasil, Perú, Panamá y Bolivia; su área de telecomunicaciones está en Perú, Chile, Ecuador, Venezuela, Argentina y Brasil, y en vías tiene presencia en Chile. ISA, a lo largo de los años, se ha convertido en uno de los mayores transportadores de energía de América Latina, con más de 36.000 kilómetros de circuitos de alta tensión. ISA se ha consolidado como multilatina vía una media docena de adquisiciones, en particular en Perú, Bolivia y Brasil. En 2010 compró a la española Ferrovial activos en Chile por 300 millones de dólares. De cara al futuro, la estrategia de crecimiento de ISA proyecta ingresos por 3,5 mil millones al 2016, de los cuales el 80% se generarán fuera de Colombia.

También en energía Empresas Públicas de Medellín ha encontrado oportunidades en Panamá y El Salvador, mientras que la Empresa de Energía de Bogotá ya llegó a Guatemala y Perú transmitiendo electricidad. Igualmente destaca Cementos Argos, que tiene operaciones en Panamá, República Dominicana, Haití y Estados Unidos. Fundada en 1934, Argos es hoy en día el quinto productor de cemento de América Latina. En 2009 sus ventas anuales son cercanas a los 2 mil millones de dólares, un 44% procedente todavía de Colombia, pero un notable 34% de Estados Unidos, 9% de otros países latinoamericanos y otro 13% de negocios no relacionados con el cemento. En mayo del 2011, Argos, siguiendo su estrategia de expansión internacional, compró activos en Estados Unidos por más de 760 mil millones de dólares a su rival francés Lafarge.

En el sector agroindustrial destaca Alpina, una empresa de alimentos presente en Ecuador y Venezuela, que está construyendo una planta para abastecer al mercado estadounidense. El Grupo Mundial, por medio de químicos y pinturas, entre otros, está en casi toda Suramérica y México. Una multilatina agroindustrial colombiana con especial propensión internacional es Nacional de Chocolates, que pertenece al Grupo Empresarial Antioqueño. Ésta inició su expansión, como muchos grupos colombianos, mirando hacia los mercados regionales más cercanos. De ahí que en los noventa iniciara operaciones en Ecuador y Venezuela. Pero es sobre todo en la década del 2000 cuando dio el gran salto exterior y se gradúa como multilatina hasta llegar a 12 países con operación propia o con filiales, y a 70 destinos con exportaciones. Entre 2000 y 2009 las ventas internacionales del grupo pasaron de apenas 45 millones a más de 700 millones de dólares. El número de empleados fuera del país pasó, por su parte, de 400 personas a más de 5.600 a finales de la década sobre un total de 28.000 personas. Tiene en 2011 ocho plantas de producción en seis países, por ahora todas todavía en América Latina, en Colombia, Costa Rica, México, Panamá, Perú y Venezuela. Para alcanzar este tamaño multiplicó las adquisiciones, en total una docena; la última relevante fue la compra en 2009 de la empresa mexicana Nutresa, dedicada a la producción y comercialización de golosinas de chocolate.

Una de las características de Colombia es la de poseer varios conglomerados importantes. La Organización Carvajal es uno de los más antiguos, fundado en 1904 y formado hoy en día por 12 empresas con 23.000 empleados. Tiene operaciones en más de 16 países, entre ellos México, Perú, Ecuador, Argentina, Venezuela y Panamá, y exporta a más de 50. El 45% de sus ingresos en 2010 proceden del exterior. También está presente en Europa, en España, y tiene intereses en Estados Unidos y Asia. Recientemente, Carvajal acordó la compra del mexicano Grupo Convermex, el tercer productor mundial de vasos de poliestireno, por alrededor de 180 millones de dólares.

En los sectores más tradicionales de hidrocarburos destacan también Terpel, la comercializadora de combustibles que acapara el 40% de la cuota de mercado en Colombia y posee también activos en Chile, Panamá y Ecuador. También merece una mención especial la estatal petrolera Ecopetrol. No solo se está beneficiando del auge del mercado petrolero en Colombia sino que está ahora buscando expandirse internacionalmente vía una estrategia agresiva de exploración y adquisición en territorios brasileños, peruanos o mexicanos. En 2011 compró, junto con Talisman, las operaciones colombianas de la británica BP por cerca de 1,9 mil millones de dólares. También operó con la Korea National Oil Corporation una adquisición en Perú por cerca de 900 millones de dólares.

Por ahora los grupos colombianos se están graduando como multilatinas al igual que sus vecinos chilenos, vía una internacionalización americana. En esto siguen la senda de las multinacionales brasileñas y será de esperar que a lo largo de la década actual veamos incursiones en otras geografías y continentes si siguen la trayectoria de las multilatinas de Brasil, que en esta década ya emprendieron una senda más global. Pero eso será para el futuro: por ahora los registros de inversión colombiana en China, por ejemplo, llevados por el Banco de la República, muestran un tímido flujo de apenas 0,8 millones de dólares entre 1994 y 2010.

V. PERÚ

El viaje en el mundo de las multilatinas reserva alguna sorpresa más. No solo, como hemos visto, hay multilatinas en los países ya mencionados (Brasil, México, Argentina, Chile y Colombia), no solo éstas exploran nuevas fronteras, en particular asiáticas, sino que otros países más de la región se están apuntando a esta tendencia.

Desde Perú están brotando grupos con ambiciones internacionales también importantes. Uno de ellos es Gloria, que pasó así a ser propietario en 2010 de una compañía argentina, a la que ingresó en 2006, luego de concretar una inversión de 19 millones de dólares de inversión. Esta operación es posterior a otra adquisición por 40 millones de dólares en Bolivia, de modo que afianzaba así los primeros pasos de su expansión internacional, por ahora enfocada en países vecinos. Además de estos países, el grupo peruano tiene empresas de productos lácteos en Colombia, Ecuador y Puerto Rico.

También en el sector de alimentos y servicios, Alicorp, el buque insignia del grupo Romero, compró en 2008 una primera firma en Argentina, la tercera empresa de productos de cuidado personal de ese país, por un monto de 65 millones de dólares. Poco después sellaba la compra de una firma colombiana por cerca de 7,5 millones de dólares. En el 2010, tras una pausa por la crisis, Alicorp adquirió el 100% de otra empresa argentina que produce galletas, para luego realizar una nueva adquisición en el país a mediados de 2011, esta vez en el sector de las pastas. Fundada en 1954, Alicorp es en 2011 el mayor grupo agroindustrial del país con operaciones en América del Sur, América Central y América del Norte. La empresa de bebidas ha subido dos puestos tras haber ocupado el puesto 13 del ranking de América Economía en 2009; actualmente se ubica en el número 11 registrando en 2010 1,1 mil millones de dólares en ventas.

También en 2010, los hermanos Pedro y Mario Brescia adquirieron la minera Sierra de Madeira, en Brasil, por más de 470 millones de dólares. Así se inició su internacionalización, que tomó fuerza en 2009 con la compra de la cementera más grande de Chile (activos de la francesa Lafarge).

Por su parte, en 2007, el grupo Interbank abrió una oficina de representación en China y, año y medio después, formó una empresa de importación y exportación *(trading),* consciente de los crecientes flujos que se están estructurando entre los dos países. Interbank no solo ha instalado una oficina de representación comercial en Shanghái sino que también ha firmado acuerdos de cooperación con el Bank of China para establecer la plataforma de servicios a inversores chinos en Perú. En 2011 recibió un préstamo por 30 millones de dólares del Banco de Desarrollo de China (CDB), orientado a financiar proyectos y negocios que dinamicen el intercambio comercial entre ambos países y el desarrollo de la inversión china en Perú. El Grupo Interbank (IFH Perú), fundado por Carlos Rodríguez-Pastor, es hoy en día uno de los más importantes del país, con una facturación superior a mil millones de dólares y una presencia en banca y seguros, hostelería, *retail,* inmobiliarias, administración y cines. A comienzos de 2011 adquirió la cadena de restaurantes de comida rápida Bembos, con presencia en Perú, Panamá, Nicaragua e India.

El caso más emblemático del auge empresarial peruano es, sin embargo, Gastón Acurio, quien fundó un imperio de 34 restaurantes distribuidos en 14 países que estuvo desarrollando vía su empresa, el «gastrogrupo» Inversiones La Macha (participada en un 47% por Los Robles, el grupo económico liderado por Andrés Belfus, ex gerente de la minorista chilena Ripley). Astrid & Gastón, que comenzó en 1994, actualmente posee locales en Perú, Chile, Colombia, Ecuador, Venezuela, Panamá, España, México, Argentina, Estados Unidos y Gran Bretaña. También desarrolló otras franquicias y productos, entre otros una cadena de pastelería y productos *delicatessen* de diseño; la cebichería La Mara, también instalada en varios países; y el restaurante-bistrot-pastelería Tanta, que actualmente posee locales en Perú, Chile, Bolivia, España y Estados Unidos. En el futuro tiene planeado una marca de hoteles (Nativa) y seguir la expansión de los restaurantes hacia Asia, una vez consolidada su presencia en Estados Unidos y Europa. En 2011 abrió uno nuevo en Nueva York, con una inversión de 15 millones de dólares. Con una facturación estimada en 2010 en algo más de 100 millones de dólares, Acurio invierte en crear riqueza y en su escuela en Pachacutec, una de las zonas más míseras de Lima.

Sobre todo lideró un movimiento que convirtió a la gastronomía peruana en un referente internacional, una herramienta para crear riqueza, y parte significativa de la marca-país. Detrás de Acurio surgieron muchos otros chefs peruanos, como por ejemplo Javier Wong, Christian Bravo, Iván Kisic o Rafael Osterling. Hoy la cocina produce el 11,25 del PIB peruano, se exporta a todo el mundo y colabora en revitalizar la autoestima de los peruanos. Gastón Acurio aterrizó en la prestigiosa lista Restaurant de los mejores chef del mundo en el puesto 42. Este ascenso es testimonio de una transformación importante que se está viviendo en América Latina, y en Perú en particular, con la emergencia de toda una gastronomía que muestra que también en este sector se trata de innovación, creatividad empresarial y economía escalable.

El éxito de Gastón Acurio dejó de ser local y testimonial. Sus restaurantes pueblan ahora no solo las calles de Lima o Bogotá, sino también las de Nueva York, San Francisco, Londres, Barcelona y Madrid. Más allá del éxito gastronómico está también el éxito económico y empresarial, con cerca de unos 3.000 empleados directos y muchos más indirectos y una marca país alterada de manera profunda; además, los extranjeros que llegan ahora a Perú no lo hacen solo para gozar de las ruinas del Machu Picchu y las calles cuzqueñas sino también para disfrutar de los muchos restaurantes de primera liga *gourmet* que han brotado en la capital, en el surco de Astrid y Gastón, el buque insignia del chef peruano.

VI. EXPLORANDO NUEVAS GEOGRAFÍAS

Más allá de las especificidades de cada uno de los países mencionados, llama la atención que en esta nueva década de 2010 las multilatinas estén explorando nuevas geografías para invertir. El caso anterior de Gastón Acurio y sus restaurantes muestra que muchas de estas multilatinas ya no solo operan en el continente latinoamericano sino que hacen incursiones en Estados Unidos y en Europa. Pero sobre todo Asia, África y Oriente Medio se perfilan como nuevas fronteras inversoras para estas multinacionales.

En Asia estamos viendo cada vez más proyectos latinoamericanos. Así, en 2011, el conglomerado químico industrial Mexichem, uno de los más grandes de México, informó que planea invertir 150 millones de dólares para construir plantas para refrigerantes en Japón y de ácido fluorhídrico en Corea. Por su parte, la mayor productora mundial de nitrato de potasio, la chilena SQM, puso en marcha una planta industrial en China, desarrollada en *joint venture* con la empresa local Migao Corporation y dotada de una inversión de 20 millones de dólares, y en la que cada una de las compañías posee el control de un 50%.

Un país que se mostró particularmente activo en reposicionar su relación con China fue Argentina. La argentina ProntoWash, compañía de lavado ecológico de automóviles, alcanzó en 2011 un acuerdo con la china Guangzhou Eco-EnvironTech para desarrollar ese concepto en las ciudades de Guangzhou, Beijing y Shanghái, entre otras, con una inversión inicial de 4 millones de dólares. Otra empresa argentina que busca hacerse un hueco en China es el Grupo Chemo. Esta empresa farmacéutica argentina firmó en 2011 un acuerdo con la empresa china FOSUM Pharma con el cual ambas comprometen una inversión conjunta de 73 millones de dólares para investigar, desarrollar, producir y distribuir medicamentos genéricos para el mercado chino e incluye la construcción de una planta en Shanghái. Por su parte, el Banco de la Nación, de capital argentino, anunció la apertura de una oficina comercial en Beijing, la cual se une a las que el organismo ya tiene en Estados Unidos, España, Panamá, Venezuela, Brasil, Bolivia, Paraguay, Chile y Uruguay. El principal objetivo es aprovecharse del tirón comercial entre ambos países, cuyos flujos bilaterales alcanzaron en 2010 más de 13 mil millones de dólares, un 60% más con respecto al año anterior, convirtiendo a China en el segundo socio comercial de Argentina.

En ocasiones, el interés por Asia está igualmente fomentando acciones conjuntas por parte de los países latinoamericanos. El mejor ejemplo de ello es el acuerdo logrado entre Colombia y Chile en marzo de 2011 con el objetivo de potenciar la presencia en Asia y atraer inversiones de estos países. El acuerdo permite al servicio de promoción colombiano Proexport utilizar las instalaciones de ProChile en Asia, en China, Japón y Corea del Sur. Además, se incluirá a Perú en una propuesta para crear una oferta turística para proponer en Asia visitar Cartagena de Indias (Colombia), Machu Picchu (Perú) y Torres del Paine (Chile). Estos países también buscan potenciar las relaciones con Asia con la apertura de nuevas embajadas:

Colombia abrió así en 2011 una embajada en Indonesia (conjuntamente con otras en Turquía y Emiratos), corroborando así la intensificación de la búsqueda de nuevas fronteras inversoras.

Esta conexión asiática tiene también una vertiente española en ocasiones. Así, en 2009, la multilatina chilena Compañía Sudamericana de Vapores (CSAV) –la compañía de transporte marítimo más grande de Latinoamérica– conectó el puerto de Barcelona con el puerto indio de Nhava Sheva a través de un nuevo servicio semanal de un recorrido de 13 días que será cubierto por seis barcos. Con este servicio, Barcelona quedará así vinculada con las áreas geográficas cubiertas por CSAV, que son América del Sur, Pacífico, Caribe y Golfo de Estados Unidos. En 2011, Singapore Airlines inició un vuelo Singapur-Barcelona-São Paulo, que une sin escalas Barcelona y la ciudad brasileña tres veces por semana. Se espera que el vuelo tenga una alta demanda gracias a eventos como el Mundial de Fútbol de 2014 o los Juegos Olímpicos de 2016.

5. MULTILATINAS 2.0

El auge de las multilatinas abarca, como hemos visto, varios sectores y varios países. No es un fenómeno aislado sino que se enmarca en un movimiento más amplio del cual participan varios países emergentes asiáticos, árabes e incluso africanos. Sobre todo, y es lo que queremos subrayar en este capítulo, este auge engloba también la innovación y los sectores tecnológicos.

Si bien la década pasada presenció el vuelco del mundo hacia los emergentes desde el punto de vista comercial y financiero, en esta nueva década veremos un vuelco del mundo hacia los emergentes desde el punto de vista de la innovación. En 2011 ya lo estamos viendo: el mayor proveedor de la industria de telecomunicaciones ya ha dejado de ser una multinacional estadounidense, francesa o sueca, y es ahora china: desde Shenzhen, Huawei conquistó el mundo (en particular vía América Latina de la mano de Telefónica, que le otorgó uno de sus primeros contratos globales). Desde Moscú, el fondo de capital riesgo Digital Sky Technologies (DST) está revolucionando esa industria. Otra multinacional china, Tencent, se ha convertido en la tercera capitalización mundial del mundo de internet. En 2011 levantó un fondo de inversión para *start ups* de 760 millones de dólares, uno de los mayores del mundo. Este monto fue superado por DST que ha hecho lo mismo desde Rusia, es decir, en ambos casos fuera de Silicon Valley. Incluso lo que aparenta ser pura tecnología occidental, como el iPad de Apple, incorpora tecnología de mercados emergentes, en este caso cerca de 20% del valor de un iPad se origina en Corea, Taiwán y China[1].

[1] Véase [http://pcic.merage.uci.edu/papers/2011/Value_iPad_iPhone.pdf].

América Latina no se queda fuera de esta dinámica como vamos a ver. La adquisición, a mediados de 2011, por parte de Indra de la brasileña Politec muestra que el continente también está en el punto de mira de los inversores tecnológicos. Indra apostó así por el país, alcanzando un acuerdo para la adquisición del 100% de las acciones de Politec, una de las principales compañías brasileñas de tecnología de la información, por un monto total de 145 millones de dólares (100 millones de euros). Esta operación muestra cómo el propio continente está cambiando el perfil de las tecnológicas españolas. Con esta operación, el negocio internacional de Indra pasarán a suponer el 47% de las ventas totales de la compañía, que en la actualidad representan el 40%. En ese sentido, Brasil será el segundo mercado nacional para Indra, con el 10% de las ventas, haciendo de Latinoamérica el primer mercado regional en la actividad internacional de Indra, al suponer el 22% de las ventas. Lo mismo ocurre con Telefónica, que cerró en 2010 la adquisición de Vivo, también en Brasil, por un monto de 7,5 mil millones de euros. En 2011, el negocio latinoamericano, encabezado por Brasil, supuso el 46% del total del grupo y sumó más de 190 millones de clientes. La aportación en ingresos de Brasil superó en 2011 el 23% del total y se espera que siga creciendo en los próximos años, lo que podría convertirle en el principal mercado de Telefónica en breve (España aporta ahora un 30% de la facturación global).

Estas operaciones muestran, sobre todo, el auge de las tecnológicas brasileñas y de otros países del continente. El caso más espectacular es, sin duda, el de la mexicana América Móvil que se ha convertido en una de los mayores operadores de telecomunicaciones del mundo, entrando en el Top 10 mundial por capitalización bursátil. La multinacional chilena Sonda, con 9.000 empleados, ya está presente en 9 países de la región y multiplicó las adquisiciones en 2010, en particular en Argentina, México y Brasil, para consolidar su posición de líder tecnológico. En 2011 ofreció cerca de 70 millones de dólares para incorporar un rival chileno (Quintec) y consolidarse como líder en la región, adquiriendo también sus operaciones internacionales.

Por su parte la brasileña Tivit, con 26.000 empleados, fundada en 2005 con la fusión de tres tecnológicas del país, originó una de las ma-

TABLA 5.1. *La expansión internacional de Sonda*

Año	Empresa adquirida	Empresa compradora	Valor (millones $)
2010	CEITECH SA, Argentina	Sonda SA	6,3
2010	Sonda Procwork SA-Business, Brasil	Capgemini SA	...
2010	Kaizen Consultoria e Serviços em Informática Ltda., Brasil	Sonda Procwork SA	6,7
2010	NextiraOne México SA de CV	Sonda México SA de CV	29
2010	Soft Team Consultoria, Brasil	Sonda Procwork SA	8,64
2010	Soft Team Sistemas, Brasil	Sonda SA	8,68
2010	Telsinc Informática SA, Brasil	Sonda SA	37,38
2008	Red Colombia SA	Sonda de Colombia SA	13,6
2007	Procwork, Brasil	Sonda SA	118,1
2006	Qualita-Technical Support, México	Sonda SA	...

FUENTE: CEPAL, 2011.

yores operaciones tecnológicas del país con la entrada del fondo de capital riesgo británico Apax Patners en el capital de la multinacional brasileña, valorándola en cerca de mil millones de dólares. Estamos viendo emerger una industria de software local: además de Sonda y Tivit destacan también Softtek de México, Globant de Argentina o TOTVS y Stefanini del Brasil.

Softtek, por ejemplo, tiene más de 6.000 empleados, 30 oficinas globales en América del Norte, América Latina, Europa y Asia (tiene también la particularidad de estar dirigida por una mujer, Blanca Treviño). En España ha nombrado al ex ministro Francisco Álvarez-Cascos presidente de Softtek España. Cuenta también con un centro global de servicios (en A Coruña), además de oficinas en Madrid y en Barcelona (y en Londres, también en Europa). Neoris, una filial tecnológica de la mexicana Cemex, es otra de las tecnológicas importantes de América Latina. Genera más de 300 millones de dólares en ingresos, cuenta con 3.000 empleados en el mundo y con 18 oficinas distribuidas en 9 países. Es una multinacional con cúpula multicultural: su consejero delegado es argentino, su máximo responsable de marketing brasileño, su presidente para Europa, África y Oriente Medio, español.

Otra empresa por destacar es Stefanini IT Solutions, una multinacional brasilera especializada en servicios de tecnología de la información y prestadora de soluciones en *outsourcing* y BPO, y entre su oferta de servicios comprende la consultoría, integración, desarrollo de soluciones e infraestructura. Posee cerca de 13.000 empleados y tiene presencia en 27 países. En 2011 alcanzará los 750 millones de dólares de facturación, de los cuales el 40% provendrán de operaciones realizadas en el exterior. La brasileña TOTVS, por su parte, opera en América Latina y cuenta con más de 15.000 empleados distribuidos en 40 oficinas en Argentina, Brasil, Chile, México, Paraguay y Uruguay. También abrió centros de desarrollo de software en Europa (Lisboa), siendo la base a partir de la cual pretende hacerse un hueco en el continente. También está presente en Estados Unidos y en África (Angola y Mozambique). En 2011 se impone como la mayor empresa de software aplicativos con sede en países emergentes y la 6.ª mayor del mundo en el sector.

Desde Brasil también están otras multilatinas incluidas en el ranking de Bloomberg Businessweek del Top 100 de las tecnológicas mundiales. Además de TOTVS, ya mencionada, figuran también Redecard (una empresa de servicios de tecnologías de la información), Vivo (una operadora *teleco,* filial ahora 100% de Telefónica), B2W Varejo (una empresa de internet), CA Technologies (una empresa de software) y Positivo (una empresa de ordenadores y periféricos). En 2010, Redecard facturó cerca de 1.300 millones de dólares, Vivo unos 8.300 mil millones, B2W casi 2.000 millones, CA Technoligies casi 4.300 millones y Positivo 1.100 millones de dólares. Es decir, todas ellas superan facturaciones superiores a los mil millones, lo cual les sitúa en una liga comparable a Indra, por ejemplo, en España (que tiene ventas de unos 3 mil millones de dólares), la segunda mayor tecnológica del país después de Telefónica.

La argentina Mercadolibre cotiza desde el 2007 en el Nasdaq con un valor de mercado que ronda los 3,8 mil millones de dólares en 2011, convirtiéndose así en la primera tecnológica del continente en

TABLA 5.2. *Expansión de TOTVS SA*

Año	Empresa adquirida	Empresa compradora	Valor (mill. $)
2010	Soft Team Consultoria	Sonda Procwork	8,64
2010	Soft Team Sistemas	Sonda SA	8,68
2010	Midbyte Informática SA	TOTVS SA	...
2009	Hery Software Ltda	TOTVS SA	7,06
2009	Tools Arquitetura Financeira	TOTVS SA	0,8
2009	YMF Arquitetura Financeira	TOTVS SA	10,22
2009	RO Resultados em Outsourcing	TOTVS SA	1,69
2008	Datasul SA	TOTVS SA	375,47
2008	Setware Informática Ltda	TOTVS SA	2
2007	BCS Engenheiros Associados	TOTVS SA	...
2007	HBA Informática Ltda	TOTVS SA	...
2007	BCSFlex Comércio e Serviços	TOTVS SA	...
2007	Bcs Comércio e Serviços	TOTVS SA	27,27
2007	TQTVD Software Ltda	TOTVS SA	...
2007	Inteligência Organizacional	TOTVS SA	1,96
2007	Midbyte Informática SA	TOTVS SA	3,29
2007	TOTVS BMI Consultoria	TOTVS SA	...

FUENTE: CEPAL, 2011.

cotizar en esta plataforma. Fundada por Marcos Galperín y Hernán Kazah en 1999, mientras cursaban su MBA en Stanford, esta *start up* se ha convertido en la empresa de comercio electrónico más grande de Latinoamérica. Mercadolibre es el portal líder en 12 países de América Latina y recientemente ha iniciado operaciones en Portugal. Esta empresa se ha convertido de hecho en uno de los casos exitosos estudiados por la universidad de Stanford y el Foro de Davos[2] (entre ellos figuran varias *start ups* latinoamericanas como las

[2] Véase Stanford University and World Economic Forum, *Global entreneurship and successfull growth strategies of early stage companies,* Stanford y Ginebra, World Economic Forum, 2011. Disponible en [http://www3.weforum.org/docs/WEF_Entrepreneurship_Report_2011.pdf].

Tabla 5.3. *Cuatro gigantes tecnológicos multilatinos*

Empresa	**Origen**	**Ingresos estimados (mill. $)**	**Número de empleados estimado**
Globant	Argentina	65 (2009)	2.000
Softtek	México	234 (2007)	6.000
Sonda	Chile	952 (2010)	10.000
TOTVS	Brasil	682 (2010)	15.000

Fuente: CEPAL, 2011.

también argentinas Globant y Technisys y la colombiana Refinancia, junto con *start ups* de India, China, Turquía, Sudáfrica y Rusia, además de las de Estados Unidos y Europa).

Otra empresa argentina, Globant, con más de 2.000 empleados en 8 países de América Latina y oficinas comerciales en Estados Unidos y Europa, se ha convertido en estudio de caso en la Harvard Business School y el World Economic Forum, junto con *start ups* europeas o estadounidenses como Skype o eBay[3]. Globant, con oficinas comerciales en Estados Unidos (Boston y San Francisco) y en Europa (Londres), ya tiene el 90% de sus proyectos originados fuera de América Latina. Los fondos de *venture capital* estadounidenses están de hecho apostando por esta tecnológica: en 2011 Riverwood Capital ha invertido 15 millones en Globant. En 2010 su facturación superó los 60 millones de dólares, convirtiéndose en otra de las *start ups* exitosas del continente, una multilatina emergente. En agosto de 2011, Globant siguió con sus planes de expansión internacional comprado la norteamericana Nextive, con el objetivo de ampliar su presencia en Estados Unidos. Esta adquisición le permitirá expandir su portafolio de soluciones para dispositivos móviles y sumar otros 130 profesionales a su equipo.

Estamos viendo, por lo tanto, emerger multilatinas 2.0, empresas que surgen del continente con ambiciones regionales e internacionales, que también ponen América Latina en el radar de lo que será la segunda oleada del vuelco global hacia los mercados emergentes: el

[3] Véase [http://www.weforum.org/issues/global-entrepreneurship].

TABLA 5.4. *Top 15 empresas multilatinas tecnológicas y de software*

Empresa	País	Ventas netas (mill. $)	Empleados	Presencia en Europa
América Móvil	México	49.100	153.140	SÍ
Brightstar	Bolivia/EEUU	6.400	3.500	SÍ
Mercadolibre	Argentina	2.750	52.000	SÍ (Portugal)
B2W Varejo	Brasil	2.391	2.375	
Redecard	Brasil	1.995	1.455	
Positivo	Brasil	1.300	6.400	
Sonda	Chile	952	10.000	NO
Totvs	Brasil	682	15.000	SÍ (Portugal)
Stefanini IT Solutions	Brasil	600	12.000	SÍ (Bélgica y otros)
Neoris	México	300	3.000	SÍ (España y Hungría)
Softtek	México	257	6.000	SÍ
Bematech	Brasil	192	700*	
Hildebrando	México	148	1.740	SÍ (España)
Globant	Argentina	65	2.000	SÍ (Reino Unido)
G&L	Argentina	74	500	SÍ (España)
Assa	Argentina		1.000	NO
CPM Braxis Capgemini	Brasil		5.500	SÍ (Alemania)
Politec	Brasil		5.000	NO
Quintec	Chile	170		
Adexus	Chile			
Coasin	Chile			
Tivit	Brasil		26.000	

FUENTE: Elaboración propia, 2011; en base a datos de empresas y CEPAL, 2011.

TABLA 5.5. *Boston Consulting Group Top 10 Innovadores Mundiales*

Empresa	País	TSR (%)*	Valor mercado (millardos de $)**
Tencent	Hong Kong	106,3	39,5
Apple	EEUU	45,6	189,6
MediaTek	Taiwán	32	19
América Móvil	México	27,1	75,6
Google	EEUU	26,3	197
China Mobile	Hong Kong	26	188,5
Bharti Airtel	India	25,6	27,3
MTN Group	Sudáfrica	23,6	29,3
Infosys Technologies	India	21,2	32,6
Hewlett-Packard	EEUU	20,8	121,8

* Media anual TSR *(total shareholder return),* 2005-2009.
**A 31 de diciembre de 2009
FUENTE: Boston Consulting Group, 2011.

de la innovación. Éstas se asoman ya en los rankings de las empresas más innovadoras del mundo: así, la brasileña Natura Cosmetics se coloca en el puesto 8, justo después de Google, en el ranking de 2011 de la revista Forbes de las empresas más innovadoras del mundo (un Top 10 que incluye también a la china Tencent y la india Bharat). Es motivo de estudio de caso en las universidades de Stanford y Harvard como empresa innovadora[4]. Igualmente el Boston Consulting Group incluye en el puesto 4 (justo antes de Google) a la mexicana América Móvil dentro de su Top 10 de empresas que más valor crean y más innovadoras son[5]. La clasificación está liderada, de hecho, por una multinacional de internet emergente, la china Tencent, y en ella se encuentran también las taiwanesas Mediatek, China Mobile, las indias Bharti Airtel e Infosys o la surafricana MTN, es decir, que más de la mitad ya procedente de países emergentes.

---

[4] Véase [https://gsbapps.stanford.edu/cases/detail1.asp?Document_ID=3354].

[5] Véase BCG, *The 2010 Value Creators Report. Threading the Needle: Value creation in a Low Growth Economy,* Boston Consulting Group, 2010, disponible en [http://www.bcg.com/documents/file59590.pdf].

I. EL VUELCO (TECNOLÓGICO) DEL MUNDO HACIA LOS EMERGENTES

La década de 2010-2020 será sin duda la de los mercados emergentes. Con la anterior, estas economías han surgido como principales catalizadores de crecimiento. Ahora apuntan a ser las principales protagonistas. Desde HSBC, por ejemplo, nos dicen que en 2050, 19 de las 30 mayores economías del mundo serán economías hoy en día calificadas de emergentes[6]. En conjunto pesarán más que los actuales países OCDE. China se habrá entonces convertido en el líder mundial por delante de Estados Unidos, India habrá sobrepasado a Japón, mientras que Brasil y México se colocarán también en el Top 10 mundial, por delante de Francia y Canadá.

El año 2010 confirmó en todo caso el vuelco del mundo: mientras los países OCDE seguían colapsando, los emergentes continuaron con sus sendas de crecimiento. Símbolo de la gran transformación que estamos viviendo, China se alzó por delante de Japón como segunda economía mundial, mientras que India atraía un récord de 80 mil millones de inversiones directas, el doble del año anterior. En Brasil, la petrolera Petrobras, una de las mayores del mundo, lograba colocar la mayor emisión de la historia (67 mil millones de dólares). En total, en 2010, los emergentes acapararon el 40% del PIB mundial y, lo que es todavía más llamativo, cerca del 50% de la inversión extranjera directa global. En 2010, por primera vez, 6 de los Top 20 inversores globales en el mundo eran economías emergentes.

La expansión de las clases medias en estas economías está atrayendo cada vez más multinacionales OCDE. Para muchas, los mercados emergentes ya representan el grueso de sus ingresos por delante de Europa o Estados Unidos. En Asia emergente las clases medias ya representan el 60% del total de la población (1.900 millones de personas). En 2010, China se ha convertido así en el primer mercado en ventas de vehículos, un país donde 54 millones de personas ya se clasifican como clases de ingresos altos. La mayor fortu-

[6] Véase HSBC, *The World in 2050: Quantifying the Shift in the Global Economy,* Londres y Nueva York, HSBC Global Research, 2011. Disponible en [http://www.research.hsbc.com/midas/Res/RDV?p=pdf&key=ej73gSSJVj&n=282364.pdf].

TABLA 5.6. *Proyección de importancia económica relativa mundial, 2010-2050*

	Proyección sin «desarrollo estructural»				**Proyección con «desarrollo estructural» máximo**			
País	**2010-20**	**2020-30**	**2030-40**	**2040-50**	**2010-20**	**2020-30**	**2030-40**	**2040-50**
EEUU	0,5%	0,5%	0,6%	0,6%	0,5%	1,6%	2,3%	2,8%
Japón	1,2%	1,2%	1,0%	0,9%	1,2%	2,1%	2,7%	3,2%
China	6,6%	5,2%	4,2%	3,5%	6,6%	6,0%	5,8%	5,6%
Alemania	2,1%	1,8%	1,5%	1,3%	2,1%	2,8%	3,2%	3,6%
Reino Unido	1,3%	1,1%	0,9%	0,7%	1,3%	2,1%	2,7%	3,2%
Francia	1,2%	1,0%	0,8%	0,7%	1,2%	2,1%	2,8%	3,4%
Italia	2,1%	1,7%	1,4%	1,2%	2,1%	2,9%	3,5%	4,0%
India	4,1%	3,4%	3,0%	2,6%	4,1%	5,4%	6,5%	7,3%
Brasil	2,3%	1,7%	1,4%	1,1%	2,3%	3,5%	4,7%	5,7%
Canadá	1,9%	1,6%	1,3%	1,1%	1,9%	2,5%	3,0%	3,4%
Corea	3,9%	2,9%	2,4%	1,9%	3,9%	3,7%	3,9%	4,0%
España	2,9%	2,5%	2,0%	1,7%	2,9%	3,4%	3,7%	4,0%
México	3,6%	3,0%	2,5%	2,1%	3,6%	4,1%	4,4%	4,7%
Australia	1,9%	1,5%	1,3%	1,1%	1,9%	2,3%	2,8%	3,1%
Holanda	1,2%	1,1%	0,9%	0,8%	1,2%	2,2%	2,9%	3,4%
Argentina	2,5%	1,9%	1,6%	1,3%	2,5%	3,1%	3,6%	4,2%
Rusia	5,1%	4,3%	3,5%	2,9%	5,1%	5,5%	5,7%	6,0%
Turquía	4,0%	3,4%	2,9%	2,5%	4,0%	4,4%	4,7%	4,9%
Suecia	0,5%	0,5%	0,5%	0,5%	0,5%	1,7%	2,6%	3,2%

Suiza	2,6%	2,1%	1,7%	1,4%	2,6%	2,6%	2,7%	2,7%
Indonesia	3,1%	2,6%	2,1%	1,8%	3,1%	4,7%	6,2%	7,3%
Bélgica	1,1%	1,0%	0,8%	0,7%	1,1%	2,1%	2,9%	3,5%
Arabia Saudí	1,9%	1,5%	1,2%	1,0%	1,9%	2,6%	3,3%	3,9%
Polonia	4,1%	3,3%	2,7%	2,2%	4,1%	4,4%	4,8%	5,1%
Hong Kong	3,0%	2,4%	1,9%	1,6%	3,0%	3,0%	3,1%	3,2%
Austria	2,7%	2,2%	1,8%	1,5%	2,7%	3,0%	3,2%	3,3%
Noruega	0,4%	0,5%	0,6%	0,6%	0,4%	1,5%	2,3%	2,8%
Sudáfrica	1,1%	0,8%	0,6%	0,4%	1,1%	2,9%	4,5%	5,9%
Tailandia	3,8%	3,1%	2,7%	2,2%	3,8%	4,7%	5,5%	6,1%
Dinamarca	0,6%	0,5%	0,4%	0,4%	0,6%	1,7%	2,6%	3,3%
Israel	-0,1%	0,9%	0,8%	0,7%	-0,1%	1,3%	2,4%	3,3%
Singapur	4,2%	3,5%	3,0%	2,5%	4,2%	3,4%	3,0%	2,6%
Grecia	3,0%	2,6%	2,1%	1,7%	3,0%	3,5%	3,8%	4,1%
Irán	6,2%	5,1%	4,2%	3,4%	6,2%	6,0%	5,9%	5,8%
Egipto	3,5%	4,3%	3,8%	3,2%	3,5%	4,5%	5,3%	6,1%
Venezuela	1,4%	1,0%	0,7%	0,5%	1,4%	2,8%	4,1%	5,3%
Malasia	5,4%	4,3%	3,5%	2,9%	5,4%	4,8%	4,5%	4,2%
Finlandia	1,5%	1,3%	1,1%	0,9%	1,5%	2,3%	2,8%	3,3%
Colombia	3,0%	2,5%	2,0%	1,7%	3,0%	4,1%	5,0%	5,7%
Irlanda	1,6%	1,5%	1,3%	1,1%	1,6%	2,3%	2,7%	2,9%

FUENTE: HSEC, 2011.

TABLA 5.7. *Inversión Extranjera Directa, Top 20, 2010*

RK 11	País	IED (salidas)	RK 11	País	IED (salidas)
1	EEUU	329	11	Holanda	32
2	Alemania	105	12	Suecia	30
3	Francia	84	13	Australia	26
4	**Hong Kong**	**76**	14	España	22
5	**China**	**68**	15	Italia	21
6	Suiza	58	16	**Singapur**	**20**
7	Japón	56	17	**Corea**	**19**
8	**Rusia**	**52**	18	Luxemburgo	18
9	Canadá	39	19	Irlanda	18
10	Bélgica	38	20	**India**	**16**

FUENTE: UNCTAD, 2011.

na del planeta ya no está en Estados Unidos sino en México. Las razones de la creciente atracción de las economías emergentes están en estas cifras, apuntando a crecimientos elevados, expansión de clases medias, y todo ello en un entorno de menores endeudamientos, deuda, déficit e inflación bajo control.

Sin embargo existe otra revolución silenciosa que se está dando, una razón más por la cual las empresas de los países OCDE apuestan ahora también por los emergentes: no solo la década 2010-2020 será la de los emergentes, porque éstos marcarán la pauta de crecimiento, sino también porque veremos surgir cada vez más innovación disruptiva procedente de estos países. Esto también cambiará el perfil de las multinacionales OCDE. Se cruzan así dos movimientos potentes: por un lado estamos asistiendo al auge de las multinacionales emergentes, incluso en sectores punteros, de alto valor añadido y fuertes componentes tecnológicos; por otro lado estamos viendo cada vez más innovación reimportada por las multinacionales OCDE desde los países emergentes.

Los mercados emergentes dejaron de ser entornos de baja intensidad tecnológica. A lo largo de las últimas décadas hemos visto cómo la difusión de la tecnología se iba acelerando[7]. En la presente década veremos cada vez más multinacionales de estos países proyectar hacia el mundo sus innovaciones. Existen, según las Naciones Unidas, cerca de 21.500 multinacionales ubicadas en los emergentes. Algunas, como la cementera mexicana Cemex o la productora de baterías china BYD, ya son líderes mundiales en sus respectivas áreas. Los sectores tecnológicos ya registran también el empuje. Los principales suministradores de las empresas de telecomunicaciones mundiales se encuentran en China: una multinacional como Huawei ya desbancó la franco-estadounidense Alcatel Lucent y se coloca ahora por detrás de la sueca Ericsson. En 2008 esta empresa registró más patentes que cualquier otra empresa en el mundo, y en 2009 solo la superó la japonesa Panasonic. En el 2011 se ha convertido en el mayor proveedor mundial de la industria de telecomunicaciones.

En el sector de las telecomunicaciones ya figuran media docena de multinacionales de los países emergentes dentro de las 10 primeras mundiales, como China Mobile, la india Bharti Airtel, la sudafricana NTM, o la mexicana América Móvil, por no hablar de los grupos del Sudeste Asiático SingTel o Axiata. En al industria aeronáutica la brasileña Embraer revolucionó el sector con un modelo de negocio que luego otros imitaron. El grupo indio Tata está comercializando un coche por 3.000 dólares, de tres a cuatro veces menos que sus competidores europeos, y éste no es exactamente de baja intensidad tecnológica: incorpora nada menos que 90 patentes. La china Mindray desarrolló equipos médicos a un coste del 10% de sus competidores occidentales. Desde África, Safaricom, con su sistema de banca móvil, está revolucionando el mercado, al igual que lo han hecho desde India las multinacionales *outsourcing* como TCS, Wipro e Infosys.

El mundo digital tampoco se salva de la oleada. La red social Facebook podría haber sido latina: uno de sus socios fundadores es brasileño. El grupo de internet chino Tencent Holdings es el tercero a nivel mundial en términos de capitalización bursátil (más de 45 mil millones

---

[7] Véase Diego Comin y Bart Hobijn, «Technology diffusion and postwar growth», *Federal Reserve Bank of San Francisco, Working Paper* 16, junio 2010. Disponible en [http://www.frbsf.org/publications/economics/papers/2010/wp10-16bk.pdf]; Diego Comin y Bart Hobijn, «An exploration of technology diffusion», *American Economic Review* 100(5), 2010, pp. 2031-2059.

de dólares en 2011), justo por detrás de Google y Amazon. Su primer accionista financiero es otra multinacional emergente, el gigante de medios sudafricano Naspers, la cual posee un 45% de la multinacional china (una inversión realizada en 2001 que se ha revalorizado un 3 100% desde entonces). Tencent y Naspers, de hecho, se asociaron para invertir *en start ups* pero, al contrario de Google, sus apuestas no se centran en empresas californianas sino en las de los emergentes. En 2010 ambos invirtieron en el ruso Mail.ru cerca de 700 millones de dólares. Estos grupos tienen sus bases en Shenzhen, Ciudad del Cabo y Moscú y se están internacionalizando rápidamente.

Naspers, presente en 129 países con 12.000 empleados y una facturación de casi 4 mil millones de dólares en 2011, operó adquisiciones importantes en India y en Brasil. En este último país adquirió el portal de ventas por internet Buscapé por 374 millones de dólares en 2009, una de las mayores operaciones de internet jamás realizada en el país. Posee un 91% de esta *start up* brasileña ahora en plena expansión por toda América Latina, en Colombia, Argentina y otros países. Más recientemente ha invertido en las *start ups* brasileñas y argentinas Brandsclub, Grupo Abril, Movile y Dineromail. En 2010 ha invertido en OLX, una *start up* presente en 90 países, tomando una participación de control por un monto de 200 millones de dólares. En junio de 2011 la operación de Brandsclub (un portal de compras) se cerró por un total de 15 millones de dólares. Naspers compró la participación de IG Expansión: este *venture capital* realizó una operación muy exitosa, su inversión inicial de 6 millones de dólares en la *start up* se transformaron en 50 millones en las operaciones de venta.

La rusa Digital Sky Technologies (DST), que posee Mail.ru (una *start up* rusa que capitaliza más de 8 mil millones de dólares en el London Stock Exchange) y de la cual Naspers tiene el 10% del capital, está presente en las principales *start ups* de internet de EEUU como Facebook, Zynga o Groupon. A principios de 2011 acaba de elevar la apuesta en Facebook donde tiene invertidos más de 325 millones de dólares por un total del 10% de la *start up* californiana. Estas inversiones se suman a los 135 millones de dólares invertidos en Groupon en 2010 y a los 180 millones invertidos en Zynga en 2009, otras dos exitosas *start ups* estadounidenses. Pero DST está acumulando una cartera de inversiones en *start ups* de internet que ya va más allá de las tradicionales joyas californianas: en 2011, por ejemplo, acaba de apostar 500 millones de dólares en la empresa de ventas por internet china, 360buy.com. También en 2011, Yuri Milner, el dueño de DST, levantó un nuevo fondo de capital riesgo por más de 1.000 millones de dólares, DST Global 2.

Estas multinacionales emergentes producen no solo innovación disruptiva sino también masivamente frugal, lo cual las convierte en competidores letales: Bharat Biotech, por ejemplo, es una empresa farmacéutica india que vende dosis de vacunas para la hepatitis B por un precio de 20 centavos, muy por debajo de sus competidores occidentales, mientras su compatriota Ranbaxy ha hecho lo mismo con vacunas contra la malaria. La también india Bharti Airtel provee servicios de telecomunicaciones de los más baratos del mundo con un modelo de negocio de externalización masivo y disruptivo. La china BYD ha provocado una revolución en el mercado mundial de baterías a base de litio (que serán clave para los coches eléctricos) bajando los costes a base de innovación e investigación. Estas multinacionales están escalando rápidamente las cadenas de valor: la surcoreana Samsung entró con fuerza en 2010 entre las 10 primeras mundiales en términos de inversión en I+D, según la clasificación establecida por la consultora Booz & Company[8]. Israel, por su parte, lanzó al mundo cerca de 4.000 *start ups* convirtiéndose en el segundo país que más empresas tiene cotizando en el Nasdaq.

A esta tendencia se suma una segunda. Las multinacionales de la OCDE ya no apuntan hacia los emergentes solo como mercados donde expandir sus productos e innovaciones. Estos países ya se perfilan también como fuente de innovación y todo apunta que será cada vez más disruptiva. El ejemplo más conocido de *reverse innovation,* que se ha convertido en un estudio de caso en la universidad de Harvard, es el de General Electric (GE) que originó una de sus innovaciones más disruptivas (un kit de prevención cardiológico) en India, todo ello por un precio más de dos veces inferior al producto que comercializaba anteriormente[9]. Esta innovación fue luego esca-

---

[8] Véase Booz & Company, *The Global Innovation 1000: How the Top Innovators Keep Winning,* Booz & Company, 2010, disponible en [http://www.booz.com/media/file/sb61_10408-R.pdf].

[9] Véase Harvard Business Review, *How GE is Disrupting itself,* Boston, *HBS Review,* octubre 2009, disponible en [http://hbr.org/2009/10/how-ge-is-disrup-

lada a nivel global dentro de la compañía. Lo mismo ha hecho Siemens con un escáner de rayos X de bajo coste puesto en marcha por sus ingenieros indios. Las multinacionales OCDE del Fortune 500 tienen ya cerca de 100 centros de investigación y desarrollo ubicados en los emergentes, principalmente en India y China. El centro de I+D de GE en India ya es el mayor del mundo de la compañía. Cisco desembolsó mil millones de dólares para construir otro en India. El de Microsoft en Beijing ya es el mayor que tiene la multinacional fuera de Estados Unidos. Por su parte IBM ya emplea más personal en India que en Estados Unidos y la alemana Siemens tiene el 12% del total de sus 30.000 ingenieros de I+D en Asia emergente.

Como apunta el último informe de la UNESCO 2010 sobre la Ciencia, China está a punto de superar a los EEUU y la UE en el número de investigadores[10]. En 2010, el 40% del total de los estudiantes universitarios chinos están concentrados en carreras de ciencia e ingeniería, más del doble de lo que se observa en Estados Unidos. Los mercados emergentes ya concentran cerca del 40% del total de los investigadores en el mundo. Al igual que los equilibrios económicos y financieros, la distribución global del esfuerzo de I+D entre el Norte y el Sur se está desplazando rápidamente: en 1990, más del 95% de la I+D se llevaba a cabo en los países desarrollados; una década más tarde este porcentaje se ha reducido al 76%. La tendencia no se revertirá: China ya gasta más de 100 mil millones de dólares en I+D y planea triplicar este monto de aquí al final de la década, lo cual representaría el 2,5% de su PIB (en EEUU representa hoy el 2,7% de su PIB).

La década en la cual entramos será la de los mercados emergentes. No solo porque veremos el grueso del crecimiento mundial concentrado en estos países, sino también porque veremos cada vez más innovación disruptiva y veloz procedente de estos países. Sin duda en esta nueva década, la geografía de la innovación, al igual

---

ting-itself/ar/1]. El estudio de caso de Harvard está disponible en [http://www.gereports.com/reverse-innovation-how-ge-is-disrupting-itself/].

[10] Véase UNESCO, *Science Report 2010,* París, UNESCO, 2010, disponible en [http://www.unesco.org/new/en/natural-sciences/science-technology/prospective-studies/unesco-science-report/]. Sobre América Latina véase también UNESCO, *National Science, Technology and Innovation Systems in Latin America and the Caribbean,* París, UNESCO, 2010, en [http://unesdoc.unesco.org/images/0018/001898/189823e.pdf].

TABLA 5.8. *Top 10 multilatinas en comunicación y publicidad*

Empresa	**País**	**TSR (%)**	**Valor mercado (millardos de $)**
Naspers	Sudáfrica	33,3	15,1
Net Serviços de Comunicaçao	Brasil	30,3	4,7
Modern Times Group	Suecia	17,8	3,3
Shaw Comunications	Canadá	17,7	9
SES	Luxemburgo	13,5	10,7
Grupo Televisa	México	12,8	11,9
Beijing Nehua CATV Network	China	12,5	2,2
Pearson	Reino Unido	11,8	11,4
Cablevision Systems	Reino Unido	10,3	6,4
Zee Entertainment Enterprises	India	9	2,4

FUENTE: Boston Consulting Group, 2011.

que la de las riquezas de las naciones, va también a experimentar un vuelco masivo. En su informe sobre creación de valor el BCG subraya así que de las 126 empresas analizadas, 81 proceden de los mercados emergentes (casi el 65% del total). Durante 2005-2009, 7 de las Top 10 telecos proceden de mercados emergentes (incluida una de América Latina), 5 del Top 10 de medios y 6 del Top 10 tecnológicas también proceden ya de mercados emergentes como China, Taiwán, India, Corea, Brasil o México[11].

Al preguntar de hecho a los máximos responsables de las multinacionales, la respuesta también es idéntica: si bien todavía consideran a Apple o Google como las más innovadoras, dentro del Top 50 ya se apuntan empresas coreanas (LG Electronics, Samsung), chinas (BYD, Haier, Lenovo, China Mobile), brasileñas (Petrobras) e indias (Reliance, Tata)[12].

---

[11] Véase BCG, *Swimming Against the Tide: How technology, Media, and Telecomunications Companies can Prosper in the New Economic Reality,* Boston Consulting Group, 2010. Disponible en [http://www.bcg.com/documents/file59590.pdf].

[12] Véase BCG, *Innovation 2010. A return to priminence – and the emergente of a new world order,* Boston, BCG, abril 2010. Disponible en [http://www.bcg.com/documents/file42620.pdf].

II. AMÉRICA LATINA: LA DÉCADA DE LA INNOVACIÓN

La primera década del siglo XXI ha visto cómo los mercados emergentes cobraban mayor protagonismo internacional. Entre 2000 y 2010, el mundo experimentó así un masivo vuelco de las riquezas financieras y de los flujos comerciales e industriales a favor de las economías emergentes. La crisis de 2008, desencadenada en los países OCDE, no ha hecho más que acelerar esta tendencia. En la nueva década de 2010-2020 este primer vuelco será prolongado por otro: ésta será la década del auge de los países emergentes como potencias consumidoras y promotoras de innovación.

El movimiento ya se está acelerando, como hemos visto. En 2011, por primera vez, una empresa no OCDE podría convertirse en el primer proveedor mundial de la industria de las telecomunicaciones. La china Huawei, después de haber desbancando a la americana Lucent y la francesa Alcatel (con tal auge imparable que provocó a su paso la fusión de ambas), tiene ahora en punto de mira a la sueca Ericsson, hasta la fecha líder mundial. En el mundo de las telecomunicaciones, las multinacionales de los países emergentes ya lideran: China Mobile es la mayor capitalización del sector y la mexicana América Móvil una de las más internacionalizadas y también se encuentra dentro del Top 10 mundial del sector.

En el mundo de las nuevas tecnologías y de internet también estamos presenciando tectónicas importantes. Las *start ups* californianas siguen irradiando. Todos los focos están en Facebook, YouTube, Zynga o sus vecinas de Chicago, Groupon, y Nueva York, Foursquare. Apple, Microsoft y Google siguen liderando las capitalizaciones mundiales, pero incluso en el mundo digital ya se asoman los emergentes: Tencent Holdings, la mayor empresa digital china, ya es una de las cinco mayores capitalizaciones mundiales del sector, por delante de muchos de los iconos estadounidenses. América Latina tampoco se queda aquí fuera de juego: en 2011 también, Silver Lake, uno de los mayores fondos de capital riesgo estadounidense, ha puesto la mirada sobre Brasil, anunciando un fondo tecnológico de mil millones de dólares para invertir en el país.

Sin duda, la nueva década verá estos movimientos acelerarse. Después de haber desplazado sus centros de producción hacia los emergentes, estamos viendo ahora cómo las multinacionales OCDE cada vez más abren centros de investigación y desarrollo en India, China o Brasil, volcando aquí los segmentos de mayor valor añadido. A su vez, las multinacionales de los países emergentes están colonizando todos los sectores tecnológicos. La coreana Samsung se ha convertido en un gigante tecnológico, la brasileña Embraer en punta de lanza del sector aeronáutico, las multinacionales taiwanesas ya dominan segmentos enteros como la industria de los semiconductores.

Esta tectónica tiene muchas derivadas. Para países como España, que están en tramos intermedios, sin grandes campeones tecnológicos, puede ser una oportunidad para desplegar una estrategia de atracción, en su territorio, de sedes corporativas para Europa de estas mismas multinacionales. Tencent, Huawei, Embraer, todas están en procesos de expansión internacional, siendo Europa, África del Norte y Oriente Medio parte de esta ecuación. Además, en determinados casos, España podría ser una plataforma de expansión hacia América Latina. Para ello obviamente muchos pasos tienen que darse, siendo el primero articular conexiones aéreas directas desde Madrid o Barcelona hacia Asia (todo un reto cuando sabemos que Iberia, por ejemplo, apenas tiene vuelos directos hacia Asia), similares a los ya existentes con América Latina.

También veremos crecer la competencia entre los mismos países emergentes para atraer en sus bases nacionales inversiones tecnológicas ya no solo de los países OCDE sino también (y cada vez más) de otros países emergentes. Es llamativo así el caso de la taiwanesa Foxconn Technology (que produce muchos de los componentes de los iPads y iPhones de Apple)[13]. En 2011, esta empresa planea una

[13] Los trabajos de economistas muestran cómo se desagrega el valor para producir por ejemplo un iPod, retando las visiones clásicas de comercio entre países. Véase en particular el fascinante trabajo de Jason Dedrick, Kenneth Kraemer, y Greg Linden, «Who profits from innovation in global value chains? A study of the iPod and notebook PCs», University of California, Irvine, 2008, publicado en *Industrial and Corporate Change* 19 (1): 81-116, 2010. Disponible en [http://web.mit.edu/is08/pdf/Dedrick_Kraemer_Linden.pdf]; véase también el libro de Clair Brown y Greg Linden, *Chips and change: how crisis reshape the semiconductor industry,* Cambridge (MA), MIT Press, 2009. Véase [http://mitpress.mit.edu/catalog/item/default.asp?ttype=2&tid=12005&mode=toc]; y [http://www.irle.berkeley.edu/worktech/greglinden.html]. Sobre el iPad existen trabajos similares, véase Jason Dedrick, Kenneth Kraemer y Greg Linden,

inversión de 12 mil millones de dólares en Brasil para la próxima década, diversificando así su producción industrial hacia América Latina y reduciendo de paso su dependencia de las plantas industriales chinas de Shenzhen. El tema no es menor: de plasmarse esta inversión sería la mayor jamás realizada en el exterior por una empresa de Taiwán. Para Brasil también es un movimiento importante: coloca al país en el radar internacional del planeta tecnológico y se traduciría en la creación de 100.000 empleos directos e indirectos.

Sin duda, la década de 2010-2020 seguirá siendo la década de los emergentes. Pero de una manera algo diferente a la anterior: es llamativo que el capital riesgo internacional, motor y propulsor de empresas tecnológicas e innovadoras, esté poniendo cada vez más el foco y la atención en los países emergentes, siendo uno de ellos latinoamericano: Brasil.

Brasil es preferido, por parte de los fondos de capital riesgo, a cualquier otro país, incluso China, para invertir. Estos inversores piensan, de manera general, aumentar sus operaciones en los países emergentes. Según la última encuesta realizada por EMPEA/Coller Capital, publicada en abril de 2011, piensan aumentar esa apuesta por los emergentes hasta un 20% del total invertido en los fondos de *private equity.* De todos los países donde tienen puesta la mirada, es Brasil el que se lleva la palma, por delante de China e India. El resto del continente tampoco sale mal parado, América Latina, pasando por delante de India, Turquía o Rusia, es el destino preferido de sus inversiones.

Brasil se configura así como uno de los destinos estrella del capital riesgo internacional. Los últimos datos de la Latin American Venture Capital Association (LAVCA) comprueban de hecho el creciente atractivo del país y del continente: en 2010 los fondos de capital riesgo levantaron en la región 8,1 mil millones de dólares, un 120% más que el año anterior[14]. Este es el récord alcanzado hasta la fecha. Southern Cross y Advent International levantaron fondos regionales de un tamaño inédito, con 1,7 mil millones de capital comprometido para cada uno de ellos. Esta situación contrasta con lo experimentado en Esta-

---

«Who Captures Value in the Apple iPad and iPhone?», University of Californiam Irvine, julio 2011 (no publicado). Disponible en [http://pcic.merage.uci.edu/papers/2011/Value_iPad_iPhone.pdf].

[14] Véase [http://www.lavca.org/].

GRÁFICO 5.1. *Inversión en capital riesgo (izq, % PIB) y volumen de inversión (dcha, miles de millones de dólares)*

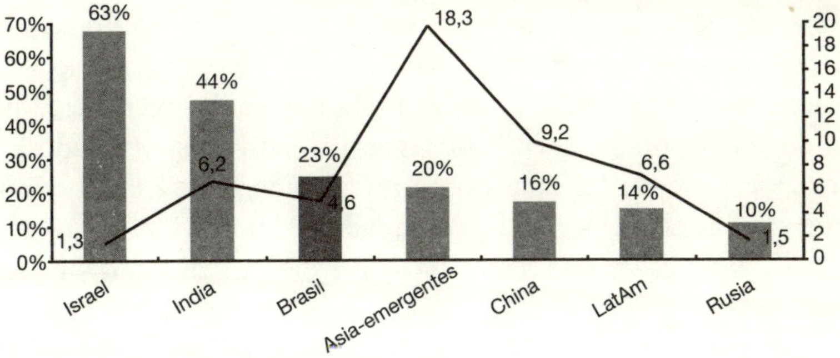

FUENTE: *The Economist*, con datos de EMPEA, 2011.

dos Unidos y en Europa donde los montos de los fondos levantados se han reducido un 7% y un 32% respectivamente.

En cuanto a las inversiones realizadas, el año 2010 también ha sido singular. Un poco más de 200 fondos de capital riesgo invirtieron 7,2 mil millones de dólares en América Latina, el doble del año anterior. Brasil concentró el 46% de las operaciones y abarcó el 76% del total del capital invertido. Líderes mundiales como Apax Partners, Silver Lake, TPG Capital y Warburg Pincus realizaron sus primeras inversiones en el país mientras otros como Blackstone se hacían con el 40% de Patria y JP Morgan con la totalidad de Gavea, la empresa creada por Arminio Fraga, el ex gobernador del Banco Central de Brasil. En 2011, nuevos actores, como la inglesa 3i, ya anunciaron su desembarco.

Otra tendencia interesante es el creciente atractivo por el *venture capital* (VC), el capital semilla: las inversiones *early stage,* típicas de los fondos de *venture,* aumentaron un 54% y el tamaño promedio de las inversiones se elevó a 1,6 millones de dólares en 2010 (por encima del millón que promediaban el año anterior). En total las inversiones de *venture capital* alcanzaron algo más del 23% del total invertido por el capital riesgo en América Latina. Aunque Brasil tenga muy pocas *start ups* que han dado el salto al Bovespa (Submarino es una de las excepciones), estamos viendo emerger cada vez más proyectos. En las áreas de los videojuegos emergen *start ups* como Mentez, Tutudo o Vostu, en las de comercio en línea Buscapé o Xangô y muchas más.

Esta última despertó el interés de varios fondos de *venture capital* internacionales como Redpoint Ventures (basado en San Francisco), Index Ventures (basado en Ginebra) y BV Capital (con sede en Hamburgo). Xangô ilustra también una tendencia creciente: el papel de la diáspora brasileña que regresa al país, «los retornados», y la importancia de las conexiones internacionales, al igual que lo ocurrido para Israel o India. Su fundador, Marco DeMello, regresó a Brasil después de casi veinte años en Estados Unidos, donde trabajó para empresas como Microsoft. Otro expatriado que creó una *start up* exitosa, Peixe Urbano, es Julio Vasconcellos, quien trabajó en Nueva York y en Silicon Valley, después de completar su MBA en Stanford. Esta conexión americana le facilitó encontrar sus primeros inversores, el fondo californiano Benchmark Capital que, junto con el brasileño Monashees, financió el arranque de la *start up* a su regreso en Brasil[15]. Trabajos académicos muestran la importancia de las conexiones entre «capitalistas de *venture*» y emprendedores: el hecho de haber compartido aulas académicas aumenta la probabilidad de recibir inversión por parte de un emprendedor en casi un 60%. Igualmente los «capitalistas de *venture*» tienden a co-invertir un 40% más si comparten *alma mater* académica[16].

Los fondos de *venture* californianos ahora miran con atención hacia Brasil, multilplicando los viajes como en el caso de Sequoia y Norwest Venture Partner, por ejemplo, o instalándose incluso en el

[15] Sobre la importancia de los efectos de redes en el mundo del *venture capital* véanse los trabajos de Isin Guler y Mauro Guillén, «Knowlegde, institutions and foreign entry: the internationalization of US venture firms», *Journal of International Business Studies* 41, pp. 185-205, 2010; y Isin Guler y Mauro Guillén, «Home Country Networks and Foreign Expansion: Evidence from the Venture Capital Industry», *The Academy of Management Journal* 53, 2, pp. 390-410, abril 2010. Véase también [http://www.unc.edu/~guleri/Guler%20Guillen%20AMJ.pdf]; véase también Emilio Castilla, «Network of *venture capital* firms in Silicon Valley», *International Journal of Technology Management* 25, ½, pp. 113-135, 2003. Disponible en [http://www.talentfirstnetwork.org/wiki/images/1/1a/Networks_of_VC_Firms_in_Silicon_Valley.pdf].

[16] Daniel Sunesson, «Alma mater matters: the value of school ties in the venture capital industry», abril 2009, disponible en [http://69.175.2.130/~finman/Turin/Papers/Alma_mater_matters.pdf].

país. Geoffrey Prentice, un ejecutivo de Skype que se trasladó al fondo de *venture* Atomico, basado en Londres y fundado por el creador de Skype, se trasladó por su parte a Brasil para iniciar inversiones en *start ups* brasileñas. Los fondos californianos por su parte se interesan cada vez más por el país carioca. En 2011, Redpoint Ventures y General Catalyst Partners invirtieron 19 millones de dólares en Viajanet, una *start up* de viajes en línea basada en São Paulo. Por su parte recibió 7,6 millones de dólares de varios VCs liderados por Ignition Partners y con participaciones de Radar Partners, Andreessen Horowitz, Helion Venture Partners y Redpoint Ventures. Por su parte Kevin Efrusy, uno de los socios de Accel Partners, uno de los VCs más prestigiosos de Silicon Valley, multiplicó los viajes a Brasil en busca de oportunidades, después de haber liderado unos 30 millones de dólares de inversiones en Vostu, junto con General Catalyst, Intel Capital y Tiger Global. Por su parte Insight Venture Partners invirtió en KaBuM! y también Mentez; Draper Fisher Jurvetson (que formó una asociación en 2007 con FIR Capital) invirtió en SambaTech, una plataforma de videos en línea; Silver Lake invirtió en Locaweb (con una participación de 20% estimada en 68 millones de dólares).

Se están también desarrollando fondos de *venture* locales, aunque el mercado es todavía incipiente: según Claudio Furtado, de la Fundacão Getúlio Vargas, menos del 20% del total de las inversiones en capital riesgo realizadas entre 2005 y 2009, fueron a operaciones de *early stage,* típicas del *venture capital.* Este trabajo muestra también que de los 144 fondos analizados solo un puñado corresponde a fondos de *venture capital* para financiar *start ups* tecnológicas[17]. El «*dry power*», es decir, el capital disponible para inversiones en capital riesgo, está alcanzado niveles notables estimados en casi 18 mil millones de dólares a finales del 2009. Los niveles de inversiones y de levantamiento de capital también volvieron a repuntar después del récord del año 2007.

Entre los fondos destacables están el ya mencionado Monashees Capital, co-fundado en São Paulo por Eric Archer. Este fondo de VC

[17] Véase la presentación y estudio de Claudio Furtado publicado en 2011, en [http://www.anbima.com.br/eventos/arqs/eventos_anteriores/6-fundos-1/workshop2_cfurtado.pdf].

GRÁFICO 5.2. *Inversión y levantamiento de capital (miles de millones de dólares)*

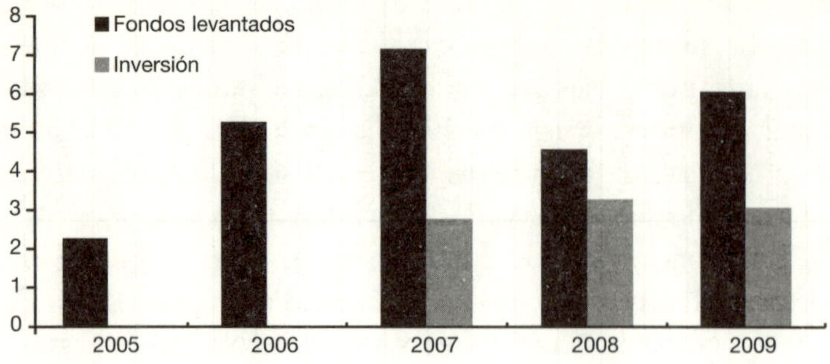

FUENTE: Claudio Furtado / FGV, 2011.

GRÁFICO 5.3. *Fases de desarrollo de la inversión en capital riesgo*

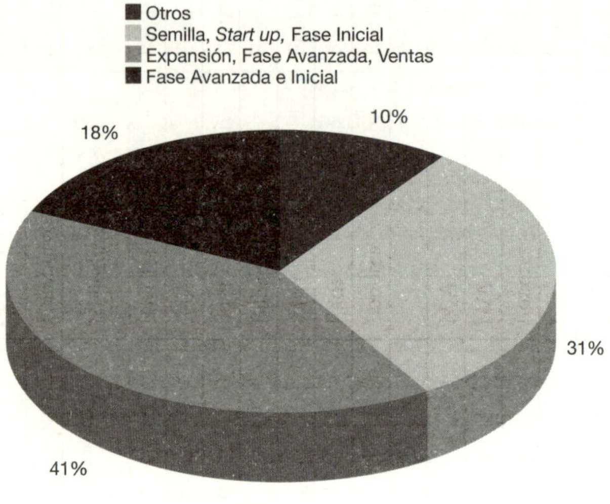

FUENTE: Claudio Furtado / FGV, 2011.

es uno de los mayores del país especializado en empresas tecnológicas. Maneja unos 60 millones de dólares y realiza unas dos o tres inversiones por año en operaciones, oscilando entre 500.000 dólares y 5 millones de dólares. Astella Investiments (manejado por Edson Rigonatti), Ideasnet (co-fundado por un americano, Michael Nicklas) o FIR son algunos otros de los fondos de *venture* brasileños que empiezan a invertir desde Brasil. A estos fondos se suman operadores globales que también provienen de la industria. Destaca aquí Intel Capital, que tiene un equipo basado en São Paulo y que maneja un fondo dedicado al país y la región de unos 50 millones de dólares.

Brasil no se convertirá del día a la mañana en Israel, el El Dorado de las *start ups* tecnológicas (cerca de 4.000, la mayor densidad por habitante del mundo) y del *venture capital* (más de 70 fondos locales y 220 internacionales buscando invertir en la *start ups* israelíes). Sin embargo estamos viendo emerger historias de éxito, empresas tecnológicas adquiridas por el capital riesgo internacional por montos ya cercanos a los mil millones de dólares. Brasil todavía no tiene empresas que cotizan en el Nasdaq (Israel tiene 64), sin embargo todo apunta a que esta nueva década también puede que sea la de la innovación y de la tecnología. En todo caso eso hay que desearle al país del futuro convertido en potencia del presente.

III. *START UPS* Y FONDOS DE *VENTURE CAPITAL*: EN BÚSQUEDA DE AMÉRICA LATINA 3.0

Más allá de Brasil, los fondos de capital riesgo internacionales empiezan a mirar hacia América Latina. Tradicionalmente concentraban sus inversiones en Estados Unidos y Europa y, desde hace algunos años, en Israel, India o China; pero, en cualquier caso, América Latina pasaba ampliamente desapercibida. Esto está cambiando. Aunque el recorrido es todavía largo para llegar a alcanzar el despliegue de un país como Israel, se están dando los primeros pasos.

Estamos empezando a ver operaciones de inversión por parte de los fondos de *venture capital* estadounidenses y europeos en América Latina. El fondo de capital riesgo Atomico, creado por Niklas Zennström, el co-fundador de Skype, con sede en Londres, abrió recientemente una oficina en São Paulo. En 2011 inició sus primeras inversiones en Brasil, en Restorando.com, una empresa de ventas en línea fundada por los creadores de Mercadolibre.com. También invirtió en una *start up* uruguaya, PedidosYa! Por su parte, los fondos californianos Riverwood Capital y FTV Capital apostaron 15 millones de dólares en Globant, una empresa de software argentina. La también argentina fnbox, propietaria de Sonico, una de las mayores redes sociales de la región, levantó 6 millones de dólares en 2008, y entre los inversores figura el fondo VC DN Capital Brasil, que se perfila como uno de los mercados de mayor potencial. Así, Silver Lake, otro fondo de capital riesgo estadounidense, no dudó en levantar un fondo tecnológico para Brasil de mil millones de dólares. En septiembre de 2010 inició unas primeras inversiones en Locaweb, por un monto de 68 millones de dólares. Por su parte, el fondo de Nueva York Insight Venture Partners entró en el capital de Mentez, el mayor proveedor de juegos sociales para internet del país (proveedor de juegos sobre todo para Orkut y Facebook). Desde Boston, Flybridge Capital Partners lideró una ronda de más de 4,25 millones de dólares para invertir en la *start up* Open English, basada entre Miami, Caracas y Bogotá. Por su parte Intel Capital invirtió en la *start up* brasileña Boo-Box también en 2011, una empresa de software con sede en São Paulo.

Varias lecciones se desprenden de estos primeros pasos latinos por el mundo digital. La primera es que la conexión con la meca del mundo de las *start ups* y del *venture capital* estadounidense es clave. El ejemplo de la *start up* brasileña Peixe Urbano, una versión carioca de Groupon que ya emplea a 300 personas, es ilustrativo. Fue fundada por el ex responsable de Facebook en Brasil, Julio Vasconcellos. Éste, además de trabajar para la *start up* estadounidense estrella del momento, se graduó en Stanford, cuna de muchos de los emprendedores y *start ups* californianas. Dentro de sus primeros inversores estuvieron los fondos de capital riesgo brasileños (Monashees) pero también californianos (Benchmark Capital). Como para Israel o India, la conexión con Estados Unidos parece ser importante a la hora de emular lo logrado en Silicon Valley.

La segunda lección es que el papel del Estado como impulsor y catalizador es importante en todos los países. Esto también lo fue en Estados Unidos y en Israel (en ambos casos vía los contratos estatales y la industria militar), aunque posteriormente imperó el papel del sector privado. La participación pública no es en sí negativa, al contrario, lo que sí parece ser determinante es el nivel de implicación. En un estudio, publicado en 2010 por el World Economic Forum,

TABLA 5.9. *Operaciones de VC extranjeros en start ups multilatinas*

VC	Año	Inversión	Target	Fundador	www
Atomico	2011	n/a y 0,5	Restorando.com y PedidosYa.com	Frank Martin y Franco Silvetti (Restorando); Juan Pablo Villani y Ariel Burschtin (PedidosYa)	restorando.com y pedidosya.com
Riverwood Capital	2008	15*	Globant	Martín Migoya, Guibert Englebienne, Martín Umaran, Néstor Nocetti	globant.com
FTV Capital	2008	15*	Globant	Martín Migoya, Guibert Englebienne, Martín Umaran, Néstor Nocetti	globant.com
DN Capital	2008	4,3	fnbox	Rodrigo Ti	fnbox.com
Silver Lake	2010	68	Locaweb	Gilberto Mautner y Michel Gora	locaweb.com
Insight Venture Partners		4,25	Mentez	Juan Franco y Jaime Roldán	mentez.com
Hybridge Capital Partners		4,25	Open English	Wilmer Sarmiento y Andrés Moreno	openenglish.com
Intel Capital	2011	n/a	Boo-Box	Marco Gomes	boo-box.com
Benchmark Capital	2010	n/a	Peixe Urbano	Alexander Ferraz y Julio Vasconcelos	peixeurbano.com

FUENTE: Elaboración propia, 2011.

el catedrático de la Harvard Business School, Josh Lerner subraya así, a partir de una muestra de más de 28.000 empresas invertidas por fondos VC, que el apoyo indirecto o moderado por parte del gobierno incrementa la probabilidad de éxito de las inversiones, en comparación con la financiación puramente privada[18]. Sin embargo, una alta participación en la financiación y las decisiones por parte de entidades gubernamentales reduce significativamente el desempeño de las inversiones y las empresas financiadas

Los retos en América Latina no dejan de ser importantes. Si bien el *private equity* abunda ahora en muchos de los países de la región –en 2010, según LAVCA, se levantaron más de 8 mil millones de dólares para *private equity* en la región, un 2,5% del total mundial, concentrándose el grueso en Brasil–, el *venture capital,* que realiza inversiones en tramos más iniciales (*seed* y *early stage*), escasea de modo acusado para las *start ups* tecnológicas. El mismo Josh Lerner calcula que la inversión en capital emprendedor en México es solo del 0,0003% del PIB, una ínfima parte de lo que va a parar en *private equity* en el país. En contraste, el país que más invierte en capital emprendedor es Israel, con el 0,42% del PIB, seguido de Estados Unidos (0,22%).

Como decíamos, el camino por andar es todavía importante. Hasta la fecha solo existe un fondo de capital riesgo tecnológico en Colombia (Promotora), mientras Perú carece de ello. Chile tiene varios como MiFactory (7 millones de dólares co-invertidos por la familia Said junto y con el apoyo de los suecos Ericsson y Saab), Austral Capital (36 millones), Aurus (22 millones), Equitas Capital o Fondo Copec (13 millones), pero todos ellos de tamaños relativamente pequeños. Conscientes de lo que queda por realizar, Chile busca alimentar tanto la oferta como la demanda, impulsando incluso la importación de emprendedores (vía el programa Start Up Chile[19]) y la creación de fondos de capital semilla (vía un fondo de fondos dotado con 350 millones de dólares).

Los especialistas de *venture capital* están sin embargo poniendo el foco cada vez más en ese país, como lo muestra la instalación en

---

[18] Josh Lerner *et al.*, *The Global Economic Impacto f Private Equity Report 2010,* Ginebra, World Economic Forum, 2009. Disponible en [https://members.weforum.org/pdf/FinancialInstitutions/PrivateEquity_VolIII_WorkingPapers.pdf].

[19] Véase [http://www.startupchile.org/].

TABLA 5.10. *Ranking de atractividad para el capital riesgo, 2011*

País	RK 2011	País	RK 2011
EEUU	1	**Colombia**	**47**
India	20	**Perú**	**59**
Israel	21	**Uruguay**	**65**
Chile	**29**	**Argentina**	**68**
China	30	**Ecuador**	**74**
Rusia	41	**Paraguay**	**78**
México	**42**	**Venezuela**	79
Brasil	**43**		

FUENTE: IESE, 2011, en [http://blog.iese.edu/vcpeindex/].

2011 en Santiago del israelí Arnon Kohavi, procedente de Silicon Valley y fundador de Yardeni Venture Capital[20]. Las *start ups* chilenas empiezan igualmente a atraer la atención de fondos de capital riesgo californianos, como por ejemplo Tomorrow Ventures[21], el fondo VC fundado en 2009 por el entonces CEO de Google, Eric Schmidt, que ha invertido en la chilena Welcu. Igualmente estamos viendo operaciones de adquisición por parte de las *start ups* estadounidenses en Chile, prueba del atractivo creciente de este mercado: en 2011 Groupon compró así las chilenas Zappedy y Clandescuento. Igualmente Chile lidera el ranking latinoamericano del IESE sobre la atractividad de los países para el capital riesgo[22]. Este logro quedó también ratificado por LAVCA, que ubica en 2011 a Chile como el país más atractivo en su *scoring* anual, por delante de Brasil[23].

En Brasil, el BNDES juega un papel importante para incentivar el mercado, financiando en ocasiones casi de modo completo los fondos de VC como Fundo Criatec (80% del capital). Sin embargo, de los casi 150 fondos de capital riesgo analizados por Claudio Furtado, de la Getulio Vargas, hay pocos centrados en financiar *start ups*

---

[20] Véase [http://yardenvc.com/about-us/].
[21] Véase [http://www.tomorrowvc.com/].
[22] Véase [http://blog.iese.edu/vcpeindex/].
[23] Véase [http://lavca.org/wp-content/uploads/2011/07/2011-LAVCA-Scorecard-update.pdf].

GRÁFICO 5.4. *Ranking LAVCA Scorecard, 2011*

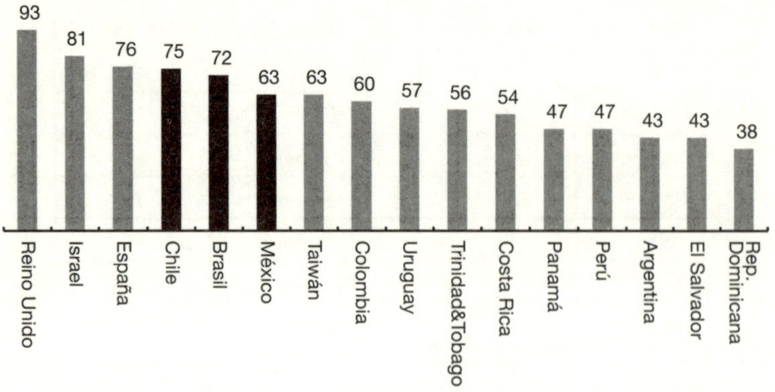

FUENTE: elaborado a partir de los datos de LAVCA, 2011.

tecnológicas, en particular en las rondas de inversiones iniciales de *seed capital* y *early stage*. Existen algunos operadores locales, como Monashees, FIR, Astella Investments o Ideasnet, junto a otros (muy pocos) globales, como por ejemplo Intel Capital, que posee un equipo basado en Brasil con 50 millones de dólares de capacidad inversora en la región. BlackBerry Partners Fund, un consorcio de inversores formados por Research In Motion, Thomson Reuters y el Royal Bank of Canada anunció en 2010 también un fondo de 150 millones de dólares para invertir en los países BRIC, Brasil incluido.

Los montos movilizados son todavía pequeños. Igualmente, todavía se necesitan historias de éxito. Apenas hay una empresa latinoamericana (la argentina Mercadolibre) que cotiza en el Nasdaq. No hay todavía empresas tecnológicas latinoamericanas que tengan escala global. Con la excepción de la mexicana América Móvil, hay pocas empresas en la región que tengan facturaciones superiores a mil millones de dólares, (una de ellas es la chilena Sonda). Paradójicamente la que más factura es Brighstar, una multinacional creada por un boliviano pero asentada en... Miami. Ésta es otra tendencia: en muchas ocasiones los emprendedores latinoamericanos asientan sus *start ups* tecnológicas en Estados Unidos, donde es más fácil levantar financiación. Estar en Silicon Valley emite en definitiva como una «señal» de calidad. Uno de los retos de cara al futuro será sin duda éste: que surjan no solo más s*tar ups* latinas, pero que surjan también en, y desde, América Latina.

IV. AMÉRICA LATINA Y EL RIESGO DE EXITOMANÍA

El imperativo de esta apuesta por la innovación y la tecnología transciende a todo el continente. América Latina se encuentra en una encrucijada de cara a la nueva década. El éxito de la región es tal que se está viviendo un verdadero tsunami de flujos de capitales, provocando apreciaciones de los tipos de cambio (la otra cara de la moneda), poniendo a la región en una senda, que ya ha vivido en el pasado, de brusca aceleración (y luego potencial parón abrupto). Además, por si fuera poco, las materias primas están viviendo otro empuje de precios, impulsando también aquí un patrón de especialización ya relativamente asentado en la región (más del 50% de las exportaciones regionales están vinculadas a materias primas). Este es un momento para no sucumbir a una exitomanía.

Décadas atrás, el economista Albert Hirschman, gran conocedor de la región, había advertido de los riesgos de la fracasomanía, la tendencia de los latinoamericanos a verse repitiendo fracasos año tras año. Ahora parece asomarse un síndrome opuesto. La década de los 2000 ha sido dulce para la región, altas tasas de crecimiento, políticas monetarias y fiscales ancladas, reducciones de la pobreza y de la desigualdad. Claro que no todos emprendieron este camino, pero son muchos ahora los que se han embarcado en ese posibilismo económico del cual hablamos en el pasado[24] empezando por Chile, Brasil, México y ahora también Perú, Colombia o Uruguay, por mencionar algunos, alejándose así de la tradición maximalista e ideológica del pensamiento regional en materia económica y política[25].

Se calcula que solo para el clúster de las materias primas entre 2010 y 2015 llegarán a la región inversiones por un valor superior a los 150 mil millones de dólares. Esto es sin duda una buena noticia. Sin embargo, los países se enfrentan al reto de seguir buscando vías para añadir más valor, más productividad, más innovación y diversificación a sus bases productivas y exportadoras. En el periodo 2003-2005, América Latina concentró apenas un 3,6% de la inversión directa mundial tec-

---

[24] Véase Javier Santiso, *Latin America's Political Economy of the Possible*, Cambridge (MA), MIT Press, 2007

[25] Véase Enrique Krauze, *Redeemers: Ideas and power in latin America*, Nueva York, Harper, 2011.

GRÁFICO 5.5. *IED ligada a la I+D, en porcentajes*

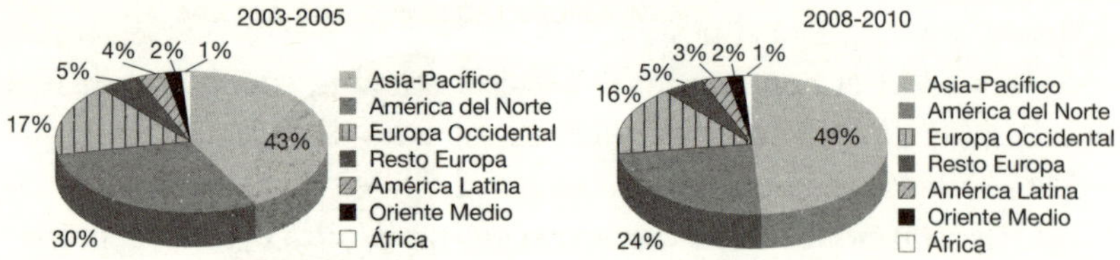

FUENTE: CEPAL, 2011.

nológica vinculada a I+D según la CEPAL. Esta cifra incluso se redujo en 2008-2010, ubicándose en apenas el 3,2% del total mundial[26]. En 2010, los datos se presentan más alentadores, aunque lejos de los récords alcanzados por Asia: los sectores de media-alta tecnología alcanzaron una participación del 28%, es decir 12 puntos porcentuales más que en 2009. Brasil concentró más de la mitad de la inversión directa tecnológica realizada en la región. Aun así, si bien el sector público realiza importantes esfuerzos en materia de I+D, el sector privado queda más rezagado: las empresas brasileñas invierten apenas un promedio del 0,6% de sus ingresos en investigación y desarrollo de tecnologías de información, según la OCDE, una cifra lejos del 1,8% inyectado por las empresas en los países miembros de la OCDE.

El imperativo de la innovación, la tecnología y el conocimiento es común a todos los países de la región. Una manera de apuntar el retraso del continente con respecto a Asia consiste en mostrar los diferenciales de productividad. Así, mientras en América Latina la productividad laboral apenas creció en promedio anual un 1,4%, en Corea crecía a tasas del 3,9% y en China a tasas del 8,4% anual durante el periodo 2009-2011[27]. Otra evaluación consiste en observar

---

[26] Véase el informe de la CEPAL, disponible en [http://www.eclac.cl/publicaciones/xml/9/43289/2011-322-LIE-2010-WEB_ULTIMO.pdf].

[27] Véase McKinsey, *Building globally competitive cities: The key to Latin America growth,* Boston y Washington DC, McKinsey Global Institute, agosto 2011. Disponible en [http://www.mckinsey.com/mgi/publications/Building_globally_competitive_cities/PDFs/MGI_Latin_America.pdf]; véase también el trabajo de Christian Daude, «Innovation, productivity and economic development in Latin America and the Caribbean», OECD Development Centre, *Working Paper* 288, febrero 2010. Disponible en [http://www.oecd.org/dataoecd/4/36/44581147.pdf].

GRÁFICO 5.6. *IED según la intensidad tecnológica, 2010*

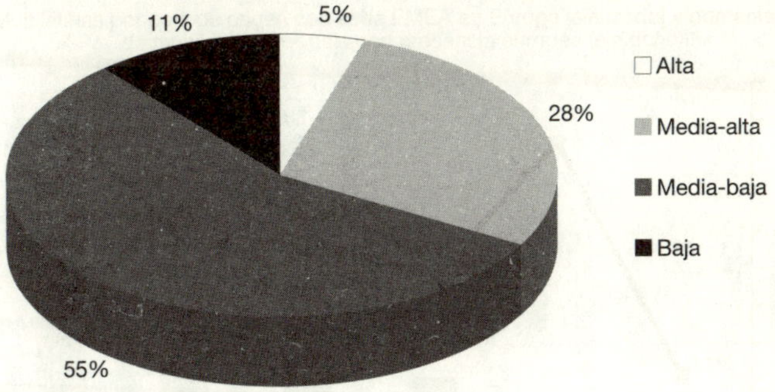

FUENTE: CEPAL, 2011.

cómo las ciudades latinas (donde se concentra el grueso del impulso económico) presentan retraso en materias de logros económicos, creación de riqueza, entornos empresariales y sobre todo I+D. Como apunta una investigación reciente llevada a cabo por McKinsey[28], en todos estos rubros las ciudades están por detrás del *benchmark* utilizado (el promedio de los desempeños de Nueva York, Helsinki, Singapur y Toronto).

La productividad de Monterrey (la mayor de todas las ciudades de América Latina analizadas) es así apenas un 52% de la de Helsinki; la de Bogotá, una de las más bajas de las 8 ciudades analizadas, es un 27% de la de Helsinki. En términos de innovación también los diferenciales son importantes: Buenos Aires es la ciudad que más patenta en promedio anual del todo el continente; con sus 6 patentes anuales está muy lejos de las 850 de Nueva York. Río, una de las ciudades latinas mejor paradas, produce anualmente unas 240 publicaciones de investigación tecnológica, muy lejos de las 2.800 de Singapur.

Mejorar los clústers tecnológicos, las vinculaciones entre la academia y el sector privado, las colaboraciones entre los investigadores y los emprendedores, así como la calidad de la infraestructura urbana son algunas de las tareas pendientes para mejorar y cambiar esta situación.

[28] Véase McKinsey, *Bulding globally competitive cities: The key to Latin America growth,* Boston y Washington DC, McKinsey Global Institute, agosto 2011. Disponible en [http://www.mckinsey.com/mgi/publications/Building_globally_competitive_cities/PDFs/MGI_Latin_America.pdf].

GRÁFICO V.7. *Situación de las más importantes ciudades de Latinoamérica respecto al benchmark*

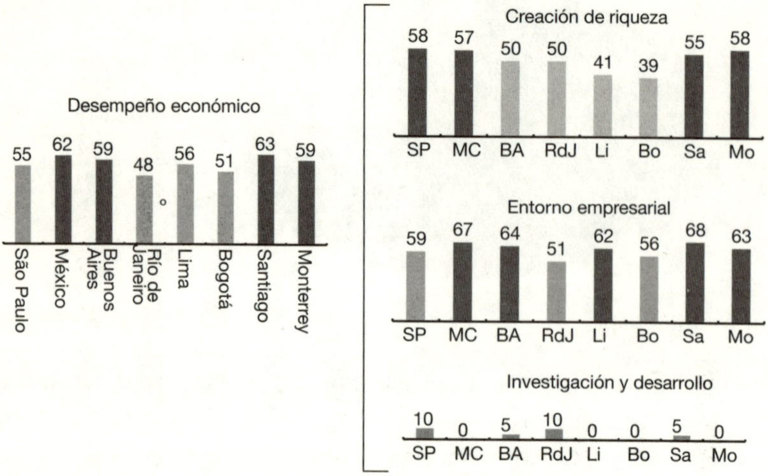

NOTA: El *benchmark* es la media de Helsinki, Nueva York, Singapur y Toronto.
FUENTE: McKinsey Global Institute, 2011.

Las iniciativas se están multiplicando, como las impulsadas por el Tec de Monterrey en materia de clústers o la de Río 2020 en materia de planeación urbana. Igualmente el acceso a la financiación, y en particular al capital riesgo, es otra de las asignaturas pendientes, donde también las cosas se están moviendo como veremos ahora.

V. EL AUGE DEL CAPITAL RIESGO

Un instrumento clave para subir la cadena de valor añadido, además de la inversión extranjera directa –así lo fue para Israel, un país sin materias primas, ni siquiera dotado con agua, que hoy en día ostenta la mayor densidad de empresas tecnológicas del mundo y, con EEUU, el mayor número de empresas cotizadas en el Nasdaq–, que muchos países, con razón, buscan activar, es el capital semilla (*venture capital*) y el *private equity,* ambos apuestas de capital para el largo plazo (típicamente estas inversiones se despliegan a lo largo de un proceso de 5-10 años).

La región está rezagada en este aspecto, pero están brotando muchas iniciativas, gubernamentales y privadas, que apuntan a que algo se está moviendo, abriéndose también aquí un espacio inédito para más asociaciones público-privadas. Ello será clave de cara a la década que está por venir: cuantas más empresas innovadoras se lancen y crezcan a escala global desde la región, mejor. Ya sabemos que América Latina puede generar empresas en sectores punteros como el de las telecomunicaciones (América Móvil) o de la aeronáutica (Embraer). También uno podría imaginar que en el futuro nazcan Huaweis o Facebooks latinos: de hecho, vale la pena recordar aquí que uno de los fundadores de Facebook, Eduardo Saverin, es brasileño, prueba, si fuera necesario, que en la región hay un cantera de talento inmensa. Eso sí, criado y educado en Estados Unidos, una cantera inmejorable a día de hoy de emprendedores y de *start ups*.

Prueba de que algo se mueve en América Latina es el hecho de que empresas como Google empezaron a comprar *start ups* en Brasil (como, por ejemplo, la red social Orkut o la tecnológica Akwan), los gigantes de medios sudafricanos y franceses, Naspers y Vivendi, respectivamente, por su parte se hicieron con Buscapé y GVT, empresas nacidas ambas de la mano del *venture capital* local e internacional, que también mira ahora cada vez más en dirección al continente. Muchas de ellas, sin embargo, como la chilena Scopix por ejemplo, si bien se ubican en Chile siguen contando fuertemente con Silicon Valley para su expansión internacional y búsqueda de capital. Este es el caso también de Letmego, asentada en Nueva York, y co-fundada por un colombiano, un mexicano y otros latinoamericanos, o de Smowtion, una empresa argentina radicada en California y con oficinas propias en México, Miami y Buenos Aires.

El programa gubernamental Start Up Chile, lanzado por el presidente Piñera y operado con el apoyo de la agencia CORFO, aspira a generar 100.000 *start ups* en un plazo de 4 años, a base, en gran parte, de atracción de talento global al país. Desde la vecina Argentina proliferan las redes sociales digitales como Sonico (que cuenta con 40 millones de usuarios) o la financiera Wamba, o *start ups* como Popego que llamaron la atención de los inversores y de TedCrunch, al igual que la mexicana ClaseMovil.

En Brasil, el BNDES juega otro papel central para estimular la industria de *venture capital*. Desde el Ministerio de Ciencia y Tecnología, FINEP lanzó el programa Inovar hace una década. Éste apoyó la primera generación de gestores de fondos de capital riesgo y capital desarrollo del país, hoy en día cerca de 200 según estimaciones de la Fundación Getulio Vargas. A lo largo de una década, FINEP invirtió en unas 70 *start ups* y, en 2010, Brasil contaba con cerca de 125 centros científicos universitarios, 400 incubadoras y 1,7 millones de profesionales IT. Existen a día de hoy una docena de VC especializados en *start ups* que ya mueven activos subyacentes por un monto cercano a los 2 mil millones de dólares según LAVCA. Un VC como Monashees Capital, con una docena de profesionales, tiene en cartera una docena de *start ups,* muchas de ellas con fuertes vínculos con los *hubs* de Palo Alto y Tel Aviv. Ideiasnet, otro fondo tecnológico, posee una quincena de *start ups* en cartera.

Algunos fondos que se están levantando son de tamaño muy respetable, impulsados por veteranos del mercado brasileño, como Stratus Venture Capital que está levantando un fondo de 300 millones de dólares para Brasil. En este país los CEO de *start ups* como Samba Tech, Predicta/BTBuckets, Compra3 o Silicon Reef ya no tienen que ir exclusivamente a Palo Alto para levantar capital. Las ferias tecnológicas que aglutinan *start ups* y *venture capital* empiezan a multiplicarse, como la celebrada en Punta del Este a mediados de enero del 2011, que ha reunido en Punta Tech Meet Up a cerca de 200 emprendedores, o la Campus Party Brazil que ha recibido más de 300 proyectos para su concurso de «Campuseros Emprenden». En México, en Argentina o en Perú, los emprendedores y desarrolladores tecnológicos se organizaron en clubes como el Tequila Valley, Palermo Valley o Lima Valley. Telefónica por su parte lanzó «aceleradoras» (incubadoras) Wayra en un total de 8 países a lo largo del 2011.

El voluntarismo y la buena voluntad no lo son todo, obviamente. Para lograr más empresas y emprendedores se necesita tiempo y un ecosistema favorable, que incluya educación puntera, financiación adecuada y sobre todo emprendedores. Sin embargo, la buena noticia es que desde México hasta Chile, pasando por Colombia o Brasil, muchos países de la región están empeñados ahora en conseguirlo. Para ello, el sector privado también será clave en potenciar mucho más la capacidad de financiación de la innovación empresarial, en particular en sectores *high tech,* que abarcan también los de sanidad (que utilizan nuevas tecnologías), logística (que también pueden utilizar con intensidad nuevas tecnologías) e incluso los de las materias primas y la agroindustria (donde también el uso de nuevas tecnologías puede ser potencialmente muy intensivo).

Por ahora la inversión en *venture capital* y *private equity* en América Latina no es importante: apenas representa un 2% del total mundial (una cifra comparable a África). En 2009 de los más de 3.000 miles de millones de dólares levantados en el mundo por este tipo de vehículos apenas se destinaron 4,4 mil millones de dólares hacia América Latina. Mientras este tipo de fondos, claves en el auge de Palo Alto o Tel Aviv y de las *start ups* e industrias punteras de EEUU e Israel, representan el 0,3% del PIB de Estados Unidos, en América Latina apenas alcanzan el 0,03% del PIB regional, por debajo de la media mundial (0,17%) y la europea (0,19%). La tendencia parece haberse orientado ahora de manera favorable: en 2010, solo en el primer semestre del año, se levantaron más de 3,1 mil millones de dólares y, como hemos visto ya, el año 2010 cerró con un récord de más de 8 mil millones de dólares.

Los inversores globales también se asoman ahora a la región. Especialistas globales de estas industrias como Apax, Carlyle, Silver Lake o TPG se están ahora interesando por América Latina. En septiembre de 2010, el gigante estadounidense Blackstone entraba en el capital en la empresa brasileña de inversiones Patria Investimentos, tomando una participación del 40% por un monto total de 200 millones de dólares, confirmando el apetito por Brasil. Por su parte Carlyle, el otro gigante estadounidense del sector, creó un fondo de 230 millones de dólares con el Banco do Brasil para invertir en el país carioca.

A principios de 2011, siguiendo la voluntad de atraer más capital riesgo (VC) y capital desarrollo (PE) al país, el gobierno ha reducido la tasa que grava estos flujos de capitales extranjeros. Multinacionales tecnológicas, dotadas de fondos de capital riesgo, empiezan también a mirar cada vez más hacia la región (aunque en menor medida que a India o China), en particular Brasil. Por su parte, en 2011, BlackBerry Partners Fund[29], el fondo de capital riesgo impulsado por Re-

[29] Véase [http://www.blackberrypartnersfund.com/].

search In Motion Ltd, Thomson Reuters y Royal Bank of Canada, anunció querer levantar un fondo exclusivamente dedicado a los BRIC, incluido Brasil, por un monto total de 150 millones de dólares para apoyar el desarrollo de empresas de software y proveedores de aplicaciones para móviles.

Desde Nueva York, emprendedores como Michael Nicklas, un «business angel» que ha creado el fondo Social Smart Ventures, se han especializado en inversiones internet solo centradas en Brasil. De hecho, en la última encuesta de 2010 EMPEA/Coller Capital Emerging Markets Private Equity Survey[30], Brasil, como hemos visto, ya se colocaba justo por detrás de China como el mercado emergente de mayor potencial para el colectivo VC/PE. Algunos IPO's exitosos como el de TIVIT, compras como la de Orkut por Google o inversiones como la del fondo bostoniano Great Hill Partners en Buscapé (que logró un retorno sobre inversión de casi el 900% en apenas cuatro años, vendida por 340 millones de dólares a Naspers) están empezando a colocar a Brasil en el mapa de la *start ups* y de los fondos de capital riesgo y de capital desarrollo.

A estos inversores se están sumando los fondos de pensiones locales que también empiezan a apostar por la industria de capital riesgo y el *private equity.* Así, los fondos de pensiones mexicanos planean invertir más de 600 millones en operaciones de *private equity.* Los activos en cartera bajo administración representan en promedio un 20,5% del PIB de los diferentes países de la región que tienen desarrollado sistemas de pensiones privados. Por ahora el potencial es todavía limitado para inversiones en capital riesgo. En mercados maduros (Estados Unidos, Reino Unido, Canadá, Holanda, Países Nórdicos y Japón), en promedio, los fondos privados de pensiones invierten un 3-5% del total de sus activos bajo administración en Private Equity/Venture Capital (PEVC), y contribuyen en un 25-30% del capital total de los fondos de PEVC. Más aún, la participación de instrumentos de PEVC en la cartera total de los fondos de pensiones puede alcanzar el 8-10%, como es el caso de Estados

---

[30] Véase EMPEA / Coller Capital, *Emerging Markets Private Equity Survey 2011,* Londres, Coller Capital / EMPEA, 2011. Disponible también en [http://spanish.collercapital.com/uploaded/documents/News/2011/EMPEA_Coller_2011_Survey_-_final.pdf].

Unidos y Suecia, mientras que en América Latina representan, en promedio, el 2%[31].

En total, las 14 Afores mexicanas, por ejemplo, pueden dedicar un 8% de sus 100 mil millones de dólares de activos bajo gestión para invertir en empresas no cotizadas. Todos los Estados de la región están también lanzando programas para fomentar la innovación. Las multinacionales extranjeras están también empeñadas, junto con los operadores locales, en crear e impulsar centros de innovación y desarrollo asentados en la región. Dentro de las iniciativas más interesantes están quizá los programas impulsados por los gobiernos. Desde Brasil hasta Chile pasando por Colombia, Perú o México, se están multiplicando las iniciativas para crear un tejido denso de fondos privados de capital riesgo o capital semilla (la expresión anglosajona de *venture capital* recoge quizá mejor la idea de aventura, apuesta y audacia que este proceso conlleva).

Este impulso es bienvenido en una región donde la innovación es todavía un hecho sobre todo de la esfera pública (a diferencia de lo que ocurre en Corea del Sur), como lo subraya un informe por publicar, *Innovalatino,* realizado conjuntamente por el INSEAD y el Centro de Desarrollo de la OCDE, con el apoyo de la Fundación Telefónica[32]. Y probablemente este sea el punto de partida adecuado: al contrario de la idea frecuentemente difundida, la industria de capital riesgo en Estados Unidos o en Israel no ha nacido de manera puramente espontánea o de la mano invisible del mercado exclusivamente. Como subraya, en su último libro, Josh Lerner, un profesor y eminencia en estos temas de la escuela de negocios de la Universidad de Harvard, el impulso público ha sido clave para crear la Silicon Valley en Estados Unidos[33].

---

[31] Véase Alberto R. Musalem y Fernando Baer, «Latin American Pension Funds Investing in Private Equity and Venture Capital», *Centro para la Estabilidad Financiera,* Documento de Trabajo 36, julio 2010. Disponible en [http://www.cefargentina.org/files_publicaciones/12-00wp-n%BA36-abstract-espaxol.pdf].

[32] OCDE, INSEAD y Fundación Telefónica, *Innovalatino: Fostering Innovation in Latin America,* Ariel / Fundación Telefónica, 2011, véase también [http://www.innovalatino.org/].

[33] Véase Josh Lerner, *Boulevard of Broken Dreams: Why Public Efforts to Boost Entrepreneurship and Venture Failed and What to Do About It,* Princeton, Princeton University Press, 2009.

También en Israel el papel del gobierno fue clave para impulsar el programa Yozma Venture Capital a principios de los años noventa y transformar Israel en un vivero de innovación empresarial: hoy en día Tel Aviv es, por delante de Boston y justo por detrás de San Francisco, una de las principales urbanizaciones en el mundo donde se despliega más actividad de *venture capital* (VC). En el 2010, la industria de capital semilla cuenta en Israel con más de 60 fondos privados que gestionan algo más de 10 mil millones de dólares. El ratio de VC sobre PIB de Israel es uno de los más elevados del mundo (casi un 0,5% del PIB).

Josh Lerner también nos alerta de los (numerosos) fracasos de las intervenciones públicas. Esto es algo que los impulsores en América Latina de estos programas para fomentar el capital semilla han tenido muy presente a la hora de diseñar estas nuevas iniciativas. Todos, desde Chile o Colombia, buscaron aprender de las experiencias exitosas (o no) de países punteros como Estados Unidos, Singapur o Finlandia. Una de las claves ha sido precisamente buscar, desde el inicio, fomentar iniciativas privadas y densificar el tejido de fondos *privados* de capital semilla.

América Latina está en una encrucijada. Las olas de inversiones en materias primas no deben desembocar en descorchar el champán. Este es el momento –único– para apostar por la innovación y la diversificación, convertir capital de corto plazo en capital de largo plazo, buscar hacer emerger Huaweis o Facebooks latinos en la próxima década. Hace poco, el presidente del BID, un actor importante en todos estos temas en la región, escribía en el *Financial Times* que la década de 2010 puede que sea la de América Latina. Una de las claves para que así sea será, sin duda, la capacidad de la región para innovar y desarrollar, no solo nuevos productos sino también procesos. Lo que estamos presenciando invita al optimismo: el imperativo de la innovación está ahora permeando en toda la región.

6. ESPAÑA Y AMÉRICA LATINA

En los capítulos anteriores hemos visto cómo las multilatinas se han convertido en protagonistas de un nuevo destino latinoamericano. Desde los distintos países de la región, más allá de Brasil y México, se han lanzado a invertir fuera, iniciando un proceso de expansión que ha dejado de ser solo americano. Europa está también en el radar inversor de estas multilatinas, una novedad que invita también a reconsiderar las relaciones que tradicionalmente España mantuvo con el continente.

Éstas fueron relaciones privilegiadas. América Latina ayudó políticamente a colocar a España en el mapa mundial, transformándose en nexo con la Unión Europa cuando el país ibérico se incorporó a este bloque. En el ámbito económico y empresarial, América Latina ha sido clave para transformar las empresas y los bancos españoles en multinacionales; éstas, de hecho, dominaron la actividad inversora extranjera en América Latina a lo largo de la última década[1]. Las relaciones empresariales entre España y América Latina fueron dominadas, en la pasada década y la anterior, por las oleadas de inversiones realizadas por los inversores peninsulares.

Esta presencia empresarial ancló a España como un país latino. Con los años, sin embargo, los horizontes se fueron expandiendo, buscando las empresas españolas nuevas fronteras inversoras. Éstas se fueron expandiendo hacia Estados Unidos, Europa y Asia, sin dejar de apostar por América Latina. La región no ha dejado de ser atrac-

[1] Véase en este sentido el extenso trabajo realizado por Pablo Toral, *Multinational entreprises in Latin America since the 1990s,* Londres y Nueva York, McMillan, 2011.

tiva para las grandes empresas españolas, como demuestran las operaciones realizadas por Telefónica, Santander o Iberdrola en el año 2010, por ejemplo. Tras el notable número de operaciones en los años noventa provocadas por los procesos de liberalización y privatización acaecidos en la zona, en los últimos años nuevas empresas, fundamentalmente manufactureras y de servicios no regulados, están cobrando protagonismo en las operaciones españolas en América Latina, es decir, que nuevos inversores españoles están también tomando el relevo[2].

Pero se asoman más tendencias que pueden representar otra gran oportunidad latina para España. El (creciente) interés inversor por Europa, en particular por parte de otras multinacionales emergentes, podría ser aprovechado para incentivar que éstas se ubiquen en España. El ejemplo de China, que aquí desarrollaremos en detalle, es emblemático del potencial que se podría activar. Las multinacionales chinas se están expandiendo fuertemente, en particular hacia América Latina y Europa. En ocasiones, España, por su presencia en América Latina, ya aparece en el radar como muestra la asociación de multinacionales chinas con Repsol, Telefónica o BBVA, por ejemplo.

España podría convertirse así en un *hub* latino donde ubicar sedes corporativas de multinacionales extranjeras. A esta oportunidad se le pueden añadir otras más: España podría también posicionarse para acoger las *start ups* y tecnológicas latinas en búsqueda de expansión europea y, más allá, apoyarse en la diáspora de ejecutivos latinos en puestos de influencia en multinacionales tecnológicas para fomentar la reubicación de las sedes europeas en la península.

Una última opción, probablemente la más importante, de ahí que le dediquemos un capítulo especial más adelante, es que se podría también potenciar el papel de España como puente de entrada hacia Europa para las multilatinas. Capitalizando así sobre la relación empresarial construida en el pasado (a partir de la expansión latina de las multinacionales española) España poría ahora convertirse en

---

[2] Véase en este sentido el trabajo de Esteban García Canal y Mauro Guillén, «La expansión de empresas españolas hacia América Latina: un balance», *Revista Globalización, Competitivdad, Gobernabilidad* 2, 2, 2008, pp. 18-45, George Town University. Disponible en [http://www.unioviedo.es/egarcia/GCG.articulo_91_1216827229514.pdf].

un *hub* europeo para las multilatinas en búsqueda de expansión internacional.

I. ESPAÑA Y AMÉRICA LATINA: UNA RELACIÓN PRIVILEGIADA

América Latina ha sido, y es sin duda, la gran baza que han jugado muchas empresas españolas para convertirse en multinacionales. En este sentido, la historia empresarial del último cuarto de siglo de España y América Latina ha estado estrechamente vinculada. De cierta manera las primeras «multilatinas» en emerger han sido las españolas, un proceso que ahora emulan las mexicanas y las brasileñas desde el otro lado del Atlántico. Esta estrecha relación cobra ahora aún más relevancia con la crisis europea y española; las cuentas de resultados de muchas multinacionales del Ibex 35 son salvadas en gran parte por su presencia en los mercados latinos.

A lo largo de las últimas décadas las empresas españolas se internacionalizaron de manera acelerada, con un proceso en gran parte latinoamericano[3]. España es, por ejemplo, uno de los países que más ha progresado en el índice Fortune 500, que clasifica las mayores multinacionales: mientras en 2005 había 8 (todas ellas de la mano de América Latina) ya eran 12 en 2009, duplicando así el número de Suecia e igualando el de Holanda. En 2011, la facturación de las empresas del Ibex 35 en el extranjero superó, por primera vez, el 60% del total, originando América Latina en el caso de las mayores de ellas (Telefónica, Santander, BBVA, Repsol, Iberdrola, Mapfre entre otras) el grueso de los ingresos. Otra manera de medir esa internacionalización es ver la atracción que ejercen las empresas cotizadas del país en los inversores extranjeros. Éstos controlaban ahora más del 40% del capital, un récord también histórico. Entre estos inversores se asomaron recientemente algunos fondos soberanos, en particular de

[3] Sobre este fenómeno véanse los ensayos de Ramón Casilda, *Multinacionales españolas en un mundo global y multipolar,* Madrid, ESIC, 2011; Mauro Guillén y Esteban García Canal, *The New Multinationals: Spanish Firms in a Global Context,* Nueva York, Cambridge University Press, 2010; Mauro Guillén, *The Rise of Spanish Multinationals: European Business in the Global Economy,* Nueva York, Cambridge University Press, 2005.

los países emergentes, atraídos especialmente por esa exposición al continente latino.

Así, en octubre del 2010, Qatar Holding, el fondo soberano del vecino Estado de Catar, compró el 5% de Santander Brasil por un valor de cerca de 2 mil millones de euros. Unos meses más tarde, en marzo de 2011, la misma entidad volvía a apostar fuertemente por una cotizada española invirtiendo otros 2 mil millones de euros en Iberdrola, el equivalente a algo más del 6% de la multinacional española. En ambos casos está la voluntad por parte de este fondo soberano de aumentar la apuesta por los mercados emergentes de América Latina y, en particular, Brasil, donde ambas empresas españolas han construido una sólida presencia. América Latina supone más del 40% del total de la facturación de estos grupos y la región supera los ingresos derivados de la península. Dicho de otra manera: las apuestas de los inversores árabes se centran en España pero más allá también está la voluntad de asociarse e invertir en grupos cuyo eje estratégico son los mercados emergentes, en particular los de América Latina.

Todas esta operaciones ratifican, si fuera necesario, el acierto de muchas empresas españolas por haber apostado por América Latina a lo largo de las décadas pasadas: vía las Américas se han construido una historia y una trayectoria que las convierte en joyas muy atractivas para los fondos soberanos de Oriente Medio, como en los casos del Santander y de Iberdrola, o para los inversores chinos, como en el caso de Repsol. América Latina se ha convertido para muchos en la gran baza. Más que nunca la historia de muchos de los grupos españoles se escribe con acentos latinos y, ahora también, árabes o chinos. Más que nunca estas empresas parecen haberse transformado en multinacionales euro-emergentes, multinacionales ubicadas en países OCDE pero con fuertes vínculos en los emergentes.

Desde hace tiempo sabemos que los vínculos entre América Latina y España son claves. Difícilmente se puede entender la proyección internacional de las empresas españolas sin el trampolín que ha supuesto para ellas el continente latino. Esta relación especial cobra todavía más relevancia hoy en día con la crisis global, desencadenada en los países OCDE y que azota ahora España. Hoy en día parece que el mundo se ha dado la vuelta. En este ajedrez moderno, las piezas se están intercambiando, las blancas por las negras, y viceversa, los emergentes por los desarrollados. Las oportunidades de negocio están cada vez más en los emergentes y los riesgos se están relativizando. A mediados de 2011, por ejemplo, si bien el riesgo soberano para asegurar una emisión de Venezuela o Argentina superaba al de Grecia, el riesgo de Brasil o Chile era inferior al de España, Irlanda, Hungría o Islandia.

Es más, una de las paradojas de la crisis global actual es que América Latina (al igual que Asia) se haya transformado en un salvavidas para muchas empresas europeas, y muy especialmente las españolas. Sin las Américas (y los mercados internacionales) sería difícil entender que la mayoría de las empresas del Ibex 35 sigan aguantando el chaparrón, con resultados incluso sobresalientes para algunas de ellas, en gran parte llevados de la mano de las cuentas latinoamericanas[4]. El grueso de los beneficios de Telefónica, BBVA o Santander sale hoy en día de las Américas. En el caso de Telefónica, América Latina es responsable del 62% de los 29 mil millones de euros obtenidos en 2011. El ADN de los dos principales bancos españoles es también muy latino. Para el Santander, América Latina supone ya el 45% de sus beneficios en 2011, con Brasil como principal semillero. En el caso de su rival BBVA, en 2011, México significó para la firma un 30% del resultado, frente al 31% en el mercado español, 18% en América del Sur, 15% en Eurasia y 5% en Estados Unidos. En total este grupo realiza casi el 60% de su facturación en el exterior, el grueso en América Latina. De manera general, el peso exterior de las empresas del Ibex se ha incrementado con la crisis en España y en Europa. Algunas como Ebro Foods, Acerinox o Gamesa llegando a realizar en 2011 más del 90% de sus ventas en el exterior. En el caso del Santander esa cifra ascendía a más del 80% y en el de Telefónica alcanzaba ya el 72%, un monto similar también al de OHL, con fuerte presencia en México y Brasil.

Paradojas de los tiempos modernos y del nuevo milenio, cuando ayer los inversores se preocupaban de la (excesiva) exposición de las

---

[4] Véase para un análisis detallado del proceso de internacionalización y ajustes de las multinacionales españoles en los últimos años ESADE, *La multinacional española ante un nuevo escenario internaciona. Segundo informe anual del Observatorio de la Empresa Multinacional Española (OEME),* Barcelona y Madrid, ESADE Business School e ICEX, 2010.

empresas españolas al continente latinoamericano, ahora esta misma exposición se ha revertido: lo que preocupa es cuánto están expuestas las economías latinas a los canales de contagio europeos y españoles en particular. Si bien las cifras nutren (algo) estos temores, éstos parecen excesivos. Entre 2008 y 2009, la crisis en España se ha resentido en el continente. Las exportaciones hacia la península se desplomaron, pasando de 6 mil millones de dólares a menos de 1,2 mil millones. El impacto ha sido sin embargo limitado: España absorbe apenas un 1,6% de las exportaciones de América Latina. Esta cifra es inferior a lo intercambiado con China (7,5% del total exportado en el 2009 por el continente latinoamericano). Europa en su conjunto representa algo más del 14% del total exportado por América Latina, sobre todo en materias primas. En el ámbito financiero el papel de España es más importante: los activos de los bancos españoles en el continente se elevan a más de 380 mil millones de dólares, según el BIS y JP Morgan, es decir, más del 50% de los créditos y préstamos bancarios de los bancos europeos y el doble del de los estadounidenses.

En el ámbito de las inversiones extranjeras directas (IED) también se elevaron preocupaciones respecto a una eventual muerte súbita de los flujos ibéricos hacia el continente, teniendo en cuenta los volúmenes récord alcanzados en años pasados (en el año pico de inversión, el 2002, España llegó a representar el 22% del *stock* total de la IED recibida por América Latina). En esos años la IED hacia América Latina alcanzó el 50% de la inversión realizada en el extranjero por las empresas españolas. En 2009, el *stock* de IED española en América Latina bajó para situarse en el 13% del total y ese mismo año la IED hacia América Latina apenas representó el 10% del total invertido fuera por las empresas españolas.

Esto no significa que haya desaparecido el interés por el continente, al contrario. La pérdida de peso relativa de España se debe al auge de nuevos inversores asiáticos que están entrando en el continente, así como al propio *boom* inversor de los latinoamericanos en su continente. Por parte de las empresas españolas el apetito queda intacto, como muestran las operaciones realizadas por empresas tecnológicas y bancos en el continente. Mientras el Banco Santander tomaba el control total de su filial mexicana, Telefónica hacía lo mismo con Vivo en Brasil. Entre ambos invirtieron nada menos que cerca de 10 mil millones de dólares en México y Brasil respectivamente en lo que va de año. Por su parte la petrolera Repsol anunció en 2010 que seguirá apostando todavía más por el continente, unos 5 mil millones de dólares en proyectos de exploración hidrocarburífera en Brasil, por ejemplo, un país donde también quiere emular la estrategia del Santander y sacar a bolsa su filial local. Para un grupo como OHL hoy en día más del 85% de su cartera está en actividad internacional, con América Latina encabezando la dinámica.

Es más, para muchas empresas con niveles de presencia latinoamericana e internacional aún más limitados que las anteriores, la crisis actual en España bien puede que acelere sus planes de expansión fuera de la península. Este es el caso por ejemplo de Indra, que multiplicó los contratos en la región a lo largo del 2010, en particular en Brasil, Perú y Chile. En 2010, Acciona firmó por su parte el mayor préstamo concedido en América Latina para renovables (375 millones de dólares) mientras Abengoa anunciaba una inversión de 180 millones para desarrollar la mayor planta de co-generación de México e Indra, y en 2011 anunciaba una adquisición por cerca de 150 millones de dólares en Brasil. Los proyectos en infraestructuras que se están buscando llevar a cabo en todo el continente, desde Panamá hasta Brasil, pasando por Colombia o Perú, son otras muchas más ocasiones y razones de buscar negocios en un continente que este año crecerá a tasas superiores al 5%, según las últimas estimaciones del BBVA.

II. ESPAÑA COMO *HUB* LATINO DE SEDES CORPORATIVAS

España podría buscar capitalizar su presencia latina atrayendo sedes corporativas para América Latina de otras multinacionales, en particular de los países emergentes que están buscando potenciar su expansión internacional, en particular hacia Europa pero también hacia América Latina.

Aquí exploraremos, a modo de ejemplo, el caso de China, doblemente interesante por su expansión en América Latina y por las crecientes relaciones empresariales con multinacionales españolas fuertemente asentadas en el continente latino. La lógica aquí desarrollada se podría extender a India, Corea, Singapur o Taiwán. Sin embargo, el auge mundial de China es excepcional y su vinculación con América Latina ofrece sin duda la mayor oportunidad de este tipo para España.

En la década de 2000-2010, China se ha impuesto como uno de los grandes socios comerciales de América Latina. En 2010 el comercio entre ambas regiones creció más del 50% para alcanzar un récord de casi 180 mil millones de dólares. Tan pronto como en 2014, China podría desplazar a la Unión Europea como segundo socio comercial del continente. Desde este punto de vista la década pasada ha sido la del auge de las relaciones entre ambas regiones. En la próxima década es muy probable que veamos estructurarse una nueva relación, más financiera e industrial, junto a la dinámica comercial. Los datos del año 2010 confirman ambas tendencias.

Desde el punto de vista comercial, la relación entre China y América Latina ya se ha anclado de manera duradera. Chile lidera la tendencia: el gigante asiático ya es su primer socio comercial. China absorbe el 24,5% del total de las exportaciones chilenas (frente a un 11,5% apenas cinco años atrás). China también se ha convertido, en 2010, en el primer socio comercial de Brasil, absorbiendo el 17% de sus exportaciones totales (frente al 6% hace apenas cinco años). Otro país que se está orientado cada vez más hacia Asia y China es Perú, con más del 12% de sus exportaciones dirigidas al gigante asiático. Venezuela y Argentina, por su parte, destinan un 10% y 9% de sus exportaciones a China. Como apunta la CEPAL en su último informe sobre las relaciones entre China y América Latina, el gigante asiático podría desplazar a la Unión Europea como segundo socio comercial a mediados de la década de 2010-2020[5].

En todos estos casos, la relación se vertebra en torno a exportaciones de materias primas: cobre, petróleo, soja; mientras que China exporta a la región sobre todo sus productos manufactureros. Es decir, América Latina tendrá que ver cómo, en esta nueva década, consigue alterar esta asimetría y lograr también exportar más productos

---

[5] Véase CEPAL, *La República Popular China y América Latina y el Caribe: hacia una nueva fase en el vínculo económico y comercial,* Santiago de Chile, CEPAL, junio 2011. Disponible en [http://www.eclac.cl/publicaciones/xml/6/43666/La_Republica_Popular_China_y_America_Latina_y_el_Caribe_trade.pdf].

GRÁFICO 6.1. *Exportaciones hacia China en % del total de exportaciones de 2009*

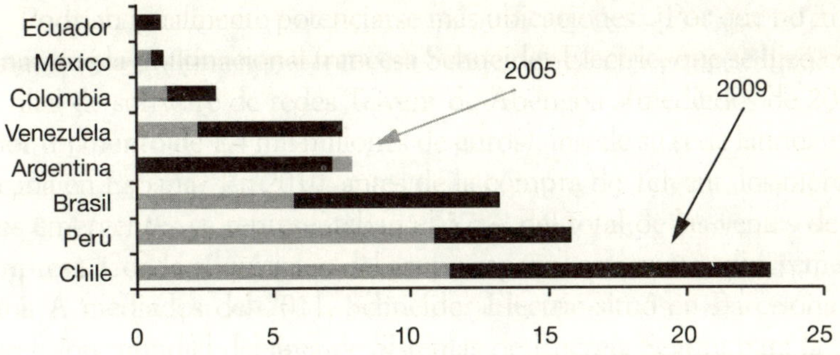

FUENTE: En base a JP Morgan, 2010.

TABLA 6.1. *China: un socio comercial estratégico para América Latina, 1990-2010 (tasa de crecimiento anual del comercio, por socios regionales)*

	Exportaciones			
	1990-1995	**1995-2000**	**2000-2005**	**2005- 2010**
América Latina-Caribe	32,2	17,8	26,8	31
Asia-Pacífico	26,5	9,3	20,3	13,8
EEUU	36,7	16,1	25,6	11,7
UE	26,3	15	28,8	16,4
Resto mundo	8,8	7,1	26,6	17,2
Total	19,1	10,9	25	15,7
	Importaciones			
	1990-1995	**1995-2000**	**2000-2005**	**2005-2010**
América Latina-Caribe	14,5	12,7	37,6	27,7
Asia-Pacífico	32,4	12,2	23,9	14,6
EEUU	19,7	6,8	16,8	15,9
UE	18,2	7,6	18,8	17,9
Resto mundo	11,2	13,4	26,8	15,8
Total	19,9	11,3	24	16,1

FUENTE: CEPAL, 2011.

de valor añadido a China, un país donde los hábitos de consumo están cambiando y se irán alterando en el futuro, ofreciendo oportunidades también para exportadores que sepan aprovecharlas.

También estamos viendo cómo la región es cada vez más sensible al crecimiento chino. Los trabajos de los economistas del BID apuntan en este sentido a que la transmisión de los choques globales (positivos o negativos) está ahora bajo influencia china para América Latina[6]. En el futuro, si bien hasta mediados de la presente década el crecimiento chino debería permanecer fuerte (y por lo tanto su voracidad de materias primas elevada) éste podría desacelerarse en la segunda mitad de la década y afectar entonces negativamente América Latina[7].

La región también se verá expuesta a los movimientos del tipo de cambio chino, una apreciación del renminbi podría positivamente afectar a países cómo México que exportan productos manufactureros hacia terceros (EEUU) que compiten directamente con los productos chinos[8]. Sin embargo, para el grueso de los países de la región que exportan hacia China productos para ser procesados allí (en particular materias primas) y que no son productos finales para China, una apreciación afectaría negativamente[9]. En cualquier caso los mo-

---

[6] Véase Ambrogio Cesa-Bianchi *et al.*, «On the transmission of global shocks to Latin America before and after China's emergence in the world economy», *Inter-American Development Bank, Working Paper* (no publicado), disponible en [http://www.iadb.org/res/centralBanks/publications/cbm58_649.pdf].

[7] Véase Yongzhen Yu, «Identifying the Linkages Between Major Mining Commodity Prices and China's Economic Growth-Implications for Latin America», *IMF* Working Paper 11-86, abril 2011. Disponible en [http://www.imf.org/external/pubs/ft/wp/2011/wp1186.pdf].

[8] Sobre el impacto negativo de China en la economía mexicana (ambos exportan productos manufactureros y compiten en EEUU, el principal mercado exportador de ambas economías), Gordon Hanson, «Why Isn't Mexico Rich?», *Journal of Economic Literature* 48(4), diciembre 2010, pp. 987-1004. México es así una de las 10 economías emergentes más expuestas al auge de China (más del 75% de sus exportaciones son de manufactura), véase también Gordon Hanson y Raymond Robertson, «China and the Manufacturing Exports of Other Developing Countries», en Robert Feenstra y Shang Jin Wei (eds.), *China's Growing Role in World Trade,* Chicago, University of Chicago Press y NBER, 2010, pp. 137-159. Disponible en [http://irps.ucsd.edu/assets/022/8776.pdf].

[9] Véase Barry Eichengreen y Hui Tong, «The External Impact of China's Exchange Rate Policy: Evidence from Firm Level Data», *IMF* Working Paper 11-155, julio 2011. Disponible en [http://www.imf.org/external/pubs/ft/wp/2011/wp11155.pdf]; y Gordon Hanson y Raymond Robertson, «China and the Manufac-

vimientos del tipo de cambio de la divisa china, al igual que el dólar de EEUU, serán relevantes para el futuro de la región (y de las demás economías en desarrollo)[10].

En todos estos países es también notable otra tendencia que explica, en gran parte, la gira del presidente Obama a la región en 2011: las exportaciones de Argentina, Brasil y Chile hacia China superan las de estos países hacia Estados Unidos. Estos países (dos de ellos motivo de la visita de Obama) ya miran más hacia Asia que hacia el norte del continente. Para Colombia, Ecuador, Venezuela, México y Perú, Estados Unidos es todavía el mayor socio comercial pero en algunos de ellos, como Perú, por ejemplo, el tropismo asiático ya es imparable. El país de la región que menos relación comercial tiene con China sigue siendo México: en 2010 las exportaciones mexicanas hacia el dragón chino apenas alcanzaron el 1,4% del total, muy lejos de los 83,5% absorbidos por Estados Unidos. Igualmente, apenas un 2% del total de las exportaciones ecuatorianas van dirigidas a China. Un país que está experimentando un giro hacia Asia importante es Colombia: en apenas cinco años las exportaciones hacia China pasaron de representar el 1% al 5% del total, un incremento notable que también se explica por el tirón exportador de materias primas.

Sin embargo, la gran noticia del año 2010 es el auge de las inversiones extranjeras directas chinas hacia la región, como señalamos en ocasiones anteriores. En 2010 hemos estado asistiendo a un *boom* sin precedentes de inversión china en toda América Latina. Si bien hasta 2009 la inversión china acumulaba poco más que 30 mil millones de dólares en América Latina, solo en el año 2010 se anunciaron casi veinte grandes operaciones de adquisiciones y participaciones chinas por montos superiores a esta cantidad (33 mil millones de dólares).

Estas estimaciones se han llevado a cabo en base a lo realizado y anunciado, incluyendo también las inversiones realizadas vía los cen-

---

turing Exports of Other Developing Countries», en Robert Feenstra y Shang Jin Wei (eds.), *China's Growing Role in World Trade,* Chicago, University of Chicago Press y NBER, 2010, pp. 137-59.

[10] Véase Christopher Garroway, Burcu Hacibedel, Helmut Reisen and Edouard Turkisch, «The Renmimbi and poor country growth», OECD Development Centre, *Working Paper* 292, septiembre 2010. Disponible en [http://www.oecd.org/dataoecd/22/55/45950256.pdf].

GRÁFICO 6.2. *IED en América Latina: China se perfila como un importante inversor directo en América Latina, 2010*

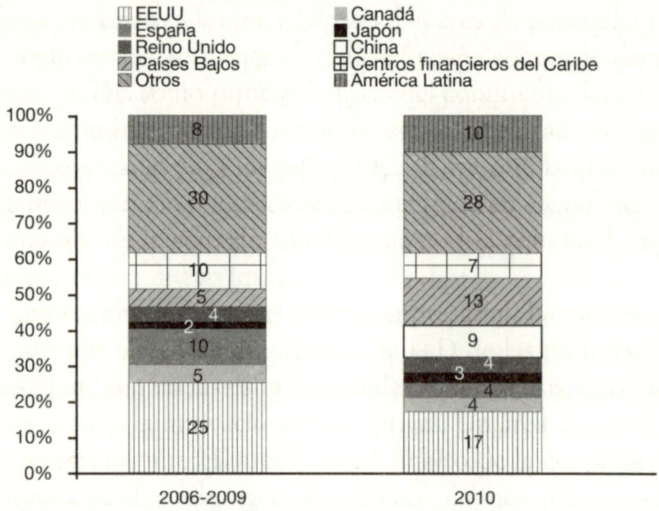

FUENTE: CEPAL, 2011.

tros *offshore* como Holanda, Suiza o Luxemburgo, por donde también transita inversión china hacia América Latina. Las cifras de IED suelen ser siempre delicadas en computar y se presentan discrepancias entre organismos (por ejemplo UNCTAD y CEPAL). La CEPAL estima que las transnacionales chinas invirtieron más de 15 mil millones de dólares en la región en 2010, convirtiéndose en el tercer país inversor en América Latina y el Caribe, con un 9% de participación, después de Estados Unidos (17%) y Países Bajos (13%)[11]. Si consideramos que parte de lo invertido vía Holanda es también inversión directa China, con toda certeza el gigante asiático se ha convertido en el segundo inversor en América Latina, por delante de las potencias europeas, incluida España. Las inversiones chinas anunciadas a partir de 2011 alcanzan los 22,7 mil millones de dólares.

---

[11] Véase CEPAL, *La inversión extranjera directa en América Latina y el Caribe 2010,* Santiago de Chile, CEPAL, mayo 2011; y la presentación del informe disponible en [http://www.eclac.org/noticias/paginas/8/33638/2011-283-IED-Presentacion-es.pdf].

TABLA 6.2. *China: IED en economías seleccionadas de América Latina y Caribe (en millones de dólares)*

País	Inversiones confirmadas		Inversiones anunciadas
	1990-2009	2010	A partir de 2011
Argentina	143	5.550	3.530
Brasil	255	9.563	9.870
Colombia	1.677	3	...
Costa Rica	13	0,05	700
Ecuador	1.619	41	...
Guyana	1.000	...	...
México	127	5	...
Perú	2.262	84	8.640
Venezuela	240	...	...
TOTAL	*7.336*	*15.241*	*22.740*

FUENTE: CEPAL, 2011.

Es cualquier caso, más allá de la relación comercial, China se está ahora perfilando como una de las principales potencias inversoras en el continente latinoamericano. La década de los noventa y la siguiente fueron las del *boom* inversor europeo en la región, y en particular el español. Éste no se agotó, como muestran las apuestas inversoras multimillonarias en 2010 y 2011 de empresas como Telefónica, Iberdrola o Santander, en particular en Brasil. Sin embargo, la gran noticia de 2010 es la irrupción masiva de China como inversor en América Latina. Durante casi una década la región estuvo esperando al Godot chino: en 2010 ha entrado a escena.

Entre los principales negocios concretados en 2010 destacan un contrato de la estatal china Wisco con la local LLX, por unos 3,3 mil millones de dólares, para construir una siderúrgica en el interior de Río de Janeiro; los acuerdos con el brasileño Petrobras (10 mil millones de dólares); con la petrolera argentina Bridas (3,1 mil millones por el 50% de la petrolera); la compra del campo petrolífero brasileño Peregrino (3 mil millones por parte de Sinochem, comparado a la noruega Statoil) y la mina de cobre Toromocho (2,2 mil millones por parte de Chinalco).

TABLA 6.3. *Principales inversiones de China en América Latina, 2010*

País	Mes	Empresa China	Monto (mill. $)	Sector
Chile	Marzo	State Grid	1.050	Cobre
Brasil	Marzo	East China Minerals	1.200	Hierro
Argentina	Marzo	CNOOC	3.100	Petróleo
Venezuela	Abril	CNPC	900	Petróleo
México	Abril	Foton	250	Automotriz
Perú	Mayo	China Sci-Tech	255	Cobre
Perú	Mayo	Chinalco	2.200	Minas
Brasil	Mayo	State Grid	1.720	Energía
Brasil	Mayo	Sinochem	3.070	Petróleo
Brasil	Agosto	Chery	700	Automotriz
Brasil	Septiembre	Sany Heavy Industry	100	Metalurgia
Brasil	Octubre	Sinopec	7.100	Petróleo
Argentina	Noviembre	CNOOC	3.000	Petróleo
Argentina	Diciembre	Sinopec	2.450	Petróleo
Brasil	Diciembre	State Grid	1.000	Electricidad
Brasil	Diciembre	China Investment Corp	300	Banco
Brasil	No Confirmado	Wuhan Steel & Iron	5.000	Acero

FUENTE: Estimaciones del autor, 2011, en base a datos oficiales y prensa, Bloomberg, *Financial Times,* y fuentes locales latinoamericanas y chinas.

Ahora están abarcados muchos más sectores, desde el sector eléctrico hasta el agroindustrial, pasando por el automotriz y las telecomunicaciones. En diciembre de 2010, tres fondos soberanos, ADIC de los Emiratos, GIC de Singapur y CIC de China, entraron en el capital del banco BTG Pactual por montos cada uno de entre 200 y 300 millones de dólares, otra prueba más del apetito chino (y árabe y asiático) por Brasil. En Perú un consorcio chino está invirtiendo más de 2 mil millones de dólares para aumentar las capacidades del puerto de Tacna y otros 8 mil millones para conectar por carretera y ferrocarril este puerto peruano con las zonas mineras bolivianas.

En total, solo las petroleras chinas han invertido 15 mil millones de dólares en activos de la región a lo largo de 2010. La última operación fue la cerrada por China Petroleum Corp que ha adquirido una unidad en Argentina de Occidental Petroleum por un valor de 2,5 mil millones de dólares. Unos meses antes la petrolera china CNOOC había comprado parte de Pan American Energy, también en Argentina, por un monto superior a 3 mil millones de dólares. Este *boom* parece que no se quedará aquí: en Cuba, la unidad de construcción de la estatal China National Petroleum Corp (CNPC) empezará en 2011 la ampliación de la refinería cubana de Cienfuegos con una inversión de unos 6 mil millones de dólares, una de las mayores de la historia de Cuba (y será el China Eximbank quien financie el 85% de la modernización de la refinería). Otras petroleras, como la malaya Petronas, la india Oil and Natural Gas Corp y PetroVietnam, además de Petrobras y PDVSA, también contrataron bloques en aguas cubanas.

En Perú, en el sector minero, Chinalco, Minmetals/Jiangxi Copper y otros han invertido más de 1,4 mil millones y las empresas chinas tienen previsto invertir otros 4,5 mil millones, mientras las relaciones comerciales siguen siendo estimuladas por el acuerdo de libre comercio entre ambos países entrado en vigor en 2010. Por su parte, Ecuador ha firmado en 2010 acuerdos bilaterales por más de 5 mil millones de dólares con China para inversiones hidroeléctricas, petroleras e infraestructuras.

También estamos presenciando mayor activismo de los fondos soberanos chinos en la región. Las tenencias de acciones en la Bolsa brasileña por parte del fondo soberano chino CIC apenas representa el 4% del total invertido fuera del país (CIC es, por ejemplo, un inversor importante en la minera Vale). Pero se están multiplicando los viajes bilaterales y de cara al futuro: China apuntó que México, Brasil y países andinos están en el punto de mira de futuras inversiones. También estamos presenciando un fuerte aumento de las líneas de crédito bilaterales de China hacia países de la región, en particular hacia Argentina, Brasil, Venezuela y, en menor medida, Ecuador; en total el monto ascendió a más de 50 mil millones de dólares en los últimos tres años. Estos montos contrastan, por ejemplo, con los 11 mil millones de dólares que cada año desembolsa el Banco Interamericano de Desarrollo para todo el continente.

Brasil es, sin duda, el gran receptor de esta inversión con más de 17 mil millones de inversiones chinas realizadas el año pasado, algo nunca visto. Eso sí, cerca de la mitad está representada por la toma del 40% de la filial brasileña de la petrolea española Repsol YPF (7,1 mil millones de dólares). El flujo de capital chino para actividades productivas sumó un tercio del total de los 48,5 mil millones de ingresos por operaciones de inversión directa, según el Banco Central. Estas estimaciones son siempre difíciles de realizar porque en muchas ocasiones China (como otros inversores extranjeros) utiliza vehículos fiscales ubicados en Luxemburgo u otros países como Holanda y Suiza. Entre las mayores operaciones, además de la inversión de Sinopec en Repsol ya señalada, destacan las inversiones de Sinochem (3 mil millones de dólares), State Grid (1,7 mil millones de dólares), ECE (1,2 mil millones) y Wisco (400 millones de dólares), todas ellas vinculadas a los sectores energéticos y de materias primas.

En la primera década del siglo XXI, China se afirmó como uno de los grandes socios comerciales de América Latina. En esta segunda década del nuevo siglo se impondrá también como uno de los grandes inversores directos. Ambos ejes, comerciales e industriales, articulan el grueso de las relaciones entre China y lo que ha dejado de ser el patio trasero de Estados Unidos. Es de esperar que América Latina mueva ahora fichas estratégicas y busque, de manera activa, que parte del impulso inversor chino se haga también en áreas de alto valor añadido; que no solo sus empresas en búsqueda de materias primas se hagan con activos latinoamericanos, sino que las que han desarrollado tecnologías, como Huawei o ZTE, las de los sectores de las telecomunicaciones, BYD, Chery o Geely, los sectores automotriz, Haier y muchas otras más en manufacturas, instalen sus plantas industriales en América Latina. Entonces sí que la década de 2010-2020 será una década latina.

Las exportaciones de la región hacia China han crecido de manera sustancial pero están aún dominadas por las materias primas. Si bien en el año 2000 las exportaciones de la mayoría de los países latinoamericanos hacia China apenas alcanzaban el 5% del total, en 2010 Chile volcó un tercio de sus exportaciones hacia China, Perú el 15% del total y Brasil un 13%. Pero, al mismo tiempo, las importaciones procedentes de China aumentaron de manera muy significativa entre 2000 y 2010. En el caso de Argentina se multiplicaron por 10, en el de México por 14, en el de Brasil por 20 y en los casos de Perú y Colombia por más de 15, según los cálculos recientes hechos por investigadores de la Brookings[12].

Sobre todo se ahondó en una relación desigual entre los países de la región y el gigante asiático, unos exportando productos de bajo valor añadido y China exportando productos de manufactura más intensivos en valor añadido y tecnología. Esta desigual relación tiene además un punto de inflexión potencialmente problemático para América Latina: conforme China se aproxime de la frontera de los 15.000 dólares per cápita se irá reduciendo su demanda de materias primas, algo que según las estimaciones de la Brookings llegaría en torno a 2015. Esto será incluso un reto más intenso debido a que paralelamente China se irá «graduando» industrialmente[13], moviéndose hacia productos más intensivos en tecnología y valor añadido (dificultando así la carrera de los latinos hacia esas mismas metas de mayor valor añadido y mejor tecnología)[14].

La asimetría en las relaciones comerciales entre China y Brasil es, por ejemplo, sintomática: mientras Brasil exporta a China sobre todo productos de materias primas y de bajo valor añadido, China exporta principalmente a Brasil productos de mayor valor añadido

---

[12] Véase Mauricio Cárdenas y Adriana Kluger, «The reversal of the structural transformation in Latin America alter China's emergente», Washington DC, Latin American Initiative, agosto 2011. Disponible en [http://www.brookings.edu/~/media/Files/rc/papers/2011/0802_structural_transformation_cardenas/0802_structural_transformation_cardenas.pdf].

[13] Véase el trabajo del economista jefe del Banco Mundial Justin Lin, «From flying geese to leading dragons: New Opportunities and Strategies for Structural Transformation in Developing Countries», *World Bank Policy Research,* Working Paper 5.702, junio 2011; y la presentación en [http://siteresources.worldbank.org/DEC/Resources/Uzbekistan-final.pdf].

[14] Véase el impacto sobre América Latina y África analizado por Margaret McMillan y Dani Rodrik, «Globalization, structural change and productivity growth», *Harvard University, Kennedy School,* Working Paper, febrero 2011. Disponible en [http://www.hks.harvard.edu/fs/drodrik/research.html].

TABLA 6.4. *Comercio China-Latinoamérica* (miles de millones de dólares)

	Exportaciones chinas a			Importaciones chinas desde			Balanza comercial china		
País	**1990**	**2000**	**2010**	**1990**	**2000**	**2010**	**1990**	**2000**	**2010**
Argentina	0,0	0,6	6,1	0,3	0,9	6,8	-0,3	-0,3	-0,7
Brasil	0,1	1,2	24,5	0,5	1,6	38,0	-0,4	-0,4	-13,6
Chile	0,1	0,8	8,0	0,0	1,3	17,8	0,0	-0,6	-9,7
Colombia	0,0	0,2	3,8	0,0	0,0	2,1	0,0	0,1	1,7
México	0,1	1,3	17,9	0,1	0,5	6,8	0,0	0,8	11,1
Perú	0,0	0,1	3,6	0,1	0,6	6,1	-0,1	-0,4	-2,6
Uruguay	0,0	0,2	1,5	0,1	0,1	1,2	-0,1	0,1	0,3
Venezuela	0,0	0,3	3,6	0,0	0,1	6,6	0,0	0,2	-2,9

FUENTE: Brookings Institution, 2011.

y manufacturas. Incluso esta relación asimétrica se agudizó entre la década de los noventa y la década de los 2000 como muestra el gráfico[15]. De ahí el (creciente) interés y presión por parte de Brasil de buscar cambiar este equilibrio con China y de procurar limitar el (relativo) declive industrial brasileño ante el auge chino[16]. El propio BNDES, brazo inversor e industrial del Estado brasileño, se hizo eco de esta preocupación[17].

[15] Véase Enestor dos Santos y Soledad Zignano, *The impact of the emergente of China on Brazilian International trade,* Madrid, BBVA Research, septiembre 2010. Disponible en [http://www.bbvaresearch.com/KETD/fbin/mult/WP_1022_tcm348-231940.pdf?ts=1082011]; y sobre América Latina más en general Eliana Cardoso y Márcio Holland, «South America for the Chinese? A trade based analysis», *OECD Development Centre,* Working Paper 289, abril 2010. Disponible en [http://www.oecd.org/dataoecd/41/39/45041460.pdf].

[16] Sobre la rivalidad (creciente) entre Brasil y China, véase Carlos Pereira y Agusto de Castro Neves, «Brazil adn China: South South Cooperation or North South Competition», *Brookings Foreign Policy Paper Series* 26, marzo 2011. Disponible en [http://www.brookings.edu/papers/2011/03_brazil_china_pereira.aspx].

[17] Véase Fernando Puga y Marcelo Nascimento, «O efeito China sobre as importações brasileiras», Rio de Janeiro, *BNDES, Visao do Desenvolvimento* 89, diciembre 2010. Disponible en [http://www.bndes.gov.br/SiteBNDES/export/sites/default/bndes_pt/Galerias/Arquivos/conhecimento/visao/visao_89.pdf].

GRÁFICO 6.3. *China y Brasil: Una relación comercial asimétrica*

a) Exportaciones brasileñas a China por contenido tecnológico (% de exportaciones totales)

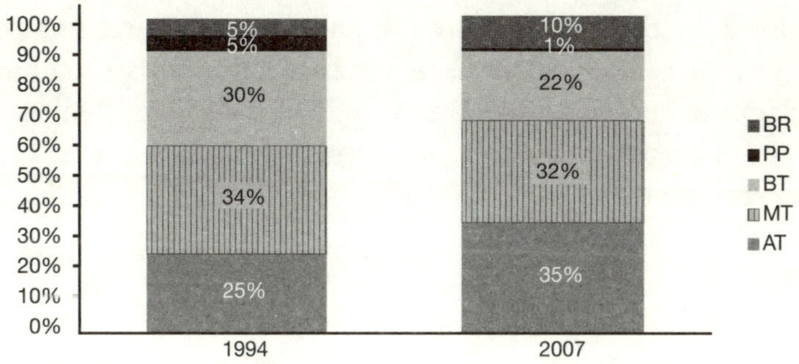

NOTA: BR (basado en recursos naturales); PP (productos primarios); BT (baja tecnología); MT (tecnología media); AT (alta tecnología).
FUENTE: BBVA Research, 2011.

b) Exportaciones chinas a Brasil por contenido tecnológico (% de exportaciones totales)

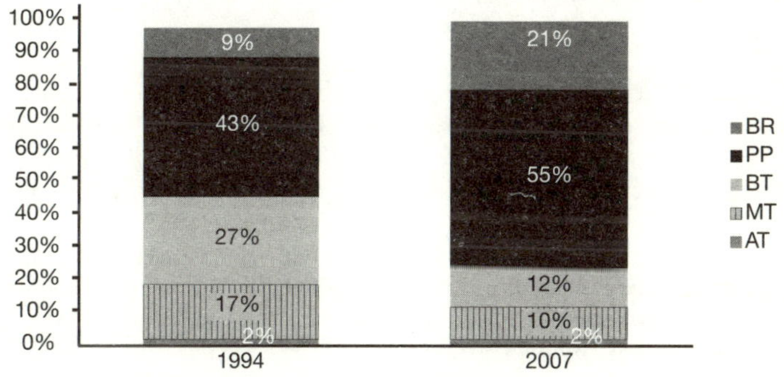

NOTA: BR (basado en recursos naturales); PP (productos primarios); BT (baja tecnología); MT (tecnología media); AT (alta tecnología).
FUENTE: BBVA Research, 2011.

Las inversiones chinas en la región están siendo realizadas sobre todo en los sectores de materias primas, mientras las inversiones latinoamericanas en China apenas son significativas[18]. Dicho de otra manera, la relación entre ambas regiones está dominada por esa dependencia en materias primas. De hecho, trabajos realizados por BBVA confirman esta asimetría en la relación comercial y de IED entre los dos países[19]. Este patrón se repite en toda la región: mientras las exportaciones chinas hacia América Latina se concentran en manufacturas con cierto nivel tecnológico (el 90% del total exportado por el gigante asiático hacia la región), las de América Latina apenas representan el 12% del total exportado por la región hacia el gigante chino[20].

Este será uno de los grandes retos de América Latina en la próxima década: lograr posicionarse también como una región de innovación, valor añadido y competitividad. Para ello, China también podría convertirse en un aliado si los gobiernos latinoamericanos plantean con la potencia asiática una relación diferente, potenciando por parte de China las inversiones en ámbitos tecnológicos. China, al contrario del estereotipo ampliamente difundido, no es solamente una potencia para producir manufacturas de bajos costes. Se está reposicionando rápidamente en sectores altamente tecnológicos y de valor añadido, empresas como Huawei y ZTE, por ejemplo, se han alzado en los primeros puestos mundiales como principales proveedores mundiales de la industria de las telecomunicaciones.

---

[18] Véase el informe del BID que sintetiza la evolución asimétrica entre ambas regiones a lo largo de la década pasada, BID, Inter-American Development Bank (IADB), *Ten years after the take-off: Taking stock of China-Latin America and the Caribbean economic relations,* Washington DC, IADB, 2010. Disponible en [http://idbdocs.iadb.org/wsdocs/getdocument.aspx?docnum=35410652].

[19] Véase Enestor dos Santos y Soledad Zignano, «The impact of the emergence of China on Brazilian international trade», Madrid, *BBVA Research Working Paper* 22, 2010. Véase también Kevin Gallagher, «China and the future of Latin American industrialization», *Boston University Issue Brief* 8, octubre 2010. Disponible en [http://www.bu.edu/pardee/publications/issues-in-brief-no-18/].

[20] Véase Alicia García Herrero, «China-Latam: Going beyond conventional wisdom», Hong-Kong, BBVA Research, presentación realizada en el *China-Iberoamerican Dialogue,* Madrid, SEGIB, septiembre 2010. Disponible en [http://www.bbvaresearch.com/KETD/fbin/mult/101007_AliciaChina-LATAM_tcm348-234062.pdf?ts=27122010].

América Latina podría así también incentivar el despliegue en sus países de fábricas y centros por parte de estas multinacionales emergentes. De hecho, en algunos casos (todavía excepciones) se están dando pasos en este sentido, en particular con Brasil, aunque hasta la fecha la mayoría de la IED china en el país se concentra en sectores de bajo valor añadido. Un informe del Ministerio de Desarrollo, Industria y Comercio de Brasil señala así que el 84,5% de los 37,1 mil millones de dólares que las empresas chinas han invertido en el país, entre enero de 2003 y enero de 2011, estuvo concentrado en los sectores de metalurgia y energía.

Así, a las inversiones en sectores de materias primas se suman ahora también algunas realizadas en sectores tecnológicos, en particular la planta industrial para producir localmente móviles vía una empresa estatal conjunta con la china Huawei Technologies. Por su parte, el grupo chino de electrodomésticos Haier también cerró un acuerdo bajo el cual se crearán empresas mixtas en Venezuela y un Centro de Investigación e Innovación orientado a desarrollar productos de tecnología limpia. Ambos países también acordaron crear una línea área para operar en Venezuela con 300 millones de dólares de inversión inicial. Igualmente, en abril de 2011, Brasil y China firmaron acuerdos de cooperación tecnológica, uno de ellos desembocó en la implantación en Brasil de una fábrica de Huwaei de componentes para la industria de telecomunicaciones por un monto de 400 millones de dólares. Por su parte, la otra gran tecnológica china, proveedora de la industria de telecomunicaciones, ZTE, también anunció, tras una reunión de su consejero delegado con la presidenta Dilma Rousseff, que la firma china iniciará la producción de *tablets* en Brasil e invertirá unos 250 millones de dólares hasta 2014 en el proyecto, que prevé una contratación de 2.500 empleados. También contará además con un centro de investigación y logística, el primero en su tipo de ZTE en América Latina.

Unos meses después, en julio de 2011, Brasil y China anunciaron un acuerdo según el cual el segundo invertirá en el primero más de 4,5 mil millones de dólares en el sector de la nanotecnología. A corto plazo, Brasil y China invertirán de manera conjunta unos 6,4 millones de dólares en la construcción de un centro de investigaciones en nanotecnología y en ciencias espaciales en la ciudad de Campinas

(São Paulo), en una iniciativa que proviene de una asociación entre el Ministerio de Ciencia y Tecnología de Brasil y la Academia China de Ciencias (CSA). El objetivo del gobierno brasileño es usar y ampliar la infraestructura de investigación del Laboratorio Nacional de Nanotecnología y aprovechar la experiencia de China, uno de los países líderes en investigaciones en nuevos materiales y nanotecnología.

En el sector automotriz, los grupos Geely y Chery están buscando hacerse un hueco más grande en la región. Así Chery Automobile entró en Brasil en 2010, convirtiéndose en el primer grupo automóvil chino en invertir en este país. En total invertirá 400 millones de dólares en una planta industrial en el estado de São Paulo. También tiene una segunda fábrica en América Latina, ubicada en Uruguay, y en 2011 anunció la creación de una tercera en Venezuela vía una inversión de 200 millones de dólares. Por su parte, Geely comercializa su marca en Perú, Uruguay, Cuba y Venezuela. En Uruguay, Geely se asoció igualmente con un fabricante local para producir coches para el Mercosur con una inversión total de 40 millones de dólares. También en 2011, la empresa china de máquinas pesadas para la construcción, Xuzhou Construction Machinery Group (XCMG), anunció que invertirá 206 millones de dólares en una fábrica en Minas Gerais. Por su parte, Sany Group, fabricante chino de máquinas y equipos pesados para ingeniería, con el afán de aprovecharse del tirón de los Juegos y el Mundial, prevé construir una nueva fábrica y un centro de I+D en el país e invertir para ello unos 200 millones de dólares, convirtiendo a Brasil así en uno de sus principales mercados fuera de China.

El empuje chino abarca otros sectores, como el de los ferrocarriles, en particular el de trenes de alta velocidad, sector en el que el líder francés Alstom se ve ahora desafiado por empresas chinas en el proyecto brasileño Río de Janeiro-São Paulo y en el argentino Buenos Aires-Córdoba. En 2011 más constructores chinos anunciaron planes en Brasil: JAC Motors anunció así la construcción de su primera planta en São Paulo, que con inversiones cercanas a los 600 millones de dólares tendrá una capacidad de producción de 100.000 unidades anuales. Por su parte, también en 2011, Lifan firmó un acuerdo con Effa, de capitales uruguayo y chino, para construir una planta con capacidad para producir 10.000 vehículos al año, con inversiones por 100 millones de dólares. La marca china anunció también un centro I+D en São Paulo, con una inversión de 70 millones de dólares. Este centro de I+D sería el primero implantado por la empresa fuera del país.

En Argentina, China Railways International y el grupo local Roggio consiguieron la plaza para la construcción del metro de Córdoba, la segunda ciudad del país. La mayor parte del monto de 10 mil millones de dólares acordado a principios del 2011 se gastará en varias etapas, con 2,5 mil millones de dólares en los primeros cuatros años destinados a reparar dos tramos de líneas ferroviarias, cuyo 85% será financiado por el Banco de Desarrollo de China. Otros 1,8 mil millones de dólares se destinarán a construir cuatro líneas del metro en Córdoba. Otro de los proyectos más ambiciosos chinos en la región abarca Colombia, donde en 2011 se anunció la construcción de una línea férrea alternativa al Canal de Panamá, que conectaría el Atlántico con el Pacífico vía Colombia. De concretarse el proyecto, de 7,6 mil millones de dólares, sería uno de los más ambiciosos llevados a cabo por China en a región, y estaría financiado por el Banco de Desarrollo Chino y operado por China Railway Group.

Pero se podría ir más allá. ¿Por qué no imaginar que Bolivia, que posee amplias reservas de litio, un ingrediente central para las baterías de los coches eléctricos o de los móviles, también vea instalarse en el país investigación y desarrollo o una planta industrial de baterías, aprovechando ese interés e impulso chino? El mercado mundial del litio apenas totaliza mil millones de dólares, una cantidad importante. Pero el mercado mundial de las baterías a base de litio está estimando en 25 mil millones de dólares, y el de los coches que funcionarán con baterías de litio en más de 200 mil millones de dólares (en 2010, Bolivia apenas exportaba 86 productos a China, 87% de ellos materias primas, mientras que compró a China 3.734 productos diferentes según el Instituto Boliviano de Comercio Exterior).

China gasta más del 2% de su PIB en investigación y desarrollo y patenta más de 100.000 licencias al año (un 75% de las cuales son chinas y las otras de multinacionales instaladas en el país) mientras el gasto en I+D en América Latina apenas alcanza el 0,6% del PIB y se registran 35.000 patentes en todo el continente (casi el 90% de ellas por parte de multinacionales extranjeras). La cooperación con China bien podría abarcar laboratorios, investigación y desarrollo.

China se ha convertido en una potencia económica y política a lo largo de los últimos años y su presencia creciente en el continente latino es una prueba más de ello. Los organismos internacionales registraron esta sísmica haciéndole un hueco cada vez más importante en sus órganos de decisión, como por ejemplo en el Fondo Monetario Internacional, o dándole puestos clave, como por ejemplo el de economista jefe en el Banco Mundial. En América Latina, el Banco Interamericano de Desarrollo (BID) ya lo tiene como miembro, junto a Corea y Japón, los otros países asiáticos hasta ahora únicos miembros. Igualmente la Corporación Andina de Fomento (CAF) está multiplicando los acuerdos y cooperaciones en la región con el gigante chino. No hay tema de la agenda política y económica global y regional en la cual hoy en día China no sea imprescindible. El auge chino representa, sin duda, uno de los grandes cambios mundiales que estamos presenciando en el marco de este masivo vuelco de las riquezas y los poderes hacia los emergentes.

Para España esta irrupción de China en América Latina representa también retos y oportunidades. A principios de 2011, la visita a España de Li Keqiang, el delfín del primer ministro chino, ha puesto de relieve, una vez más, esta importancia creciente del gigante asiático para todas las economías del mundo, incluidas las europeas y la española. Paradojas de la historia, son ahora las economías emergentes, como la china, las que se han convertido en salvavidas de muchas de las economías desarrolladas. Desde la crisis global de 2008, no hay gira financiera para vender deuda soberana que no pase por Beijing. En el caso de España, la visita nos recuerda de hecho que China ya posee cerca del 20% de los bonos colocados por el Tesoro Español, un monto equivalente a 43 mil millones de euros.

Esta visita también invita a pensar la oportunidad para España de establecer una relación estratégica con China, posicionándose el país como un *hub* de entrada hacia Europa y América Latina para la potencia asiática, una idea que hemos desarrollado en un *ESADE Position*

Paper publicado por el Centro de Economía Global y Geopolítica de ESADE[21], a partir de una reunión del Club España 2020; éste es una plataforma que busca fomentar el diálogo entre altos directivos españoles ubicados en la península y los que están fuera del país en puestos clave de muchas multinacionales europeas y estadounidenses.

Las empresas chinas han cerrado importantes operaciones con empresas españolas a lo largo del año 2010. Éstas representan una oportunidad para fomentar que algunas de ellas localicen sus sedes corporativas europeas (e incluso latinoamericanas) en España. En octubre de 2010, por ejemplo, la petrolera Sinopec entró en el capital de Repsol Brasil, adquiriendo un 40% de ésta. Un mes antes, BYD (Build Your Dreams), uno de los líderes mundiales en el sector de las baterías eléctricas (que será clave para la industria del coche eléctrico en el futuro), firmaba un acuerdo con el grupo vasco Bergé para su distribución en España. También en octubre del 2010, el presidente de ENDESA y el de BYD firmaron un acuerdo de colaboración. Actualmente, otro grupo automóvil chino importante, Chery, busca también expandirse en Europa y en América Latina. En 2010 ha decidido instalar una planta industrial en Brasil y tiene un proyecto para Europa, posiblemente en España (Cataluña). Por su parte la entidad china ICBC ha decidido abrir oficinas en España para competir en banca minorista. Éste es uno de los mayores bancos chinos con casi 400.000 empleados y una capitalización bursátil que roza los 170 mil millones de dólares. Tiene 18.000 sucursales en todo el mundo y presencia en 110 países. La sucursal española dependerá por ahora de la filial que el banco chino tiene en Luxemburgo.

Todas estas operaciones abren una ventana de oportunidad para que algunos socios chinos localicen en España sus sedes europeas (y/o europeas y latinoamericanas). Para ello se podría llevar a cabo una acción concertada público privada, entre Gobierno y empresas. Por ahora las multinacionales chinas no tienen ubicadas en España ninguna de sus sedes corporativas internacionales, sea para Europa o para América Latina. Sinopec, por ejemplo, tiene varias filiales con sedes en Europa, principalmente en Londres. No tiene tampoco, por ahora,

---

[21] Véase [http://www.esade.edu/research-webs/eng/esadegeo/publications/position].

sede integrada para Europa y/o América Latina. La operación con Repsol YPF presentaría una oportunidad única para que esta empresa localice en Madrid su sede europea, al igual que ha hecho años atrás otra multinacional emergente, la mexicana Pemex, también accionista de la española (en 2011, Pemex duplicó su participación accionarial en Repsol hasta cerca del 10%). Además, por las vinculaciones de Repsol YPF con América Latina, Madrid podría también ser el lugar donde ubicar la sede operativa para América Latina.

En el caso de BYD, la filial europea está en Rotterdam: ¿por qué no imaginar que la trasladen a España? Además de facilitar, desde esta base, la expansión hacia Europa se podría ofrecer que también lo sea para operar la expansión hacia América Latina, de modo que los directivos españoles puedan hacer valer su conocimiento de la región. La decisión de re-ubicar la sede europea está actualmente abierta: por ahora se considera Alemania como posible localización, ya que BYD ha cerrado también en 2010 un acuerdo con Daimler, en Stuttgart. La multinacional está, en cualquier caso, buscando una base europea para potenciar sus ventas en el continente. En 2010, BYD ya eligió Los Ángeles como sede para América del Norte. El Grupo Bergé tiene además amplias conexiones con América Latina: ¿por qué no ubicar no solo la sede europea sino también latinoamericana de BYD en España, pudiendo ser Bilbao y/o Madrid los centros operativos?

Además de BYD, Bergé Automoción es el distribuidor en España de otros grupos de automóvil chinos, Chery y Geely, ambos también en plena expansión internacional. Chery acaba de entrar, en 2010, en Brasil, convirtiéndose así en el primer grupo automóvil chino en invertir en este país (400 millones de dólares). La empresa estudia igualmente una inversión en Europa Occidental, pudiendo ser ésta en Cataluña. Barcelona acogerá, en junio de 2011, la primera edición de China at Barcelona Summit, una cumbre promovida por ESADE y la Cámara de Comercio de Barcelona para promover inversiones chinas. ¿Por qué no imaginar que además de una planta industrial, Chery instale también en Barcelona su sede europea e incluso latinoamericana?

A estos ejemplos podríamos añadir más: los de la China Investment Corporation, el fondo soberano chino, actualmente en búsqueda de una sede internacional en Europa; los de los suministradores de la industria de telecomunicaciones, Huawei y ZTE, que tienen sus sedes europeas en Londres y París pero concentran en España uno de sus mayores clientes globales (Telefónica); Hutchinson que ha invertido 400 millones en el puerto de Barcelona; Citic, el socio chino estratégico del BBVA, que tiene varias filiales, en particular las de gestión de activos, que podrían abrir oficinas en Madrid para distribuir fondos chinos en Europa e incluso utilizar esta plataforma también para América Latina.

España tiene muchas bazas en sus manos para reposicionarse internacionalmente. La apuesta por los mercados emergentes es sin duda una de ellas. Muchas de las empresas españolas se han proyectado de manera magistral hacia ellos. Esto también se convierte en un activo estratégico para que el país pueda aspirar a convertirse en un eje central para la expansión de estas multinacionales emergentes, incluidas las chinas.

III. ESPAÑA COMO *HUB* EUROPEO DE *START UPS* LATINAS

Hemos visto que la dimensión tecnológica está en el centro de las preocupaciones de muchos países latinoamericanos, como lo muestra su relación con China. En el capítulo anterior (5) hemos visto también cómo están brotando multilatinas 2.0 de la región. Esta próxima oleada también se puede vislumbrar como una oportunidad de cara al futuro para España.

Podríamos imaginar efectivamente que se ubiquen en España las plataformas comerciales para Europa de las *start ups* latinas. En España radican algunos de los emprendedores latinos más dinámicos, como Martín Varsavsky, creador en serie de varias *start ups*. La venezolana Ana María Llopis, por su parte, creó varias empresas, entre ellas la *start up* ideas4all. El ecuatoriano Eduardo Arcos lanzó Hipertextual mientras el hispano-argentino Gustavo García cosechó uno de los mayores éxitos de internet del país con la venta de BuyVip a Amazon por 70 millones de euros. Igualmente, algunos de los *venture* capitalistas más activos del país son latinoamericanos asentados en España, como el mexicano José Marín, fundador de IG Expansión, o Alberto Gómez, fundador de Adara Venture Partners, un venezolano graduado por MIT y Harvard. También en Madrid radica el uruguayo Gonzalo Rodríguez que impulsó varias *start ups* y opera como *business angel,* y ahora está encargado de BtoB Factory.

Pocas *start ups* latinas, sin embargo, han asentado bases de expansión europea en España. De las veinte principales listadas (de manera algo arbitraria) más adelante, ninguna salvo Dridco tiene presencia en España o expansión europea desde España. El caso Dridco es interesante por mostrar el potencial: esta *start up* de internet llegó a España en julio de 2011 con una inversión de 2 millones de euros. Su ambición internacional es fuerte: proyecta una inversión total en todos los países en los que opera de 23 millones de euros para este año. En España, la compañía invertirá 2 millones de euros en 2011, 6 millones de euros hasta finales de 2013, para competir en el mercado español con ZonaJobs.com (portal de búsqueda y oferta de empleos), ZonaProp.com (plataforma online para la compra, venta y alquiler de inmuebles) y DeMotores.com (el sitio especializado en la oferta de vehículos). En los últimos tres años, Dridco cuenta con 320 empleados trabajando en las oficinas de Argentina, Chile, Colombia, México y Venezuela. Sus sitios también están disponibles en Costa Rica, Ecuador, Panamá y Perú. En España, la compañía abrió sus oficinas en Madrid en julio de 2011 y espera contar con un equipo de en torno a las 50 personas para finales de diciembre del 2011.

Desde Barcelona, ESADE Business School también buscó desarrollar atractividad para las *start ups* latinas y de otras regiones. Como muestra de lo que puede generar una escuela de negocios, desarrolló en 2009 un nuevo campus, Creapolis, bajo el concepto de ser un Parque de Innovación, y donde se pueden hallar más de 50 empresas multisector. Entre éstas se encuentra la empresa tecnológica de origen brasileño, Goods That Talk. Allí también se instaló la consultora latinoamericana Global Business.

Los esfuerzos están sin embargo brotando para lograr que esto cambie. Desde Telefónica se lanzó la iniciativa Wayra, un proyecto de aceleradoras que se desplegó en 8 países de América Latina y España en el 2011 con el afán también de crear una red de incubadoras. Por su parte Campus Party, el mayor evento que reúne a «campuseros» digitales, se ha «latinoamericanizado» a lo largo de los últimos años, multiplicando las operaciones ahora también en América Latina. Por su parte La Red Innova reúne ahora en Madrid a las mejores *start ups* españolas y latinoamericanas, generando así un espacio inédito donde emprendedores e inversores de ambos continentes pueden reunirse.

Muy pocas de las principales tecnológicas latinas tienen presencia en Europa y, cuando la tienen, escasas son las que ubicaron en España su sede corporativa. Si bien la mexicana Softtek ha elegido España para sus principales implantaciones europeas, ésta es una excepción, junto con la también mexicana Neoris (filial tecnológica de Cemex) cuyo presidente para Europa, África y Oriente Medio está asentado en Madrid (al igual que Brightstar su sede mundial está también en Miami).

La brasileña TOTVS utiliza Lisboa como base de expansión europea, mientras la tecnológica Brightstar, fundada por el boliviano Marcelo Claure, asentada en Miami, utiliza Londres como su sede corporativa europea. Por su parte Globant opera en Europa desde Londres, Stefanini desde Bruselas y Bematech, una de las primeras empresas de hardware de Brasil en salir a bolsa (en 2007), tiene como base europea Berlín. El Grupo Positivo, que cuenta con 3.000 empleados, tiene presencia europea en Portugal y Londres, pero no en España. Redecard, por su parte, es en parte filial del banco Itaú Unibanco (que posee el 50%) y da servicios financieros solo en Brasil. B2W Varejo es un portal de internet, resultado de la fusión de Americanas.com y Submarino. Por su parte, Vivo fue adquirida por Telefónica en 2010. B2W, filial de la minorista Lojas Americanas, cuenta con 1.500 empleados e ingresos de más de 2,3 mil millones de dólares, y su internacionalización en Argentina y México apunta ahora hacia India, China, Chile Uruguay y Estados Unidos.

El caso de América Latina no es aislado: no hay grandes tecnológicas o *start ups* estadounidenses por ejemplo que tengan sus sedes corporativas europeas en España. La mayoría han elegido Londres, Dublín, París o Luxemburgo para asentar sus bases europeas. Sin embargo, en el marco de una estrategia más general que abarcaría Estados Unidos, Taiwán, Corea, Japón o Israel, podríamos imaginar un esfuerzo para captar sedes corporativas tecnológicas latinas (y otras) en España.

TABLA 6.5. *Top 20 start ups latinas*

Start Up	Origen	Fundador	Año	Sitio Web	Presencia global	Presencia europea
BuscaPé	Brasil	Romero Rodrigues	1999	buscape.com	16	SÍ
PagosOnline	Colombia	Martin Schrimpff	2003	pagosonline.com	6	NO
Vostu	Brasil	Joshua Kushner y Mario Schlosser	2007	vostu.com	2	NO
Mentez	Brasil	Juan Franco y Jaime Roldán	2006	mentez.com	4	NO
Eventioz	Argentina	Pablo Aquistapace		eventioz.com	15	SÍ
Restorando	Argentina	Frank Martin y Franco Silvetti	2010	restorando.com	2	NO
Smowtion	Argentina	Andrés Alterini, Mariano Elizari y Santiago Pinto	2008	smowtion.com	4	SÍ
Junar	Argentina	Javier Pájaro y Diego May	2011	junar.com	3	NO
Movile	Brasil	Fabricio Bloisi	2003	movile.com	6	NO
DeskMetrics	Brasil	Bernardo Porto	2010	deskmetrics.com	N/A	NO
Welcu	Chile	Nico Orellana y Sebastián Gamboa	2007	welcu.com	2	NO

Peixe Urbano	Brasil	Alexander Ferraz y Julio Vasconcelos	2010	peixeurbano.com	N/A	NO
fnbox	Argentina/EEUU	Rodrigo Teijeiro	2002	fnbox.com	3	NO
Locaweb	Brasil	Gilberto Mautner y Michel Gora	1999	locaweb.com	3	NO
Scopix	Chile/EEUU	Luis Vera y Ariel Schilkrut	2006	scopixsolutions.com	N/A	NO
Tiaxa	Chile	Felipe Valdés y Sergio Gutiérrez	2000	tiaxa.com	9	NO
Dridco	Argentina	Luis Saguier, Guido Grinbaum, Mariano Nejamkis, Daniel Serra y Gabriel Dantur	2008	dridco.com	11	SÍ
Weemba	Argentina	Constancio Larguia, Pablo Larguia y Carlos Maslatón	2008	weemba.com	3	SÍ
Clasemovil	México	Alejandro Moctezuma	2009	clasemovil.com	N/A	NO
Socialmetrix	Argentina	Martín Enríquez y Juan Manuel Damia	2009	socialmetrix.com	5	NO

FUENTE: Elaboración propia, 2011; en base a informes y sitios webs, 2011.

IV. LOS NUEVOS ARGONAUTAS LATINOS

En este esfuerzo podrían ser aliados los emprendedores españoles y latinoamericanos ubicados en puestos clave de tecnológicas estadounidenses. Éstos están en puestos de decisión clave y podrían ser facilitadores de implantación de sedes corporativas tecnológicas en España. Alex Ceballos, por ejemplo, un dominicano responsable de la estrategia global corporativa de Amazon, dirige las operaciones desde Seatlle; Christian Hernández, un centroamericano director de desarrollo de negocios internacionales para Facebook, está asentado en Londres, al igual que otro latino, Ezequiel Vidra, director de alianzas estratégicas en la región EMEA (Europa, Oriente Medio y África) para Google.

El papel de las diásporas empresariales ha sido clave en el desarrollo de muchos países, incluso en el caso de Estados Unidos. En los noventa, un 25% de los emprendedores de *start ups* tecnológicas en Silicon Valley eran asiáticos o de ascendencia asiática. Los latinoamericanos e hispanos (nacidos en EEUU) representaban un 8% del total de los emprendedores. Si sumamos todos los emigrantes y nativos fuera del país, más de 40% de las *start ups* de Silicon Valley fueron así impulsadas por estas diásporas emprendedoras[22]. El poder de atracción (y retención) de California es llamativo: California concentra más de 100.000 estudiantes internacionales (con un impacto de 3 mil millones de dólares de los casi 19 mil millones generados para Estados Unidos)[23].

Un estudio reciente de la National Venture Capital Association (NAVCA) de Estados Unidos muestra en este sentido la importancia

---

[22] Véase Robert Fairlie y Aaron Chatterji, «Hich technology entrepreneurs in Silicon Valley: opportunities and opportunity costs», University of California, Santa Clara, Department of Economics, octubre 2010. Disponible en [http://people.ucsc.edu/~rfairlie/papers/]; véase también el ensayo de Robert Fairlie, *Race and entrepreneurial success: Black, Asian, and White owned Businesses in the United States*, Cambridge (MA), MIT Press, 2008.

[23] Véase para estas estimaciones John Douglass, Richard Edelstein y Cecile Hoareau, «A global talent magnet: How a San Francisco/Bay Area Global Higher Education Hub Could Advance California's Comparative Advantage In Attracting International Talent and Further Build US Economic Competitiveness», University of California, Berkeley, Center for Studies in Higher Education, Research and Occasional Paper Series, mayo 2011. Disponible en [http://cshe.berkeley.edu/publications/docs/ROPS.CalBayAreaHEHub.6.13.2011.pdf].

de los emprendedores extranjeros para levantar auténticos imperios y multinacionales en EEUU[24]. En los últimos 15 años, los emprendedores extranjeros fueron responsables del 25% de las empresas creadas y apoyadas por fondos de *venture capital*. La capitalización bursátil de estas empresas impulsadas por emprendedores extranjeros supera hoy en día 500 mil millones de dólares, y el número de empleados sobrepasa los 200.000 en Estados Unidos y los 400.000 en el mundo. Multinacionales de la talla de Intel, Sun Microsystems, eBay, Yahoo o Google, fueron fundadas o co-fundadas por extranjeros: Andy Grove, de origen húngaro, fue uno de los co-fundadores de Intel; el hindú Vinod Khosla co-fundó con un alemán Sun Microsystems; el también hindú Pradeep Sindhu creó Juniper Networks, el principal competidor hoy en día de Cisco; Jerry Yang, co-fundador de Yahoo!, llegó a Estados Unidos de adolescente; los fundadores de eBay, el francés Pierre Omydiar, y el de Google, el ruso Sergey Brin, llegaron de niños al país.

Podríamos alargar la lista. En todos los sectores punteros (semiconductores, biotecnología, internet y software) abundan los emprendedores extranjeros, en particular procedentes de India, Francia, Inglaterra, Irán y ahora también China. La diáspora india es la que más empresas ha creado entre las analizadas por el estudio mencionado (un total de 32, el 22%), por delante de Israel (17 empresas, 12%), Taiwán (16 empresas), que se sitúan por delante de Canadá, Francia, Inglaterra, Alemania, Australia, China e Irán. La capacidad de atracción de talento emprendedor va más allá de las empresas fundadas por extranjeros: hoy en día muchos de los consejeros delegados de multinacionales estadounidenses son extranjeros, los decanos de las escuelas de negocios de Chicago o de Harvard son de India, y el presidente del mayor bufete de abogados de Estados Unidos, Baker & McKenzie, es brasileño. Mucho de este talento entra al país por la vía universitaria: MIT, Stanford o Harvard, son auténticas canteras de emprendedores extranjeros que buscan luego asentarse en Estados Unidos.

---

[24] Véase NAVCA, *American Made: The Impact of Immigrant Entrepreneurs and Professionals on U.S. Competitiveness*, Arlington, Virginia, NAVCA, 2011. Disponible en [http://www.nvca.org/index.php?option=com_content&view=article&id=254&Itemid=103].

Para las economías emergentes esta conexión con Silicon Valley también ha sido clave para el desarrollo de clústers económicos. Los vínculos con las diásporas indias, israelíes o taiwanesas de la Silicon Valley han impulsado en gran medida el despegue de las industrias y servicios tecnológicos en sus países de origen. Hoy en Mumbai, Tel Aviv o Taipei se concentran algunas de las mayores densidades de empresas tecnológicas del planeta[25]. En todos estos casos hubo una política activa para movilizar este talento, sea de manera directa o indirecta, buscando acelerar la circulación y el vaivén de las personas.

En la actualidad, el despegue acelerado de las economías emergentes en paralelo a la crisis en los países «avanzados» está provocando un flujo de retorno hacia los países emergentes; este movimiento pendular es otra cara del vuelco de las riquezas de las naciones que también involucra movimientos globales del talento. En 2009, 108.000 chinos que realizaron estudios superiores en el exterior (sobre todo en EEUU) regresaron al país, un 56% más que el año anterior, y en 2010 las cifras fueron incluso superiores, con 135.000 regresos. En una investigación de la Fundación Kauffman, realizada utilizando LinkedIn y una encuesta, el 60% de los indios y el 90% de los chinos encuestados que regresaron al país lo han hecho porque las oportunidades económicas eran superiores en sus países de origen[26]. En total, el 72% de los indios encuestados y el 81% de los chinos consideran que las oportunidades para empezar un negocio son más elevadas en sus países de origen que en EEUU. El impacto en la creación de empresas tecnológicas y en el sector IT en general de estos «retornados» en el país de origen es muy significativo: un

[25] Véase AnnaLee Saxenian, *The new argonauts: regional advantage in a global economy,* Cambridge (MA), Harvard University Press, 2006; sobre China e India en particular Trun Khanna, *Billions of Entrepreneurs: How China and India are Reshaping Their Futures and Yours,* Cambridge (MA), Harvard Business School Press, 2008; y sobre la diáspora india en las industrias tecnológicas, Nanda, Ramana y Tarun Khanna, «Diasporas and domestic entrepreneurs: Evidence from the indian software industry», Harvard Business School Working Paper 3, 2008. Disponible en [http://www.hbs.edu/research/pdf/08-003.pdf].

[26] Véase Kauffman Foundation, *The grass is in deed greener in India and China for returnee entrepreneurs,* Kansas City, Kauffman Foudnation, abril 2011. Disponible en [http://www.kauffman.org/uploadedfiles/grass-is-greener-for-returnee-entrepreneurs.pdf].

56% de los que regresaron a India lo han hecho en empresas tecnológicas, una cifra superior a China (33%).

¿Posee América Latina un potencial similar que se podría igualmente movilizar para fomentar la innovación? En realidad llama la atención el gran número de empresarios y directivos hispanos o latinoamericanos al mando de multinacionales tanto en Estados Unidos como en Europa, sea en puestos de dirección de multinacionales o como creadores y desarrolladores de *start ups* de los diferentes sectores tecnológicos. Estos nuevos argonautas de los tiempos modernos podrían ser movilizados por sus respectivos países, creándose incluso estructuras de asesoramiento al más alto nivel del aparato del Estado (en Israel, por ejemplo, existe un comité de innovación directamente vinculado al primer ministro).

En las grandes multinacionales tecnológicas no es inusual encontrar directivos latinoamericanos. Éstos podrían formar un primer círculo de dichos consejeros y asesores. Así en el comité de dirección de Nokia, en Finlandia, está Alberto Torres, miembro del Board y Executive Vice President para toda el área clave de soluciones tecnológicas. En la multinacional franco-estadounidense Alcatel Lucent está el argentino Victor Agnellini, uno de los Senior Vice Presidents de la compañía. En Madrid, su compatriota Guillermo Ansaldo es uno de los miembros del comité de dirección de Telefónica y estuvo al mando del mercado español –dirigirá, tras la remodelación organizativa, un área transversal denominada «recursos globales»–, sin contar todos los latinoamericanos que están en el área internacional con cargos directivos importantes. En la multinacional de telecomunicaciones con sede en Luxemburgo, Millicom International Cellular, los paraguayos Mario Zanotti y Regis Romero presiden respectivamente las operaciones en América Latina y en África.

En Estados Unidos destacan también los directivos latinoamericanos o hispanos en empresas tecnológicas punteras. En particular Orlando Ayala, un colombiano presidente de mercados emergentes para Microsoft, un grupo donde aparece también su compatriota Hernán Rincón, así como el venezolano Horacio Gutiérrez, quien está al mando de toda el área jurídica y protección de licencias; o el mexicano Enrique Rodríguez, a cargo de todo el negocio de televisión, vídeo y música. Por su parte, la chilena Marcela Pérez de Alonso forma parte del equipo de dirección de la tecnológica HP como máxima responsable de recursos humanos, siendo miembro del comité de dirección de la empresa. El presidente de AMD, el mayor competidor de Intel, fue hasta 2008 el mexicano Héctor Ruiz. En Visa destaca el puertorriqueño Antonio Lucio, al mando del marketing mundial de la empresa y miembro del comité ejecutivo. Muchos latinos están igualmente presidiendo las divisiones de América Latina, como por ejemplo el mexicano Jaime Vallés para Cisco, una empresa donde también está otro compatriota, Enrique Rodríguez, como Senior Vice President/ General Manager, Service Provider Video Technology Group.

Los hispanos nacidos o criados en Estados Unidos también se convirtieron en una cantera de máximos responsables. Así, en 2010, el destino de Symantec, una de las grandes tecnológicas estadounidenses, quedó en manos de Enrique Salem, un ingeniero hispano formado en EEUU y convertido en presidente del grupo. En la cúpula directiva del gigante AT&T se encuentra el cubano-americano Ralph de la Vega, miembro del comité de dirección de la multinacional con sede en Dallas. Otro alto directivo de esta empresa es el hispano Thaddeus Arroyo, como Chief Investment Officer (CIO). En Cisco, Carlos Domínguez es Senior Vice President en el Office's Chairman del Board y del CEO, desempeñando por lo tanto un papel clave en la multinacional. En esta multinacional también está otro hispano en un puesto destacable: Ángel Méndez, Senior Vice President, Customer Value Chain Management y también miembro del Emerging Countries Council de la multinacional.

Esta diáspora empresarial no solo abarca a los directivos de multinacionales. También entre los creadores de *start ups* tecnológicas o inversores de capital semilla en áreas de innovación encontramos a muchos latinos. En Madrid reside el argentino Martín Varsavsky, fundador de empresas tecnológicas como Jazztel y de FON. También en Madrid, el ex presidente de Costa Rica, José Figueres, busca impulsar la innovación y las *start ups* del continente vía La Red Innova conectándolas con Europa. Por su parte el mexicano José Marín fundó una empresa de capital riesgo, IG Expansión, que busca impulsar *start ups* tecnológicas.

En Boston, uno de los centros más activos de *start ups* de Estados Unidos junto con Palo Alto, se encuentran varias empresas tecnológicas creadas muchas de ellas por ex alumnos de MIT, como el puertorriqueño Javier Segura (CEO de Tap 'n' Tap) o el chileno Sandro Catanzaro (co-fundador de DataXu). En Austin están Roy Sosa y su hermano, al mando de la incubadora de empresas tecnológicas MPower Ventures. Desde Nueva York opera Francisco Álvarez Demalde, un argentino que es socio fundador de Riverwood Capital, un *venture capital* especializado en empresas tecnológicas, con sede en Memlo Park, California. Algunas de sus inversiones fueron empresas de *outsourcing* como Globant, con sede en Buenos Aires y presencia en todo el continente, o Allus, con sede en Colombia. Desde Silicon Valley nacieron también iniciativas como Traweln, que reúne a emprendedores e inversores en áreas tecnológicas que trabajan con empresas de América Latina. En Palo Alto está Bling Nation, una *start up* de pago por móvil creada por Wences Casares, quien también fundó Meck, una empresa de capital riesgo basada en Chile, claro ejemplo de conexión entre Silicon Valley y América Latina. En California está también NewScale, una empresa tecnológica fundada por el chileno Rodrigo Flores.

Algunos, como el boliviano Marcelo Claure, CEO de Brightstar, crearon imperios tecnológicos, en este caso desde Miami, un imperio que se ha convertido en la empresa hispana más grande de Estados Unidos con una facturación superior a los 3 mil millones de dólares. En 2010, este empresario invirtió mil millones de dólares en la creación del primer fondo de inversión de litio (un mineral esencial para componentes tecnológicos, que se encuentra en abundancia en Argentina, Chile y sobre todo Bolivia) de la Bolsa de Valores de Nueva York, Global X Lithium.

También en Miami está la empresa de internet Weemba, fundada por Constancio Larguía, el mismo que creó durante el *boom* de internet el sitio Patagon junto con Wenceslao Casares, y lo terminó vendiendo por 550 millones de dólares al Banco Santander. En esta misma ciudad se encuentra igualmente la sede principal de Neoris, una compañía global de consultoría de negocios y de TI, fundada y desarrollada por latinoamericanos (en la actualidad la preside el argentino Claudio Muruzábal), un sector donde destaca también el grupo Assa, éste con base en Buenos Aires y dirigido por el también argentino Roberto Wagmaister.

Estos argonautas no solo proceden de Europa y EEUU. Encontramos trayectorias inéditas, como la de Pablo Brenner, un uruguayo, co-fundador en Israel de una empresa que luego cotizó en el Nasdaq. En la actualidad es socio de un *venture capital* uruguayo, Prospéritas Capital Partners, especializado en empresas tecnológicas, y es presidente de la dirección de Taho (un proveedor de Acceso Inalámbrico en Brasil). Encontramos al boliviano, ahora también ciudadano alemán, Guillermo Wille, quien dirige en Bangalore, India, uno de los mayores centros de innovación y desarrollo de la multinacional General Electric, el GE John Welch Technological Centre[27].

Igualmente los latinos están participando en las empresas de capital riesgo globales, como por ejemplo Intel Capital, la filial dedicada al capital semilla del gigante Intel. El brasileño Ricardo Arantes es uno de sus directores, basado en São Paulo, que maneja inversiones sobre todo en Brasil (en empresas brasileñas como Digitron, Neovia, Yavox, Atomatos o Certidesign) y algunas más en la región, como la chilena Sonda. Otro de los directivos es el también brasileño Ricardo Battisti, quien maneja Europa Occidenteal e Israel desde Londres. Existen además empresas que hacen vínculo entre Silicon Valley y América Latina (como LatinValley). Muchas de las empresas de VC en Brasil, por ejemplo, fueron creadas por brasileños «retornados» de Estados Unidos a su país de origen, como los fundadores de Ideasnet, formados muchos de ellos en MIT.

Con redes de conexiones que se están tejiendo con Palo Alto, Boston, Nueva York o Madrid, y dentro de la región misma (con la Palermo Valley en Buenos Aires, Lima Valley, Tequila Valley en México DF o Tech Valley en Brasil), se están vertebrando en todo el continente empresas vinculadas a internet, las nuevas tecnologías, *outsourcing,* redes sociales, etc. Por su parte La Red Innova busca vincular Europa y América Latina en el ámbito de las *start ups* tecnológicas. Recientemente algunos gobiernos e instituciones nacionales en la región buscaron sistematizar estas redes. A petición de los gobiernos, el Programa KD4 del Banco Mundial brindó asesoramiento para desarrollar iniciativas piloto relevantes en Chile, México y Argentina. En Chile, la Fundación Chile junto con otras instituciones más y el gobierno chileno lanzaron Chile Global, una iniciativa inspirada en el Global Scots escocés, que busca conectar a la diáspora chilena de empresarios e in-

---

[27] Véase [http://ge.geglobalresearch.com/locations/bangalore-india/].

versores en sectores tecnológicos. En México, CONACYT (Comisión Nacional de Ciencia y Tecnología) está liderando el desarrollo de la red de talento de México en el exterior.

En sus trabajos ya mencionados sobre la importancia de las redes y la difusión del capital riesgo, Isin Guler y Mauro Guillén creen que las redes de contactos profesionales son centrales a la hora de explicar la difusión del capital riesgo fuera de Estados Unidos y su expansión en otros países. Así, en la década de los noventa, muestran que la expansión internacional de los inversores en *start ups* se centró sobre todo en Inglaterra y Canadá, dos países con fuertes conexiones con EEUU. Luego llegaría a Israel, donde la diáspora israelí jugó un papel central, al igual que las diásporas indias y chinas, otros de los dos países emergentes incluidos en el Top 10 de destinos de la internacionalización de las empresas de *venture capital* estadounidenses[28].

Estas diásporas podrían jugar un papel relevante para asentar España como *hub* de sedes corporativas para Europa, Oriente Medio y África. Igualmente, podría consolidarse España como base tecnológica latina y las propias tecnológicas y *start ups* de la región podrían asentar sus bases de expansión europeas en Madrid, Barcelona o en otras ciudades de la península. Sin embargo, más allá de las posibilidades aquí exploradas con las *start ups* o incluso las multinacionales emergentes como las de China, la gran baza que España podría jugar de cara al futuro sería fomentar el asentamiento en la península de sedes corporativas para Europa, África y Oriente Medio de las multilatinas que están precisamente buscando explorar nuevas fronteras inversoras en estas regiones.

[28] Véase Isin Guler y Mauro Guillén, «Home country network and foreign expansion: evidence from the venture capital industry», *Academy of Management Journal* 53(2), 2010, pp. 390-410; Isin Guler y Maruo Guillén, «Institutions and the internationalization of US venture capital firms», *Academy of International Business* 41, 2010, pp. 185-205.

7. ESPAÑA COMO *HUB* LATINO

Las multinacionales latinas fueron centrando su mirada en mercados exteriores, primero del continente latino y luego más allá del continente: Estados Unidos, Europa y España aparecen ya en el punto de mira.

Así, en 2010, el grupo Bimbo, la panificadora más grande de América Latina (con 102.000 empleados y unas ventas en 2010 de 9,5 mil millones de dólares), adquirió el conglomerado estadounidense Sara Lee Corp, empresa líder en distribución de pan en EEUU, por un monto cercano a mil millones de dólares. Desde 2002 esta multinacional mexicana multiplicó las adquisiciones, comprando un total de seis empresas en Estados Unidos, China, Brasil y México. Actualmente, Bimbo es líder en el mundo, pues reúne el 3% de las ventas mundiales, el 11% en Estados Unidos y el 14% en México. Con la adquisición de Sara Lee, su participación de mercado es de un 17% del mercado estadounidense y del 4% de las ventas mundiales. A mediados de 2011 pujó también por Bimbo en España, mostrando de nuevo su afán de expansión internacional, esta vez hacia Europa y España en particular.

Este ejemplo ilustra lo que hemos ido viendo en los capítulos anteriores: la emergencia de América Latina como inversor mundial. Brasil lidera este auge. En 2011, las 30 principales multilatinas brasileñas poseen cerca de 90 mil millones de dólares de activos en el extranjero y emplean a cerca de 200.000 personas en otros países. El total del *stock* de inversiones directas en el extranjero por parte de las multinacionales brasileñas ronda los 160.000 millones de dólares a finales de 2010, situándose así el gigante brasileño como el séptimo mayor inversor en el extranjero por parte de las economías emergentes.

Sin embargo, este auge abarca ahora mucho más que las multinacionales de las dos principales economías de la región, México y Brasil. Como hemos visto, las multinacionales de Argentina y ahora también de Chile, Perú y Colombia se sumaron a la expansión latina. La peruana Romero, productora de jabones y detergentes, está ya en siete países vecinos. La colombiana Grupo Nacional de Chocolates tiene más de 28.000 empleados en distintos países. La bodega chilena Concha y Toro acaba de comprar una firma en EEUU. La también chilena Sigdo Koppers (SK) anunció, en agosto de 2011, la compra del grupo industrial belga Magotteaux en una operación valorada en unos 680 millones de dólares. La argentina Tenaris, una siderúrgica con 24.000 empleados en una docena de países, ha sido todavía más radical, ubicando su sede mundial en Europa, concretamente en Luxemburgo.

Prueba también de esta vitalidad multilatina es la operación a mediados de 2011 del grupo antioqueño Suramericana que ganó el pulso a Metlife, a Prudential, al chileno Saieh y al Grupo Bolívar, y se ha hecho con los fondos de pensiones en América Latina de la holandesa ING por un monto récord cercano a los 3 mil millones de dólares. De esta manera, Suramericana se convierte en la principal multilatina de origen colombiano, gracias a una operación que se cataloga como la mayor realizada por una empresa colombiana en el exterior, superando a la del Grupo Aval (que incluye en Colombia uno de los principales bancos del país, el Banco de Bogotá y el fondo de pensiones Porvenir) con la compra de Bac Credomatic a finales de este año, por 1,9 mil millones de dólares.

Esta nueva realidad invita a reflexionar sobre la recomposición de las relaciones entre España y América Latina y a (re)pensar en definitiva los nexos empresariales entre ellos. Las décadas de las relaciones unilaterales, en las cuales España era inversor en la región, se han acabado, dejando paso ahora a relaciones más equilibradas y, en particular, a un potencial por capitalizar: el auge inversor de América Latina en el exterior y en particular en Europa.

I. LAS MULTILATINAS: UNA (GRAN) OPORTUNIDAD PARA ESPAÑA

Esta tendencia podría representar una oportunidad única para España para convertirse de emisor en receptor de capital latino, y, conjunta o alternativamente, en receptor de sedes corporativas latinas en Europa.

En términos de inversiones, España está tímidamente en el radar latino. Sin embargo, el potencial es grande por el protagonismo alcanzado por los inversores empresariales del continente. En 2010, los flujos de capitales que salieron de América Latina y del Caribe aumentaron casi un 70%, alcanzando los 76 mil millones dólares (frente a los 112 mil millones de inversiones directas recibidos en la región). De éstos, 43 mil millones fueron inversiones directas en el extranjero, un aumento del 56% con respecto al año anterior (esta cifra supera la IED española en el exterior, que ese año se situó en 26 mil millones de euros).

América Latina se configura así como un emisor importante de capitales, totalizando el 17% de las inversiones directas realizadas por los mercados emergentes en el año 2010 frente al exiguo 6% del año 2000. Brasil sigue siendo un emisor importante, pero en 2010 México, Colombia y Chile alcanzaron montos de inversión directa en el exterior récord según los datos de la CEPAL[1]. El grueso de las operaciones (casi un 50%) se realiza por ahora dentro de la región, es decir, que las inversiones directas de los países de América Latina todavía se concentran en el inmediato entorno regional.

Sin embargo, estamos viendo operaciones también en otras regiones: 8 de las 11 principales operaciones de IED realizadas en el 2010 fueron en países de América del Norte y Europa. Dicho de otra manera: si bien la internacionalización de las multilatinas se concentró en América Latina en una primera fase estamos presenciando la emergencia de una segunda fase que abarca otros geografías, incluidos países OCDE como Estados Unidos o Canadá; o Europa, con Portugal, Reino Unido, Noruega o España en el punto de mira en determinadas ocasiones. Las inversiones directas solo cuentan parte de la historia, a la que cabe añadir las relaciones empresariales y los flujos comerciales, esto es, las oficinas de representación comercial o simplemente las exportaciones. Europa, y España en particular, siguen siendo un socio importante, quizá no tanto para México pero sí para los países del Cono Sur.

---

[1] Véase [http://www.eclac.cl/publicaciones/xml/9/43289/2011-322-LIE-2010-WEB_ULTIMO.pdf].

TABLA 7.1. *Principales adquisiciones transfronterizas realizadas por multilatinas, 2010*

Adquirida	País	Sector	Adquiriente	País	Valor (millones $)
BSG Resources Guinea Ltd	Reino Unido	Minería	Vale SA	Brasil	2.500
BAC Credomatic GECF Inc	Panamá	Servicios financieros	Grupo Aval Acciones y Valores	Colombia	1.920
Gerdau Ameristeel Corp	Canadá	Manufactura	Gerdau	Brasil	1.607
Cimpor Cimentos de Portugal	Portugal	Manufactura	Camargo Corrêa Portugal SGPS	Brasil	1.894
Keystone Foods LLC	Estados Unidos	Agroindustria	Marfrig Alimentos SA	Brasil	1.260
Univision Communications Inc	Estados Unidos	Servicios audiovisuales	Televisa México	Unidos	1.200
Cimpor Cimentos de Portugal	Portugal	Manufactura	Votorantim	Brasil	1.192
DECA II	Guatemala	Servicios/energía	Empresa Pública de Medellín	Colombia	605
Farmacias Ahumada SA	Chile	Comercio	Grupo Casa Saba SAB	México	604

Bar-S Foods Co	Estados Unidos	Agroindustria	Sigma Alimentos SA	México	575
PetroRig III Pte Ltd-PetroRig	Noruega	Servicios	Grupo R SA de CV	México	540
Cintra Concesionaria de Infraestructura de Transporte	Chile	Servicios	Interconexión Eléctrica SA (ISA)	Colombia	499
Cía Mnera Milpo SAA	Perú	Minería	Votorantim Metais Ltda.	Brasil	419
Sunoco Chemicals Inc	Estados Unidos	Manufactura	Braskem SA	Brasil	350
Pasadena Refining System Inc.	Estados Unidos	Manufactura	Petrobras	Brasil	350
Ecuador Bottling Co Corp	Ecuador	Bebidas	Embotelladoras Arca SAB	México	345
Devon Energy Corp-Cascade	Estados Unidos	Petróleo/gas	Petrobras	Brasil	180
IBI México	México	Servicios financieros	Banco Bradesco SA	Brasil	164
Dana Hldg-Structural Prod Bus	Estados Unidos	Manufactura	Metalsa SA	México	150
417 Fifth Avenue, New York, NY	Estados Unidos	Servicios inmobiliarios	Inmobiliaria Carso SA	México	140

FUENTE: CEPAL, 2011.

II. ESPAÑA COMO *HUB* EUROPEO DE SEDES CORPORATIVAS DE MULTILATINAS

Por ahora la inversión latina en España escasea. Sin embargo, varias multilatinas han asentado sus sedes corporativas europeas en España. Es decir, que recibir IED latina no es la única manera de potenciar las relaciones empresariales con la región. Otra vía para España sería posicionarse como el lugar donde estas multilatinas podrían ubicar sus sedes corporativas europeas.

Este ya es el caso, en particular, de las multilatinas mexicanas. Cemex y Pemex, por ejemplo, tienen situada su sede corporativa en Madrid. Por su parte Grupo Modelo (dueño de la cerveza Corona) está en Guadalajara, desde donde dirige las operaciones para Europa, África y Oriente Medio. Las brasileñas Alpargatas (dueña de la marca Hawaianas) y Gerdau tienen también sus sedes europeas en España, respectivamente en Madrid y en Bilbao. Por su parte la argentina Arcor está asentada en Barcelona, al igual que la naviera chilena Sudamericana de Vapores, mientras que la también chilena LAN se asienta en Madrid. La Corporación Andina de Fomento (CAF), un organismo financiero internacional creado por los Estados de América Latina, ha decidido también abrir su oficina europea en Madrid.

España es ya por lo tanto un (incipiente) *hub l*atino que se podría potenciar mucho más aún. Los bancos brasileños (Bradesco, Itaú Unibanco, Banco do Brasil) se están internacionalizando. España podría ser una ubicación para una matriz europea. Lo mismo para el mexicano Banorte, el colombiano Bancolombia o el venezolano Mercantil. El fondo soberano chileno o el brasileño podrían considerar en el futuro abrir oficinas europeas y asentarlas en España, al igual que los recién creados por Colombia y Panamá. Para muchas de las multilatinas que no están todavía en Europa, o que están pero con sedes corporativas en otros países, España podría ser un punto de entrada para a Europa, ofreciendo ubicación para sedes corporativas EMEA (Europa, Oriente Medio, África) de estas multinacionales.

¿De cuántas empresas estamos hablando? ¿Cómo se configura el mapa actual de las sedes europeas de las multilatinas? Estos puntos son los que hemos analizado en detalle a partir de una investigación inédita y una base de datos nueva.

III. UN MAPA DE LAS SEDES EUROPEAS DE LAS MULTILATINAS

La mayoría de las multilatinas, como veremos ahora, operan en realidad desde otras ciudades europeas: han elegido otras ciudades para radicar sus sedes corporativas europeas, a pesar de la densidad de conexiones aéreas o empresariales que ofrece la península, de los vínculos empresariales y económicos que hemos mencionado y de la proximidad cultural.

Lo cierto es que queda mucho recorrido: al final el Banco de Desarrollo Brasileño, el BNDES, ha elegido Londres para ubicar su oficina europea, al igual que Petrobras. La chilena Antofagasta, filial del grupo minero Luksic, tiene su sede corporativa mundial también en Londres. El grupo argentino Tenaris deslocalizó su sede corporativa mundial a Luxemburgo, mientras que la constructora brasileña Odebrecht ha decidido operar en Europa, Oriente Medio y África a partir de Lisboa.

Para documentar el potencial de una estrategia sistemática de (re)ubicación de sedes corporativas europeas de estas multilatinas, hemos llevado a cabo un análisis sistemático de las mayores multilatinas, las más internacionalizadas, identificando una por una dónde están sus sedes europeas. El principal resultado de esta investigación, original e inédita, es que la gran mayoría tiene su sede corporativa europea en otros países, aunque España se lleve una cuota importante, confirmando el interés y el potencial del país para este colectivo.

En total hemos analizado 147 multilatinas, las mayores del continente, cruzando varias bases de datos y los *rankings* en particular de América Economía y del Vale Centre de la Universidad de Columbia en Nueva York. Para cada una de ellas hemos identificado su presencia internacional y europea en particular. La tabla adjunta más adelante presenta la muestra total, tratando de identificar la ciudad y país europeo donde tienen ubicadas estas empresas las sedes corporativas. La mayoría de las empresas son brasileñas (60). Le siguen las mexicanas (32) y luego las chilenas (23), argentinas (20), colombianas (9) y por último las peruanas (3).

De las 147 multilatinas seleccionadas no todas tienen sede en Europa.

TABLA 7.2. *Multilatinas con sedes europeas, 2011*

N.º	Origen	Multilatina	Sede europea	País	Actividad europea	Sector
1	Bra.	VOTORANTIM CIMENTOS	Hamburgo	Alemania	S	Cemento
2	Bra.	SABÓ IND. Y COM. DE AUTOPEÇAS	Heilbronn	Alemania	S	Autopartes
3	Bra.	WEG	Nivelles	Bélgica	S	Maquinaria
4	Bra.	METALFRIO	Aalestrup	Dinamarca	S	Electrodomésticos
5	Bra.	MARCOPOLO	Suez	Egipto	S	Autopartes
6	Bra.	GERDAU	Bilbao	España	S	Siderurgia
7	Bra.	EMBRAER	París	Francia	S	Aeroespacial
8	Bra.	NATURA	París	Francia	S	Cosméticos
9	Bra.	PETROBRAS	Londres	Reino Unido	S	Petróleo
10	Bra.	TAM			S	Aerolíneas
11	Bra.	DUAS RODAS	N/A		N	Alimentos
12	Bra.	LUPATECH	N/A			Ingeniería
13	Bra.	GRUPO JBS (FRIBOI)	Londres	Reino Unido	S	Alimentos
14	Bra.	ITAÚ - UNIBANCO	Lisboa	Portugal	S	Banca
15	Bra.	CONSTRUTORA NORBERTO ODEBRECHT	Lisboa	Portugal	S	Ingeniería
16	Bra.	CAMARGO CÔRREA CIMENTOS	Lisboa	Portugal	S	Cemento

17	Bra.	GRUPO CAMARGO CÔRREA	Lisboa	Portugal	S	Construcción/ingeniería
18	Bra.	TIGRE (TUBOS DE CONEXIÓN)	N/A		S	Materiales de construcción
19	Bra.	ARTECOLA	N/A		N	Química
20	Bra.	ANDRADE GUTIERREZ	Porto Salvo	Portugal	S	Construcción/ingeniería
21	Bra.	CÍA. SIDERÚRGICA NACIONAL	Paio Pires	Portugal	S	Siderurgia
22	Bra.	VALE	Londres	Reino Unido	S	Minería
23	Bra.	MARFRIG	Northampton	Reino Unido	S	Alimentos
24	Bra.	SADIA	Worcester	Reino Unido	S	Alimentos
25	Bra.	ARACRUZ CELULOSE	Nyon	Suiza	S	Celulosa
26	Bra.	BEMATECH	Berlin	Alemania	S	Tecnología
27	Bra.	RANDON	Gelsenkirchen	Alemania	S	Automóviles profesionales
28	Bra.	STEFANINI	Bruselas	Bélgica	S	Tecnología
29	Bra.	ULTRAPAR		Bélgica	S	Hólding
30	Bra.	SPOLETO	Madrid	España	S	Comida - Franquicias
31	Bra.	MARISOL	Madrid	España	S	Textil
32	Bra.	TOTVS	Braga	Portugal	S	Tecnología
33	Bra.	AMÉRICA LATINA LOGÍSTICA	N/A		N	Construcción/ingeniería
34	Bra.	ALUSA	N/A			Ingeniería y telecomunicaciones

N.º	Origen	Multilatina	Sede europea	País	Actividad europea	Sector
35	Bra.	DHB	N/A			Autopartes
36	Bra.	ESCOLAS FISK	N/A		N	Educación - Idiomas
37	Bra.	CI&T	Londres	Reino Unido	S	Tecnología
38	Bra.	POLITEC	N/A		N	Tecnología
39	Bra.	LOCALIZA	N/A		N	Alquiler vehículos
40	Bra.	CIA PROVIDENCIA				Textil
41	Bra.	BRASIL FOODS	Budapest; Milton Keynes	Hungría y Reino Unido	S	Alimentos
42	Bra.	SUZANO PAPEL E CELULOSE	Signy	Suiza	S	Celulosa y papel
43	Bra.	CEMIG	N/A		N	Electricidad
44	Bra.	ELETROBRAS	N/A		N	Electricidad
45	Bra.	MAGNESITA	Hilden	Alemania	S	Minería
46	Bra.	MINERVA				Alimentación
47	Bra.	TELEMAR (OI)	Lisboa	Portugal	S	Telefonía
48	Bra.	COTEMINAS	N/A		N	Textil
49	Bra.	ITAUTEC	Madrid	España	S	Tecnología
50	Bra.	TUPY	Múnich	Alemania	S	Autopartes
51	Bra.	DURATEX	Sint-Martens-Latem	Bélgica	S	Madera
52	Bra.	IOCHPE	N/A			Autopartes
53	Bra.	KLABIN		Bélgica	S	Papel

54	Bra.	ALPARGATAS	Barcelona	España	S	Calzado
55	Bra.	BANCO DO BRASIL	Viena	Austría	S	Banca
56	Bra.	BNDES	Londres	Reino Unido	S	Banca
57	Bra.	BRADESCO	Luxemburgo	Luxemburgo	S	Banca
58	Bra.	AB-INBEV	Lovaina	Bélgica	S	Bebidas
59	Bra.	BRASKEM	Rotterdam	Holanda	S	Petroquímica
60	Bra.	USIMINAS	Copenague	Dinamarca	S	Minería
61	Col.	GRUPO ARGOS	N/A		N	Cemento
62	Col.	NUTRESA (ANTES NACIONAL DE CHOCOLATES)	N/A		N	Alimentos
63	Col.	CARVAJAL		España	S	Editorial
64	Col.	COLOMBINA			N	Alimentos
65	Col.	ISA	N/A		N	Distribución eléctrica
66	Col.	TERPEL	N/A		N	Distribución Petróleo
67	Col.	ECOPETROL	N/A		N	Petróleo
68	Col.	EMPRESAS PÚBLICAS DE MEDELLÍN	N/A		N	Distribución eléctrica
69	Col.	GRUPO MUNDIAL	N/A		N	Construcción
70	Méx.	CINÉPOLIS	N/A		N	Entretenimiento
71	Méx.	GRUPO CASA SABA (FASA)	N/A		N	Comercio detallista
72	Méx.	AMÉRICA MÓVIL	N/A		N	Telecomunicaciones
73	Méx.	CEMEX	Madrid	España	S	Cemento

N.º	Origen	Multilatina	Sede europea	País	Actividad europea	Sector
74	Méx.	FEMSA	Madrid	España	S	Bebidas
75	Méx.	TELMEX	N/A		N	Telecomunicaciones
76	Méx.	GRUPO ALFA	Madrid	España	S	Autopartes/petroquímica
77	Méx.	GRUPO BIMBO			N	Alimentos
78	Méx.	GRUPO MODELO	Guadalajara	España	S	Bebidas
79	Méx.	GRUPO TELEVISA			S	Medios
80	Méx.	GRUMA	Londres	Reino Unido	S	Alimentos
81	Méx.	GRUPO ELEKTRA			N	Comercio detallista
82	Méx.	MEXICHEM			N	Petroquímica
83	Méx.	VITRO	León	España	S	Vidrio
84	Méx.	P.I. MABE	Toledo	España	S	Pañales
85	Méx.	PEMEX	Madrid	España	S	Petróleo
86	Méx.	GRUPO MÉXICO			N	Minería
87	Méx.	INDUSTRIAS CH			N	Acero
88	Méx.	CEMENTOS DE CHIHUAHUA			N	Cemento
89	Méx.	XIGNUX				Hólding
90	Méx.	CORPORACIÓN DURANGO				Papel
91	Méx.	INTERCERAMIC			N	Mineral no metálico
92	Méx.	SAN LUIS CORP.	Stuttgart	Alemania	S	Autopartes
93	Méx.	ACCEL			N	Alimentos

94	Méx.	GRUPO CARSO	N/A		N	Hólding
95	Méx.	GRUPO KUO				Hólding
96	Méx.	AHMSA			N	Acero
97	Méx.	AEROMÉXICO	Madrid	España	S	Aerolíneas
98	Méx.	TOP RADIO	Madrid	España	S	Entretenimiento
99	Méx.	LABORATORIOS SILANES	Madrid	España	S	Investigación
100	Méx.	SOFTTEK	A Coruña	España	S	Tecnología
101	Méx.	OMNILIFE	Madrid	España	S	Sanidad, bienestar
102	Arg.	IMPSA (PESCARMONA)	N/A		S	Alimentación
103	Arg.	TENARIS	Dalmine	Italia	S	Siderurgia
104	Arg.	ARCOR	Barcelona	España	S	Alimentación
105	Arg.	LABORATORIOS BAGÓ	Moscú	Rusia	S	Investigación
106	Arg.	TECHINT	Bergamo	Italia	S	Hólding
107	Arg.	MOLINOS RÍO DE LA PLATA	Fara San Martino	Italia	S	Alimentación
108	Arg.	GRUPO LOS GROBO	N/A		N	Agroindustria
109	Arg.	CRESUD	N/A		N	Agroindustria
110	Arg.	ROEMMERS	N/A		N	Investigación
111	Arg.	TECNA	Madrid	España	S	Ingeniería
112	Arg.	IECSA (GRUPO ODS)	N/A		N	Construcción
113	Arg.	CITRÍCOLA SAN MIGUEL			S	Agroindustria
114	Arg.	BGH	N/A		N	Tecnología

N.º	Origen	Multilatina	Sede europea	País	Actividad europea	Sector
115	Arg.	CLISA	N/A			Hólding
116	Arg.	PETROQ. RÍO TERCERO	N/A		N	Minería / petróleo
117	Arg.	GRUPO ASSA	N/A		S	Agroindustria
118	Arg.	GRUPO PLASTAR	N/A		N	Petroquímica
119	Arg.	SANCOR COOP.	N/A		N	Alimentación
120	Arg.	HAVANNA	Barcelona	España	S	Alimentación
121	Arg.	BIO SIDUS	N/A		N	Tecnología
122	Chl.	ENAP	N/A		N	Petróleo y gas
123	Chl.	CENCOSUD	N/A		N	Comercio detallista
124	Chl.	FALABELLA	N/A		N	Comercio detallista
125	Chl.	SUDAMERICANA DE VAPORES	Barcelona	España	S	Naviera
126	Chl.	LAN	Madrid	España	S	Aerolíneas
127	Chl.	ARAUCO	Leiden	Holanda	S	Forestal/celulosa
128	Chl.	ANTOFAGASTA PLC	Londres	Reino Unido	S	Minería
129	Chl.	D&S	N/A		N	Comercio detallista
130	Chl.	CMPC	Londres	Reino Unido	S	Forestal
131	Chl.	CGE	N/A		N	Electricidad y gas
132	Chl.	MOLYMET	Surrey	Reino Unido	S	Minería
133	Chl.	SQM	Amberes	Bélgica	S	Industrial
134	Chl.	RIPLEY	N/A		N	Comercio detallista

135	Chl.	FARMACIAS AHUMADA	N/A		N	Comercio detallista
136	Chl.	EMBOTELLADORA ANDINA	N/A		N	Alimentos y bebidas
137	Chl.	CCU	N/A		N	Alimentos y bebidas
138	Chl.	MADECO	N/A		N	Forestal
139	Chl.	MASISA	N/A		N	Industrial
140	Chl.	SALFACORP	N/A		N	Industrial
141	Chl.	INTEROCEÁNICA (CCNI)	Madrid	España	S	Transporte marítimo
142	Chl.	VIÑA CONCHA Y TORO	Wheatley	Reino Unido	S	Bebidas
143	Chl.	SONDA	N/A		N	Tecnología
144	Chl.	SQM	Amberes	Bélgica	S	Minería
145	Per	AJEGROUP	Madrid	España	S	Alimentación
146	Per	YANBAL	Madrid	España	S	Cosméticos
147	Per	GLORIA	N/A		N	Hólding

FUENTE: En base a sitios web, informes empresariales, América Economía y Vale Centre Columbia University, 2011.

GRÁFICO 7.1. *Porcentaje de multilatinas con sede corporativa en Europa*

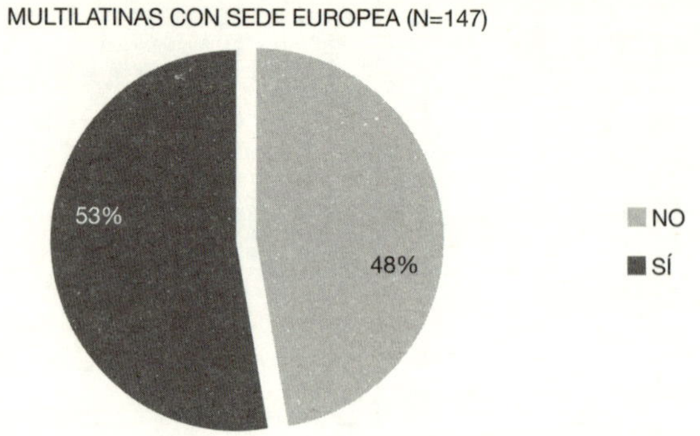

FUENTE: ESADEgeo, 2011.

En total hemos identificado 77 con sedes corporativas en Europa, es decir, casi la mitad de las mayores multilatinas (52% del total). Algunas son sedes puramente comerciales, mientras que otras no solo concentran las operaciones en Europa sino que abarcan también Oriente Medio.

En algunos casos (Antofagasta, ABInbev, Tenaris) son sedes incluso no solo regionales sino mundiales, es decir, que algunas tienen incluso sus matrices en Europa. Ninguna de éstas, sin embargo, está ubicada en España: la primera está en Inglaterra, la segunda en Bélgica y la tercera en Luxemburgo.

El análisis por país de la presencia europea nos muestra un ganador claro, Brasil, y tres seguidores: México, Chile y Argentina. Además de mostrar una importante presencia numérica, las empresas multinacionales brasileñas son las que con mayor proporción destinan una sede a Europa. Ya sea por un efecto tamaño de las empresas o por una decidida vocación internacional, un 72% de las multilatinas brasileñas analizadas tienen presencia en Europa; de éstas, 42 empresas tienen sede EMEA instalada en Europa. Este porcentaje baja en el caso de los tres seguidores (que se sitúan alrededor del 40%) y vuelve a subir por un efecto escala en Perú (que solo cuenta con tres empresas con sede EMEA).

Si excluimos México (que sesga la muestra hacia España al haber solo podido recopilar las sedes asentadas en España para este país), el

GRÁFICO 7.2. *Multilatinas con presencia en Europa y con sede EMEA*

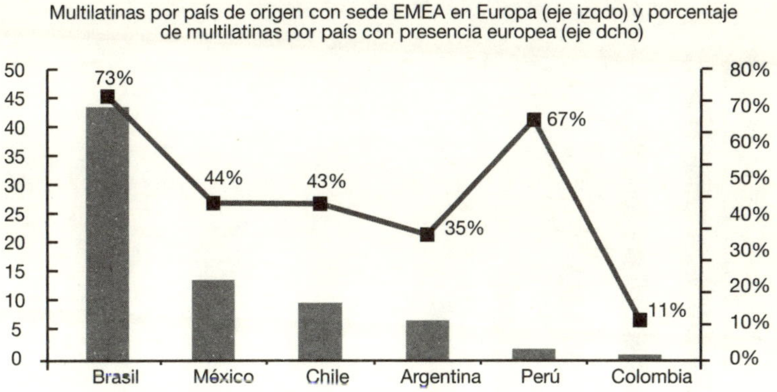

FUENTE: ESADEgeo, 2011.

grueso de las sedes corporativas está concentrado en el Reino Unido (13), por delante de España (12), Portugal y Bélgica (8 cada uno) y Alemania (7). Llama la atención la presencia de sedes corporativas de multilatinas en muchas ciudades que no son capitales como Signy en Suiza, Hilden o Munich en Alemania, Surrey o Wheatley en Inglaterra, Dalmine o Fara San Martino en Italia. Es decir, no siempre la ubicación de sedes corresponde a lógicas de conexiones internacionales o centralidad regional o nacional. El caso de España, con Gerdau (Bilbao), Softtek (A Coruña), Toledo (Mabe) o Modelo (Guadalajara), lo corrobora también.

La clasificación de sedes por país confirma el atractivo relativamente bueno de España, ya que un tercio de las multilatinas tienen su sede corporativa europea en el país (incluso quitando a México de la muestra hay un número significativo). Sin embargo, la investigación muestra también el potencial por concretar: 52 sedes corporativas europeas de estas multilatinas no están ubicadas en España.

Si miramos en detalle el potencial por país es llamativo, en particular de cara a las multilatinas de Brasil. Embraer y Natura están en París; Votorantim, Bematech y Sabó en diferentes ciudades de Alemania; Metalfrío y Usiminas en Dinamarca; Petrobras, JBS Friboi, Vale, Marfrig, Brasil Foods y Bematech en Inglaterra; Stefanini, AB Inbev, Ultrapar y Randon en Bélgica; Aracruz y Suzano en Suiza; Braskem en Holanda, etc. Solo Itautec, Alpargatas, Marisol, Gerdau y Spoleto están en

GRÁFICO 7.3. *Número de multilatinas con sede EMEA*

a) Con exclusión de multilatinas mexicanas

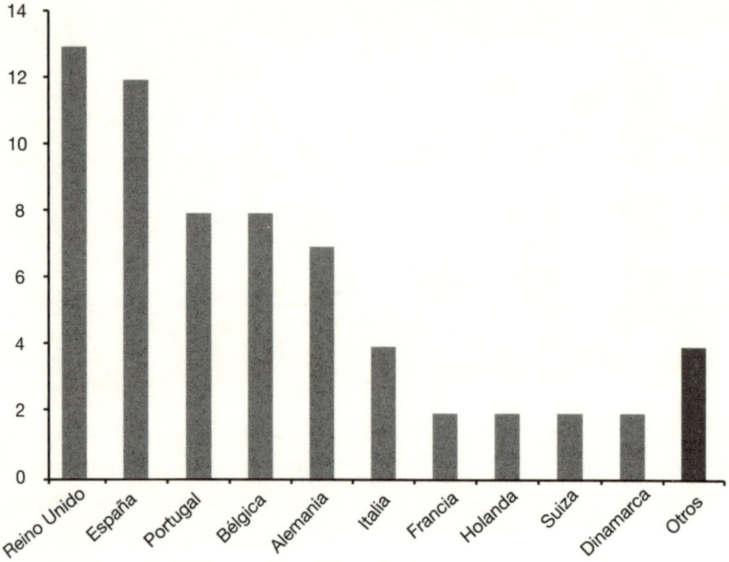

b) Con el total de la muestra (n= 77)

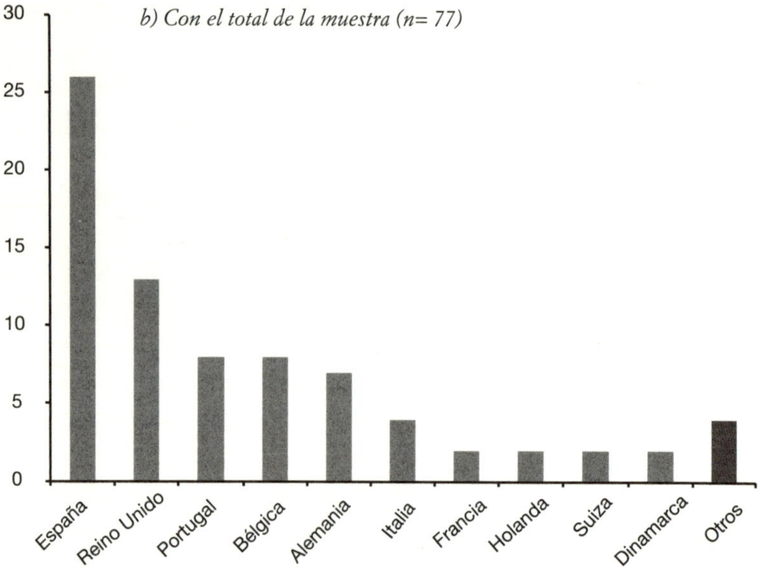

FUENTE: ESADEgeo, 2011, en base a sitios webs, informes empresariales, América Economía y Vale Centre Columbia University, 2011.

España, es decir, solo 5 de las 43 sedes europeas que tienen estas multilatinas están en España (como hemos indicado, en la muestra hemos analizado 60 multilatinas brasileñas pero solo 43 tienen sedes europeas operativas).

Portugal, con 8, concentra el mayor número de sedes corporativas europeas de multilatinas brasileñas. Uno podría pensar que esto es lógico debido a la proximidad cultural y lingüística, sin embargo este número iguala el de Inglaterra (8), país que también ostenta un mayor número de sedes corporativas europeas de multilatinas brasileñas, por delante de España. La cifra para España es comparable a la de Alemania que también ostenta 5 sedes corporativas e inferior a la de Bélgica. En el caso de Portugal, los vínculos históricos, culturales y empresariales explican las localizaciones; en el caso de Alemania es más la vinculación industrial, ya que Brasil es uno de los mayores centros de producción industrial de las industrias alemanas fuera del país. En el caso de Bélgica, la explicación se daría más por la presencia de las instituciones europeas, en la capital belga en particular, aunque muchas multilatinas asentadas en este país no estén en esta ciudad sino en otras como Nivelles para WEG, Sint-Martens-Latem (cerca de Gante) para Duratex, o Lovaina para ABInbev.

El análisis del detalle por cifras de negocios revela también que los grupos asentados en España tienen matrices de menor tamaño que los asentados, por ejemplo, en Inglaterra. Gerdau (asentada con sede corporativa para Europa en España) tiene unas ventas en 2010 de cerca de 19 mil millones de dólares, muy por detrás de Petrobras y Vale (ambas asentadas en Inglaterra) con 128 y 50 mil millones de dólares de ventas en 2010, respectivamente. En términos cualitativos (potencia de las matrices que las respaldan) Inglaterra es probablemente el país de Europa donde se concentran las sedes de las multilatinas brasileñas más importantes. Los gigantes agroindustriales Brasil Foods, JBS Friboi y Marfrig también operan todos desde Inglaterra.

Si nos centramos en las multilatinas chilenas los resultados indican más de lo mismo. Si bien algunas tienen sus sedes corporativas en España, la mayoría las tienen ubicadas fuera del país. De un total de 23 multilatinas chilenas incluidas en la muestra, solo 10 tienen una sede europea que hemos podido identificar. De éstas, solo 3 están en España, una de ellas en Barcelona (la naviera Sudamericana de Vapores) y las otras dos en Madrid (la naviera Interoceánica y la aerolínea LAN Chile). El resto de las multilatinas chilenas tienen las sedes europeas en el Reino Unido (4), Bélgica (3) y Holanda (1). En el caso de Chile hay una multilatina que merece mención especial y es Antofagasta, la minera filial del Grupo Luksic, cuya sede mundial está en Londres.

Para Argentina contamos con 20 multilatinas en la muestra, 7 de ellas con sedes corporativas europeas. Arcor y Havanna sí eligieron Barcelona, pero todas las demás están ubicadas en otras ciudades europeas. El caso argentino es interesante porque incluso algún grupo, como Techint, ha optado por deslocalizar las sedes corporativas mundiales a Europa: concretamente Tenaris y Ternium tienen ahora sus sedes mundiales en Luxemburgo. Podríamos aquí imaginar buscar (re)ubicar éstas en España, es decir, que no solo se trataría en estos casos de mover una sede corporativa europea sino que estaríamos hablando de la sede mundial, más intensiva en empleados y recursos.

IV. UN POTENCIAL POR CONSOLIDAR

Del análisis aquí realizado se desprenden tres observaciones. La primera es que España ha tenido cierto éxito para captar sedes corporativas europeas de multilatinas, en particular en el caso de México. La segunda es que el potencial es muy grande para conseguir que otras (re)ubiquen sus sedes corporativas europeas e incluso mundiales en España. Este es el caso en particular de las brasileñas, el mayor conjunto de multilatinas, que apenas tienen sedes corporativas europeas en España. Chile y Argentina también merecerían mayor atención, en particular por ostentar 3 sedes mundiales en Europa (Antofagasta, Tenaris y Ternium). La tercera es que las mayores multilatinas del continente optaron por asentarse en países como Inglaterra, que no ostentan vínculos culturales tan fuertes como Portugal y España.

La conclusión más importante es probablemente la relativa a Brasil. Brasil ofrece una multitud de empresas en fase de globalización: según el Vale Centre de la Universidad de Columbia, las 30 principales empresas brasileñas cotizadas tienen cerca de 90 mil millones de dólares de activos en el extranjero y cerca de 180.000 empleados fuera de Brasil.

El grueso de los activos fuera del país, sin embargo, sigue todavía muy concentrado en pocas empresas: Vale, Petrobras y Gerdau concentran cerca del 75% de los activos de empresas brasileñas en el extranjero. En términos de ventas y de empleados, la agroindustrial JBS Friboi concentra 17 mil millones de dólares de ventas en el extranjero y emplea a 80.000 personas fuera de Brasil (un 45% de todos los empleados en el extranjero de las 30 principales multilatinas brasileñas).

Es decir, el nivel de internacionalización brasileño, si bien ya ha sido importante, todavía deja hueco al crecimiento. Es muy probable que de cara al futuro veamos todavía más activismo internacional de estas multilatinas. Solo, en definitiva, 9 de esas 30 mayores multilatinas brasileñas tienen activos en el extranjero superiores a mil millones de dólares. Muchas iniciaron sus pasos en Europa con adquisiciones importantes, como el caso de Gerdau en España (en 2005 compró un 40% de Sidenor por 450 millones de euros; y en 2008 otro 20% por 206 millones de euros) o de Magnesita en Alemania (donde compró LWB Refractories por cerca de mil millones de dólares). De cara al futuro el 20% planea crecer en el extranjero vía adquisiciones. A este grupo se suma el que planea internacionalizarse implantando sus propias bases productivas (33%) o el que desea exportar con el apoyo en oficinas en el extranjero (29%)[2].

Existen como hemos visto varias multilatinas brasileñas que han desarrollado una presencia importante en España. Este conjunto podría ofrecer un grupo estratégico para asentar sedes corporativas europeas. Varias están en la Península a través de compañías españolas adquiridas o de su participación en grupos portugueses. Una de las más activas es el grupo multisector Camargo Correa, que factura unos 10 mil millones de dólares con actividades que van desde la moda hasta la construcción, pasando por el cemento, las concesiones, la electricidad, los astilleros, el crudo o la siderurgia. En 2006 entró en España con la compra que hizo su filial Santista de Tavex, una textil que cotiza en Bolsa y tiene plantas de producción en España, Marruecos y Latinoamérica. También se hizo en 2010 con un 33% de la cementera portuguesa Cimpor, que produce en Brasil, Egipto, China,

[2] Véase [http://www.vcc.columbia.edu/files/vale/documents/EMGP-Brazil-Report-2010-Final.pdfmal].

India, Turquía, Perú o Sudáfrica, y que es ya una de las mayores cementeras de España.

Las siderúrgicas brasileñas están muy interesadas en España. Como ya mencionamos, el grupo Gerdau, basado en Porto Alegre, el mayor productor de aceros largos de Latinoamérica y la segunda siderúrgica de EE UU, compró Corporación Sidenor en 2006. La empresa, con 14 plantas en América, Europa y Asia, y 25 millones de toneladas de producción, se hizo más tarde con SGSB Acero, que adquirió a CIE Automotive. CSN, otra de las grandes siderúrgicas brasileñas, se hizo en 2011 con el extremeño Gallardo por un monto cercano a los mil millones de euros. La compra permitirá a CSN (octavo grupo por capitalización bursátil entre los grandes productores mineros y siderúrgicos) consolidarse en España para expandirse hacia Europa.

Otro de los grandes grupos multisector de Brasil, Odebrecht, tiene también sus ojos puestos en España. Su división de construcción, una de las mayores del mundo, con proyectos en 35 países, ha llevado a cabo obras importantes en Alemania y Reino Unido. Odebrecht cuenta ya con una filial en España y ha sido socia de constructoras e ingenierías españolas en América Latina: ganó contratos como el del Centro Intermodal de Miami con OHL, una refinería en México con Técnicas Reunidas y el Metro de Panamá con FCC. Otro grupo con ambiciones europeas es Braskem, uno de los mayores productores mundiales de plástico, que siguió su expansión internacional en EEUU con otra importante adquisición por 350 millones de dólares.

En otros sectores, España podría jugar un papel clave. Ya hemos resaltado la importancia de las relaciones empresariales de España con América Latina, que constituye una sólida base sobre la que capitalizar. Por si fuera poco se multiplicaron iniciativas como las de la Bolsa de Madrid, que creó hace una década el Latibex, una plataforma para cotizaciones en euros de multilatinas. En 2011, Latibex alcanza un total de 34 valores cotizados procedentes de 6 países (Argentina, Brasil, Chile, Colombia, México y Perú). Se consolida como el tercer mercado de valores latinoamericanos por capitalización bursátil, con 540 mil millones de euros. Todos estos valores que cotizan en la bolsa madrileña pueden ofrecer un conjunto de empresas prioritarias sobre las que cimentar la concentración de sedes europeas en España, como un grupo de test relevante sobre el que construir el *hub* latino de cara a Europa.

Muchas de las multilatinas están ubicadas en ciudades que carecen de la densidad de conexiones aéreas que ofrece hoy en día Madrid o Barcelona. Además, existen contextos nacionales diferentes que podrían jugar a favor de España. Weg, por ejemplo, una de las principales empresas de autopartes, tiene su sede europea en Bélgica, cuando la industria automotriz basada en España es más importante. También con sede EMEA en Bélgica (Amberes) está la chilena Soquimich. TOTVS por su parte tiene la sede corporativa en Braga, Portugal, país donde están también el Banco Itaú, las constructoras Odebrecht y Andrade Gutiérrez, el conglomerado Camargo Correa, así como la siderúrgica CSN. Todas estas empresas tienen sus asentamientos y sedes operativas en ciudades que no son capitales y carecen de la densidad de conexiones que podría ofrecer Madrid por ejemplo. Este es el caso también de la brasileña Metalfrío que tiene su base en Aalestrup, en Dinamarca, cuando las conexiones directas desde Escandinavia a Brasil escasean. La densidad de las conexiones áreas con Brasil es igualmente relevante, Iberia tiene vuelos directos con varios destinos brasileños, entre ellos São Paulo y Río, donde se concentran el grueso de las sedes corporativas de las 30 principales multilatinas brasileñas (22 sedes en total).

Otro tipo de caso lo representan las multilatinas que iniciaron andanzas europeas. Este es el caso por ejemplo de Lupatech, una multinacional brasileña con 3.600 empleados, compuesta por negocios volcados principalmente hacia el sector del petróleo y el gas, suministrando equipos y servicios para la etapa de producción. Esta empresa tiene presencia industrial en Brasil, Argentina y Colombia. En julio de 2011, reforzando su estrategia de internacionalización, Lupatech adquirió el 7% del capital de Vicinay Marine SA (por 16,3 millones de dólares), una empresa con sede en Bilbao, perteneciente al Grupo Vicinay, que posee diversas líneas de negocios focalizadas en la industria del petróleo y el gas.

Por ahora el asentamiento de multilatinas en España vía inversiones directas ha sido escaso[3]. Entre 1990 y 2000, el principal destino de la inversión mexicana, por ejemplo, fue EEUU (50%). España ocupó el segundo lugar (13%) pero se inició una creciente orientación mexicana hacia Latinoamérica que desplazó a España entre 2001

---

[3] Véase el estudio disponible en [http://gcg.universia.net/pdfs_revistas/articulo_124_1248713270240.pdf].

y 2008, convirtiendo a Brasil en el segundo destino de la IED de las multilatinas mexicanas.

Con respecto a las inversiones de todos los países en España las inversiones mexicanas durante 2001-2008 ocupan el lugar 9.º, por delante de los demás países latinoamericanos e incluso de países europeos como Suiza o Suecia, y asiáticos como Japón o India. La asimetría de inversiones queda patente cuando se compara lo realizado por las empresas de ambos países: en la última década la inversión directa de las empresas españolas en México superó los 26 mil millones de euros, que se comparan con los 4 mil millones de euros invertidos por empresas mexicanas en España a lo largo del mismo periodo. Aun así México es el sexto mayor inversor en España en términos de *stock* y sobre todo el mayor de América Latina.

La IED no es la única manera de asentarse en un país, puede serlo vía oficinas de representación o sedes corporativas. Aquí España no sale mal parada, tal como muestra el asentamiento de varias sedes de multilatinas mexicanas en el país; sin embargo, se podría potenciar de manera más sistemática esta implantación a la luz del análisis llevado a cabo anteriormente. La reciente venta de Bimbo en España por parte del grupo Sara Lee y el interés mostrado por la mexicana Bimbo muestran que hay oportunidades: de materializarse esta venta al grupo mexicano podría además ser la ocasión de asentar en España la sede corporativa europea de esta multilatina. También en 2011, la mayor fortuna del mundo y del país, Carlos Slim, entró en el capital de La Caixa con un monto por ahora simbólico (casi 7 millones de euros). Una filial (Condumex) del conglomerado que controla (Carso), especializada en cables para la industria automotriz, lleva ya veinte años en España, tras una primera adquisición en el país. Igualmente el gigante Televisa posee el 40% de La Sexta, una entidad donde ha invertido a lo largo de varios años más de 125 millones de euros.

El caso de Brasil es todavía más llamativo. Este país, integrante del G-20 y cabeza de los BRIC, mira poco hacia España como destino de su IED: España ocupa la posición 27.ª (por el total de inversiones durante el periodo 2000-2008). Como hemos visto, hay (muy) pocas sedes corporativas de multilatinas brasileñas asentadas en España; Londres, Lisboa o ciudades alemanas se llevan la palma en este caso.

V. MADRID Y BARCELONA

Sin embargo España y sus ciudades principales, Madrid y Barcelona, se han impuesto a lo largo de los años como ubicaciones privilegiadas, incluso para países lejanos como Japón.

En el ranking del Top 20 mundial de las ciudades más atractivas, realizado por la MORI Memorial Foundation en 2009 (el principal ranking de este tipo en Japón) Madrid se sitúa en el puesto 11.°, justo por detrás de Hong Kong[4]. En 2010, y a pesar de la crisis, Madrid seguía en el Top 20 mundial, en el puesto 15.° concretamente[5]. También en otros rankings de este tipo Madrid se mantiene entre el Top 20 mundial. En el de AT Kearney figuraba así en 2010 en el puesto 17.°, retrocediendo algo con respecto al año anterior (puesto 14.°)[6]. Tanto las agencias de promoción de inversiones locales (PromoMadrid o Madrid Emprende en la capital española o Acció en Barcelona) como la agencia nacional (Invest in Spain) han desempeñado una labor importante y se podría potenciar incluso más en el marco de una estrategia de sedes corporativas.

Aquí no hay que engañarse: la competencia en Europa es fuerte y el impulso inicial tiene que venir de los más altos niveles del aparato del Estado y de las alacaldías. España, por ahora, desgraciadamente no destaca por ser un *hub* central de sedes corporativas. Ni Madrid ni Barcelona figuran en el Top 20 mundial de sedes corporativas sea por sectores o por ingresos. Tokio, Nueva York, Londres o París encabezan los rankings, donde también empiezan a asomarse las ciudades chinas como Beijing, Shanghái o Hong Kong.

El potencial sin embargo es grande. En términos de restricciones a la IED, España es uno de los países que menos tiene: en el índice elaborado por la OCDE figura dentro del Top 10 mundial, incluso por delante de Alemania o todos los mercados emergentes China, India y Brasil incluidos[7]. Incluso con respecto al año 2006, cuando se inicia este índice, España ha mejorado considerablemente en el ranking.

---

[4] Véase [http://www.mori-m-foundation.or.jp/english/research/project/6/pdf/GPCI2009_English.pdf].

[5] Véase [http://www.mori-m-foundation.or.jp/english/research/project/8/index.shtml#report].

[6] Véase [http://www.atkearney.at/content/misc/wrapper.php/id/50369/name/pdf_urban_elite-gci_2010_12894889240b41.pdf].

[7] Véase OECD, *OECD's FDI Restrictiveness Index. 2010 Update,* París, OECD, 2010. Disponible en [http://www.oecd.org/dataoecd/32/19/45563285.pdf].

GRÁFICO 7.4. *Ranking Global Power City Index, 2009*

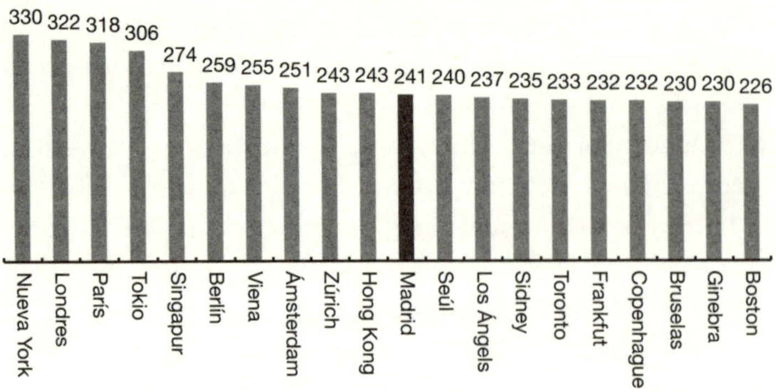

FUENTE: Mori Memorial Foundation, 2011.

TABLA 7.3. *Análisis de las ciudades como bases corporativas*

a) Sectores que más ingresos generan y ciudades donde se concentran

RK 11	Sector	Ciudad	País	N.º sedes	Ingresos (millardos $)
1	Industrial	Tokio	Japón	46	855,39
2	Financiero	Nueva York	EEUU	33	616,45
3	Tecnologías Información	Tokio	Japón	14	425,19
4	Consumo discrecional	Tokio	Japón	17	424,67
5	Energía	La Haya	Holanda	2	301,17
6	Materiales	Tokio	Japón	18	279,34
7	Servicios Básicos	París	Francia	3	259,32
8	Sanidad	Nueva York	EEUU	11	248,63
9	Consumo corriente	París	Francia	6	224,76
10	Telecomunicaciones	Tokio	Japón	3	173,95

FUENTE: Mori Memorial Foundation, 2011.

b) Top 20 de «ciudades hub» por sectores

RK 11	Ciudad	País	Sector	N.º sedes	Ventas (millardos $)
1	Tokio	Japón	Industrial	46	855,39
2	Nueva York	EEUU	Financiero	33	616,45
3	Londres	Reino Unido	Financiero	19	609,22
4	París	Francia	Financiero	14	539,43
5	Tokio	Japón	Tecnologías Información	14	425,19
6	Tokio	Japón	Consumo discrecional	17	424,67
7	Fayetteville	EEUU	Consumo discrecional	1	408,21
8	París	Francia	Industrial	18	365,22
9	Tokio	Japón	Financiero	34	338,55
10	San José	EEUU	Tecnologías Información	21	306,65
11	La Haya	Holanda	Energía	2	301,17
12	Nagoya	Japón	Consumo discrecional	5	292,19
13	Seúl	Corea	Industrial	19	290,35
14	Dallas	EEUU	Energía	3	286,33
15	Tokio	Japón	Materiales	18	279,34
16	Moscú	Rusia	Energía	5	276,90
17	Houston	EEUU	Energía	16	276,14
18	Beijing	China	Financiero	12	259,58
19	París	Francia	Servicios básicos	3	259,32
20	Nueva York	EEUU	Sanidad	11	248,63

c) Top 20 de ciudades hub, por volumen de ventas

RK	Ciudad	País	N.º sectores	N.º sedes	Ventas totales (millardos $)
1	Tokio	Japón	10	163	3.115,02
2	París	Francia	10	61	1.956,69
3	Nueva York	EEUU	10	84	1.541,5
4	Londres	Reino Unido	9	59	1.416,25
5	Seúl	Corea	9	42	758,01
6	Beijing	China	7	34	707,66
7	Dallas	EEUU	9	18	558,77
8	San Francisco	EEUU	8	17	540,33
9	Chicago	EEUU	9	32	497,13
10	Nagoya	Japón	6	19	464,01
11	Osaka	Japón	8	34	439,96
12	Fayetteville	EEUU	2	2	435,03
13	Múnich	Alemania	6	10	434,95
14	Moscú	Rusia	6	17	383,3
15	Houston	EEUU	7	28	380,05
16	Minneapolis	EEUU	7	14	375,85
17	La Haya	Holanda	3	4	363,12
18	Hong Kong	China	9	49	347,49
19	Shanghái	China	7	16	340,49
20	San José	EEUU	4	25	324,82

FUENTE: GaWC (2010).

Del mismo modo, en el Índice de Reputación, España ocupa un meritorio duodécimo puesto de un total de 40, valorada en particular por su estilo de vida. Sin embargo en materia de tecnología percibida, España está más rezagada (puesto 20); lo mismo en materia de marcas y empresas reconocidas percibidas (puesto 17) o de cali-

GRÁFICO 7.5. *Índice OCDE de Restricciones a Inversiones Extranjeras Directas, 2010*

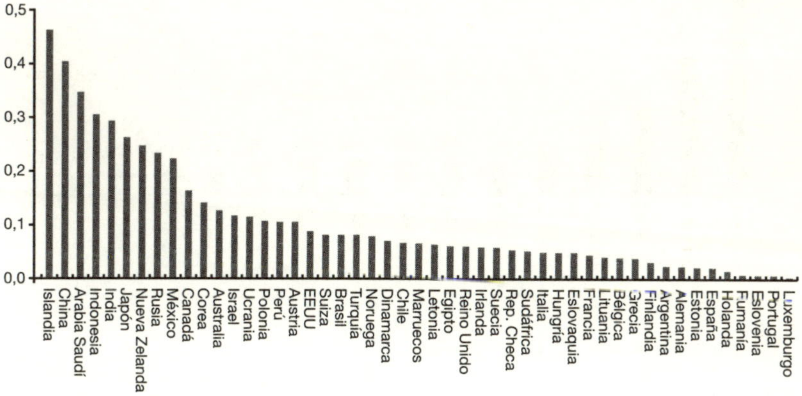

FUENTE: OCDE, 2011.

dad percibida de sus productos y servicios (18)[8]. Pero este índice hace aparecer ya limitantes en la imagen de España y su posicionamiento: dentro de este mapa del mundo en función de los atributos de imagen, España está alineada con Grecia, Portugal y el conjunto de países latinoamericanos, todos ellos asociados al ocio y disfrute de la vida, más que con otros países de su entorno europeo inmediato como Francia o Alemania, más asociados a la reputación económica, tecnológica y de calidad de productos.

Madrid figura, por ejemplo, en el puesto 13 de las 20 ciudades con más presencia corporativa del mundo. Barcelona posee atractivos importantes como ciudad con una potente imagen creativa y de innovación. Es llamativo de hecho que algunas multilatinas, como la argentina Arcor o la chilena Sudamericana de Vapores, se hayan ubicando en Barcelona. En términos de atractividad para los inversores esta ciudad también destaca, tal como lo muestra la última encuesta de Ernst & Young que coloca a Barcelona y Madrid dentro de las 10 ciudades más atractivas de Europa para establecer operaciones empresariales. Sin

[8] Véase Javier Noya y Fernando Prado, *Estudio Reputación de España en el Mundo,* Madrid, Instituto de Análisis de Intangibles, 2010. Véase [http://www.institutointangibles.com/].

GRÁFICO 7.6. *Las ciudades preferidas por los inversores, 2010*

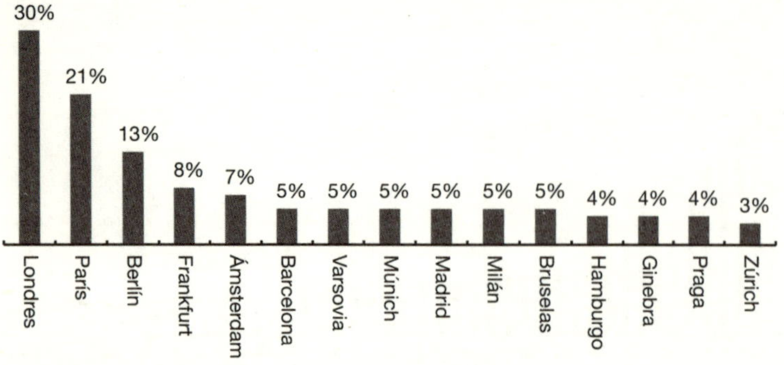

FUENTE: Ernst & Young, 2011.

GRÁFICO 7.7. *¿Dónde nacerá el próximo Google o Facebook? Las ciudades más innovadoras del mundo en el futuro*

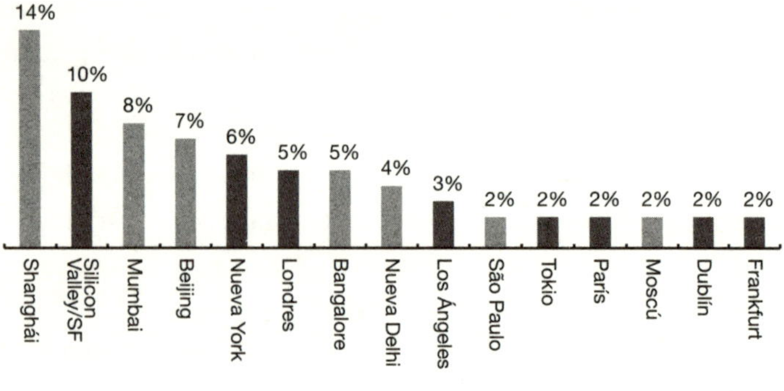

FUENTE: Ernst & Young, 2011.

embargo (y esto es una asignatura importante pendiente)[9], ninguna de las dos es percibida como un *spot* de innovación (la pregunta sencilla asociada a esta percepción considera dónde nacerá el próximo Facebook, el próximo Google): este ranking lo lideran ciudades de merca-

[9] Los trabajos más recientes de economistas y urbanistas insisten de hecho sobre esta dimensión de la innovación y de los centros urbanos creativos, capaces de atraer talento y fomentar auge empresearial, véase en particular el libro de Edward Glaeser, *Triumph of the City: How Our Greatest Invention Makes Us Richer, Smarter, Greener, Healthier, and Happier,* Nueva York, The Penguin Press, 2011.

dos emergentes como Shanghái, que en 2011 se coloca por delante de Silicon Valley y San Francisco; o Mumbai y Beijing, ambas por delante Nueva York y Londres. En cuanto a São Paulo también desbanca a Tokio y París.

El país en su conjunto destaca en particular por la calidad de sus infraestructuras. España es así el primer país de la UE en número de kilómetros de alta capacidad (autopistas y autovías) y también está a la cabeza por kilómetros de tren de alta velocidad. Tiene además 49 aeropuertos y 46 puertos internacionales con 250 líneas aéreas operando en el país. Todo ello puede posicionar al país como un puente ideal entre Europa y América Latina, además de ser un *hub* potencial hacia Europa, África y Oriente Medio.

A la hora de decidir dónde ubicarse, las empresas consideran múltiples factores, pero las dimensiones de infraestructura de transportes y logística, las infraestructuras de telecomunicaciones y la estabilidad y transparencia normativa y regulatoria se llevan la palma, un 63%, 62% y 62% de los empresarios encuestados consideran estas variables como claves[10]. Para mantener competitividad los inversores consideran también que una fiscalidad atractiva (34%) y costos laborales bajos (28%) son imprescindibles[11]. A la hora de invertir en ciudades la calidad de la infraestructura urbana (38%) y de los parques de innovación tecnológica (31%) también es considerada como muy relevante.

---

[10] Véase el informe de Ersnet & Young, *Restart: Ernst & Young's European Attraxctiveness Survey,* Ernst & Young, 2011. Disponible en [http://www.ey.com/Publication/vwLUAssets/Europe_attractiveness_2011_web_resolution/$FILE/Europe_attractiveness_2011_web_resolution.pdf].

[11] Sobre el impacto de la fiscalidad, en particular sobre la IED, véase M.P. Devereux, B. Lockwood y M. Redoano, «Do Countries Compete Over Corporate Tax Rates?», *Journal of Public Economics* 92, 2008, pp. 1210-1235. Las políticas corporativas de optimización fiscal han llevado a muchas multinacionales a acumular *cash pools,* liquidez internacional, fuera del país de la matriz, en las sedes regionales internacionales, algo también a tener en cuenta cuando consideramos la cuestión de las sedes corporativas regionales. Muchos de estos *cash pools* están asentados en regiones (Europa y Asia sobre todo) fuera del territorio nacional de la matriz. En promedio se estima que las corporaciones, en particular de EEUU, tienen así 15 mil millones de *cash pools* ubicados fuera del país, véase Zoltan Pozsar, «Institutional Cash Pools and the Triffin Dilemma of the U.S. Banking System», *IMF Working Paper* 190, agosto 2011. Disponible en [http://www.imf.org/external/pubs/ft/wp/2011/wp11190.pdf].

TABLA 7.4. *Las 20 ciudades con más presencia corporativa del mundo (Índice GaWC, 2011)*

RK 11	Ciudad	Sedes corporativas
1	Londres	368
2	Nueva York	357
3	Hong Kong	253
4	Tokio	244
5	París	235
6	Singapur	229
7	Chicago	213
8	Los Ángeles	201
9	Frankfurt	193
10	Milán	191
11	Bruselas	187
12	Sidney	186
13	Madrid	182
14	Toronto	182
15	Ámsterdam	180
16	São Paulo	168
17	San Francisco	164
18	Zúrich	157
19	Washington	154
20	México	148

FUENTE: GaWC, 2011.

En la década 1999-2009, España se ha impuesto como el segundo inversor mundial en América Latina con una cuota del 9% del total, por detrás de Estados Unidos (con el 37%) pero por delante de Canadá (7%) y de cualquier otro país europeo, incluidos Francia, Reino Unido o Alemania (cada uno con una cuota de 5% del total).

Esta conexión empresarial con América Latina es, sin duda, un gran activo de cara al futuro. Algunas multinacionales como la danesa Vestas, la estadounidense Blackrock, la francesa Axa o la británica BT han establecido sus sedes latinoamericanas en España. De cara al futuro quizás el mayor potencial por capitalizar sea la atracción de sedes europeas de las multilatinas.

Podrían igualmente potenciarse más ubicaciones. ¿Por qué no imaginar que la multinacional francesa Schneider Electric, que se hizo con la filial de software de redes Telvent de Abengoa a mediados de 2011 (por un monto de 1,4 mil millones de euros), instale su sede latinoamericana en España? En 2010, antes de la compra de Telvent, los mercados emergentes ya representaban el 37% del total de las ventas de la empresa. Con la adquisición del grupo español esta cuota se incrementará. A mediados del 2011, Schneider Electric situó en Barcelona la dirección mundial del área de Sistemas de Energía Segura para la Industria e Infraestructuras. En Barcelona se instaló, también en 2011, el español Julio Rodríguez, vicepresidente ejecutivo para la división EMEAS de Schneider Electric, que comprende Europa, Oriente Medio, África y Sudamérica. Este directivo es el máximo responsable a nivel mundial del negocio de Power, miembro del Comité Ejecutivo Mundial y presidente de Schneider Electric España. Desde la sede central de Barcelona se dirigen ahora los negocios de Schneider Electric para Europa, Oriente Medio, África y América del Sur.

Igualmente ¿por qué no imaginar que la también gala Suez Environnement, que finalizó la compra de Aguas de Barcelona (Agbar) en 2010, no haga lo mismo? Su consejero delegado, Jean Louis Chaussade, es además un gran conocedor de la región, y de España, donde está radicado. Con esta compra el grupo galo aumentará su exposición en América Latina. La región representaba en 2010 un 4% del total de sus ingresos, una cifra comparable a Asia pero rezagada con respecto a África y Oriente Medio (7%). Agbar cuenta con una dilatada presencia en América Latina, en particular en México, Colombia, Perú y Chile.

España, con Madrid y Barcelona en cabeza, podrían posicionarse como *hubs* latinos, es decir, ubicaciones centrales para asentar sedes europeas corporativas de multilatinas. También podrían ser asentamiento de sedes europeas y latinoamericanas para multinacionales emergentes, en particular las que desarrollaron vinculaciones estratégicas con grupos españoles, ya fuertemente implantadas en la región, como hemos visto con el caso de China. Por último, también podrían ser el lugar para asentar las sedes latinoamericanas de grupos europeos que, por su propia historia en España y América Latina, podrían ser consideradas en prioridad. Las posibilidades aquí exploradas no agotan las opciones pero sí diseñan el imperativo de (re)impulsar y (re)pensar la relación con América Latina, en particular en el ámbito empresarial.

CONCLUSIONES

A lo largo de este libro hemos visto cómo esta década está siendo la de las multilatinas. Las empresas de América Latina están acelerando un proceso de internacionalización que las convertirá en multinacionales cada vez más globales. Muchas todavía están restringiendo su internacionalización al continente latino pero estamos viendo cómo cada vez son más las que se aventuran ahora en Estados Unidos, Europa, África e incluso Asia. Este proceso conlleva una bendición disfrazada para España, país que se ha volcado tradicionalmente hacia la región: con el auge de las multilatinas, España podría posicionarse como punto de entrada privilegiado hacia Europa y albergar las sedes corporativas europeas de estas multilatinas.

Esta no es la única oportunidad que representa la expansión internacional de las empresas latinoamericanas. Hemos visto que también las multinacionales y *start ups* tecnológicas de la región podrían ser otro conjunto de empresas a considerar por parte de España en el marco de una estrategia de ubicación europea. Igualmente, los estrechos vínculos que España ha consolidado con América Latina a lo largo de las décadas pasadas podrían ayudar a fomentar una ubicación de multinacionales emergentes (chinas, entre otras) en la península para asentar sus bases corporativas hacia Europa y también hacia América Latina. Muchas de las empresas chinas han tejido estrechos vínculos con multinacionales españolas, todas ellas fuertemente presentes en América Latina. Por último, los argonautas latinos, es decir, los ejecutivos latinos en multinacionales tecnológicas (u otras) podrían ser también aliados en esta estrategia de asentar España como un *hub* latino de sedes corporativas.

I. INNOVAR EN COOPERACIÓN INTERNACIONAL

Estas opciones no agotan, sin embargo, el potencial de las relaciones futuras entre América Latina y España. Un área de particular interés es la cooperación internacional, donde España sobresale dentro de los países OCDE como principal aliado del continente. El grueso de la cooperación internacional española está concentrada en América Latina, algo inusual para los países OCDE, ya que la gran mayoría tienen su cooperación internacional concentrada en el continente africano. Más allá de lo ya realizado, España podría aquí también innovar y fomentar un nuevo impulso.

La innovación desborda el marco empresarial. No solo se ubica en las *start ups* o los departamentos de I+D de las multinacionales globales. También en las esferas estatales estamos asistiendo a cambios importantes e innovaciones disruptivas. Un área donde se están viviendo cambios interesantes es en el ámbito de la cooperación internacional con el surgimiento, desde hace algunos años, de vehículos de inversión que buscan estimular la creación y el desarrollo de empresas en mercados emergentes y mercados frontera de Asia, África y América Latina.

Las llamadas European Development Finance Institutions (EDFI) son instituciones de financiación al desarrollo que han ido creciendo desde hace décadas y que están cobrando mayor relevancia como actores y promotores de nuevos flujos de capitales hacia los países en desarrollo[1]. Estos vehículos buscan estimular e invertir en empresas y proyectos que tengan un impacto de desarrollo y además cuenten con viabilidad financiera. Se mueven por lo tanto en área ajena a los modelos de ayuda al desarrollo más tradicionales de asistencia o subsistencia para promover creación e innovación empresarial, empleo y valor añadido. Hoy en día existen unas 15 instituciones de

---

[1] Para una visión más detallada del panorama de los nuevos actores y flujos de capitales en materia de desarrollo, véase Andrew Mold, Annalisa Prizzon, Emmanuel Frot y Javier Samtiso, «Flujos de ayuda en tiempos de crisis», trabajo preparado y presentando en la *Conference on Development Cooperation in Times of Crisis and on Achieving MDGs*, IFEMA Convention Centre, Madrid, 9-10 de junio 2010. Disponible en [http://www.eu2010.es/export/sites/presidencia/comun/descargas/agenda/agenda_junio/pdf_grupo/ES/Mold_xFlujos_de_ayudax.pdf].

este tipo que combinan una cartera de inversiones de algo más de 18,5 mil millones de euros, según la consultora Dalberg. Cada año la cartera de nuevas inversiones suma otros 4 mil millones de euros. Estos montos siguen siendo, desgraciadamente, modestos cuando se comparan con el total de la ayuda oficial al desarrollo: apenas representan un 6% del total de la ayuda bilateral. Es decir, todavía queda mucho margen.

En este sentido, España podría también posicionarse de manera innovadora, volcando montos y creando densidad institucional en este ámbito. De hecho una de las EDFIs es la española COFIDES. Su cartera es sin embargo modesta: a finales de 2009 era inferior a 500 millones de euros y ese año sus nuevas inversiones totalizaron algo más de 150 millones de euros. Estamos muy lejos de los montos manejados, por ejemplo, por la británica CDC Group con más de 3.300 millones de euros en cartera a finales del 2009 y nuevos proyectos por cerca de 600 millones. Claro que la primera fue creada hace apenas dos décadas, mientras la segunda (es la más antigua) existe desde hace más de 70 años. Sin embargo, nada impide a España tener más ambición en este ámbito y ello pasa no tanto (ni tan solo) por aumentar los volúmenes relativos dedicados a ayuda sino por aumentar su eficiencia y apuntar hacia este tipo de vehículos de inversiones, en particular de *private equity*. Ello pasa, en definitiva, por crear y fortalecer el ecosistema institucional. ¿De qué manera se podría hacer?

La trayectoria de la CDC, un referente en la materia, puede servir como fuente de inspiración. En 2004 esta institución se transformó en un fondo de fondos, es decir, que se volcó a estimular que inversores privados de *private equity* crearan fondos dedicados a invertir en países en desarrollo (como Actis o Áureos, por ejemplo, que operan desde Londres con filiales en los países en desarrollo). La institución ha buscado así que se produjese un derrame institucional, actuando como un acelerador, tanto en el país de origen como, sobre todo, en el país de recepción. Esta fórmula además tiene la virtud de que el sector privado vuelca también recursos en los fondos o gestoras que se crean, multiplicando así los montos dedicados a los países en desarrollo. El ejemplo más notable de este tipo de cooperación es probablemente el de Norfund, la agencia pública noruega de financiación, que creó un vehículo de inversión conjuntamente con la industria hidráulica del país, una de las más punteras del mundo. Los británicos, junto a los suecos y holandeses, y a bancos privados, también crearon a principios de la década de 2000 un fondo de infraestructuras para África. Con la creación del Fonprode en 2011, España ha dado un paso importante en esa dirección. Se dotó de un instrumento de cooperación no reembolsable que permite operar como un fondo de fondos de capital riesgo, algo que han venido haciendo muchas de las agencias anteriormente mencionadas.

Para un país como España, que posee un amplio núcleo de grandes empresas operando a gran escala en emergentes, y en particular en América Latina, esta fórmula podría igualmente multiplicar los montos públicos, combinándose con aportes privados, para la creación de fondos o gestoras de *private equity.* Existen, de hecho, gestoras de capital riesgo, como Axon Capital o Tagua Capital, que han desarrollado proyectos hacia América Latina, buscando impulsar fondos para potenciar la inversión de *start ups* y tecnológicas españolas en el continente (Axon con la ayuda de la CAF) o de tecnológicas que buscan desarrollarse desde los diferentes países de la región. En las áreas financieras, de la construcción e ingeniería, las áreas energéticas o de servicios de telecomunicaciones y nuevas tecnologías, España posee empresas que podrían participar en fondos o gestoras regionales y/o sectoriales, en particular volcando los recursos hacia América Latina, una región donde existen intereses convergentes, por parte tanto pública como privada, en nuestro país. Sobre todo en una región donde tanto las EDFI como la cooperación internacional –salvo excepciones notables como el caso español– se está retirando.

La ayuda oficial al desarrollo se está volcando masivamente hacia África. Con razón: es el continente más pobre y donde más necesidades hay. Sin embargo, se retrae esta ayuda de los países de renta media, castigándose aquí a América Latina muy especialmente, una región donde sigue habiendo necesidades, pobreza y desigualdad, además de escasez de financiación para empresas en desarrollo, generadoras de empleo, actividad y crecimiento, en definitiva, desarrollo económico y social. Si tomamos las EDFI vemos esta tendencia hecha realidad. Las carteras de estas instituciones no están volcadas hacia América Latina. Para la británica CDC, según los datos del informe

Dalberg ya mencionado, apenas representa un 7% del total de su cartera en 2009 y con el objetivo puesto en un 5% en el futuro. Lo mismo ocurre con la agencia belga BIO cuya cartera latinoamericana planea reducir del 17% al 12%. Finnfund, la agencia finlandesa, por su parte va a pasar su cartera latinoamericana del 15 al 5% del total. Para algunas como la danesa IFU, América Latina ya no existía y va a existir todavía menos: se planea pasar la cartera del 4 a menos del 1% del total. Algunos como la Noruega Norfund, que tenían una fuerte presencia y actividad en y con América Latina, también están dando el paso, reduciendo la cartera latinoamericana del 36% al 18% del total.

Es verdad que la región no ha desaparecido del radar. Algunas como la alemana DEG, filial del gigante KfW, todavía mantienen América Latina en torno al 20% del total de la cartera (su cartera consolidada es una de las más importantes ya que alcanzaba los 4.700 millones de euros a finales de 2009). Algunas incluso están aumentando algo las inversiones realizadas en la región, como el caso de la francesa Proparco (un 9% del total en 2009, frente a un peso de la región del 4% en el total de la cartera consolidada), o la suiza SIFEM (16% de las inversiones en 2009, frente al 13% en el total de la cartera consolidada). FMO, el brazo inversor de la cooperación holandesa, con una cartera total, en 2010, de más de 4,6 mil millones de euros, tiene todavía una parte invertida en *private equity*. La carteta latinoamericana representa en torno al 23% (200 millones de euros) del total de los más de 1.100 millones de euros dedicados a inversiones en *private equity*. Sin embargo desde 2009 algunos países de la zona, concretamente Brasil, Chile y México, ya han dejado de ser potenciales receptores. Las inversiones a futuro se concentrarán en Colombia y Perú, así como en América Central.

Pero, para la mayoría, América Latina está desapareciendo del radar y la presión de los gobiernos OCDE en este caso es volcarse hacia África y Asia. España podría aquí también destacar e innovar: no solo aumentando el volumen dedicado a *private equity* vía un fondo de fondos, por ejemplo, contribuyendo así a densificar también el ecosistema institucional, sino también apostando masivamente por una región donde la retracción es generalizada. La estrategia sería así la de concentrar, focalizar, en vez de dispersar los recursos. En África o Asia ya abundan los actores de cooperación internacional y las operaciones de las EDFI, algo que está escaseando más en América Latina. Esta estrategia de focalización sería además congruente con los objetivos de eficiencia que promueve la OCDE y los miembros del club de donantes, el CAD. Demasiada dispersión y fragmentación de la ayuda está aumentando el desgastes, las pérdidas y disrupciones en los países receptores[2].

Además, la cooperación internacional española podría aquí encontrar aliados de peso para vertebrar fondos y gestoras, especializadas por temáticas (agua, salud, nutrición, por ejemplo) o por sectores (infraestructuras, energías, telecomunicaciones y nuevas tecnologías, por ejemplo). También aquí se innovaría con alianzas público-privadas, como las que Norfund ha consensuado con el sector hidráulico empresarial noruego. Ello además aliviaría algo el recorte del presupuesto de la ayuda oficial al desarrollo, de unos 600 millones de euros (un 10% del total), decididos en 2010. No hay nada que impida aquí a España innovar, apuntarse a las primeras filas y ganarse también el Mundial en este ámbito.

España dispone de muchas multinacionales fuertemente arraigadas en la región. A través de sus fundaciones o directamente con sus actividades propias, ha desarrollando un amplio abanico de cooperaciones, contribuyendo al desarrollo económico y social de los países donde están implantadas. Pero se podría aquí imaginar más cooperación público-privada participando conjuntamente en la creación de fondos de capital semilla o capital desarrollo, o fondos de microempresas y microemprendedores.

Telefónica está así impulsando la creación de incubadoras en 8 países de América Latina para fomentar emprendimiento y *start ups* en el continente y evitar así que los emprendedores tengan que dejar el país para crear empresas de valor añadido en Estados Unidos y

---

[2] Véase en este sentido los trabajos que hemos llevado a cabo en la OCDE: Emmanuel Frot y Javier Santiso, «Development Aid and Portfolio Funds: Trends, Volatility and Fragmentation», OECD Development Centre, *Working Paper* 275, 2008; Emmanuel Frot y Javier Santiso, «Herding in Aid Allocation», OECD Development Centre, *Working Paper* 279, 2009; Emmanuel Frot y Javier Santiso, «Crushed Aid: Fragmentation in Sectoral Aid», OECD Development Centre, *Working Paper* 284, 2010. Disponible en [http://www.oecd-ilibrary.org/development/crushed-aid_218465127786].

Europa[3]. Telefónica aportará por cada proyecto seleccionado entre 50.000 y 100.000 dólares de financiación en una primera fase, además de los soportes físicos, como oficinas e infraestructuras, a los emprendedores. En junio de 2011 Telefónica creó Wayra Investigación y Desarrollo SL, la sociedad que agrupará la gestión de este ambicioso plan. La compañía, que nace con un capital social inicial de 3.300 euros, tiene como matriz a Telefónica Internacional.

Por su parte, BBVA lanzó una fundación dedicada a las microfinanzas en el continente y dotada de 200 millones de euros[4]. En el año 2011 impulsó la creación del Fondo Esperanza SpA, dotado de 20 millones de dólares y que busca el acceso al sistema financiero de la población chilena con bajos ingresos para que puedan desarrollar actividades económicas y emprender. La entidad inició también colaboraciones con organismos multilaterales. En 2010, el IFC, institución del Grupo del Banco Mundial para el sector privado, invirtió 10 millones de dólares en acciones preferenciales del Banco de las Microfinanzas Bancamía, una entidad impulsada por la Fundación Microfinanzas BBVA, para potenciar su crecimiento. Estos fondos de microcrédito se han vuelto particularmente importantes en algunos países de la región: en Bolivia, por ejemplo, representan más del 11% del PIB del país y casi un tercio del crédito total al sector privado. La importancia de su papel quedó –incluso– más en evidencia con la crisis global de 2008-2011[5].

II. BRASIL COMO DONANTE EMERGENTE

Estos nuevos ejes de cooperación internacional se podrían igualmente fortalecer asumiendo el nuevo protagonismo de América Latina.

Muchos países se han desarrollado y con este movimiento han surgido buenas prácticas que podrían trasladarse hacia otros. Así, en materia de políticas económicas e instituciones democráticas, Chile

---

[3] Véase [www.wayra.org].

[4] Véase [http://www.mfbbva.org/castellano.html].

[5] Véase Gabriel di Bella, «The Impact of the Global Financial Crisis on Microfinance and Policy Implications», *IMF Working Paper* 11-175, 2011. Disponible en [http://www.imf.org/external/pubs/ft/wp/2011/wp11175.pdf].

se ha convertido en un referente de gobernanza, a la vez que supo administrar sus recursos naturales. Tradicionalmente, Noruega ocupó aquí una posición privilegiada, postulándose como cooperante internacional en materia de gobernanza, instituciones y gestión de recursos naturales, algo que Chile podría hoy en día también pretender[6]. Este país se podría convertir así en referente de una cooperación triangular para España, por ejemplo en materia de buenas prácticas fiscales. Uruguay y Colombia podrían inspirar también cooperaciones triangulares del mismo tipo. Pero sobre todo conviene repensar la relación de cooperación internacional con estos países y, en particular, la primera economía del continente: Brasil.

Signos evidentes de que los tiempos cambian: los países emergentes se están convirtiendo también en donantes globales. Así, la familia de actores del desarrollo ha crecido de manera sustancial alcanzando magnitudes importantes, en función de cómo se computan estos flujos. Según informes recientes de la ONU o del CAD (Comité de Ayuda al Desarrollo de la OCDE), algunos donantes no tradicionales, como Arabia Saudí, China e India, ya aportan entre el 8 y el 10% de la Ayuda Oficial al Desarrollo (AOD) a nivel mundial. A este grupo de los emergentes más avanzados se están también sumando los llamados CIVETS, que agrupan otro núcleo de economías emergentes como Colombia, Indonesia, Vietnam, Egipto, Turquía y Sudáfrica, que un informe del Real Instituto Elcano calificó como tercera ola de actores del desarrollo[7].

En la década de los 2000, los países OCDE y sus tecnócratas en los pasillos parisinos de la organización, asistieron en cualquier caso atónitos a la irrupción de China en África, no solo como inversor

[6] Véase sobre esta idea y comparación entre Chile y Noruega, Gøril Havro y Javier Santiso, «To Benefit from Plenty: Lessons from Chile and Norway», OECD Development Centre, *Policy Brief* 37, septiembre 2008, disponible en [http://www.oecd.org/dataoecd/23/12/41281577.pdf]; y Goeril Havro y Javier Santiso, «Benefiting the resource rich: can International development policy help tame the resource curse?», *IDS Working Paper* 35, febrero 2011. Disponible en [http://www.ids.ac.uk/go/bookshop]; y en la base del Social Science Research Network [http://papers.ssrn.com/sol3/papers.cfm?abstract_id=1761007].

[7] Véase [http://www.fride.org/publicacion/818/la-tercera-ola-de-actores-del-desarrollo], véase también el informe de la Fundación Carolina, en [http://www.fundacioncarolina.es/es-ES/nombrespropios/Documents/NPBAyllón0912.pdf].

sino también como donante. Es posible que en esta nueva década, veamos más actores de la ayuda internacional asomarse desde los países en desarrollo y seguir sorprendiendo a lo que seguimos llamando «mundo desarrollado». Desde América Latina, uno de esos países llama la atención por su importancia económica y el auge de sus multilatinas, estamos hablando de Brasil.

No deja de ser una paradoja más del vuelco mundial al cual estamos asistiendo: países como China junto a India, Sudáfrica o los países árabes, están desplegando su ayuda, aun cuando todavía muchos de ellos tienen que encarar el reto de la pobreza y la desigualdad dentro de sus propias fronteras. A los mecanismos tradicionales de ayuda al desarrollo, estos países suman también cooperación e inversión internacional sur-sur vía sus vehículos financieros, los llamados fondos soberanos. Es, por lo tanto, muy probable que estemos infravalorando lo que está ocurriendo, aplicando métricas obsoletas.

En la década de 2010 es altamente probable que no solo China llame la atención, sino también una de las mayores democracias emergentes: Brasil. Este país desarrolló una agencia de cooperación internacional (ABC) que tiene todavía un presupuesto modesto (30 millones de dólares anuales). Dilma Rousseff, candidata a la elección presidencial de octubre 2010, indicó que, de ser elegida, la reformaría para potenciarla todavía más. Pero, esta agencia no agota el despliegue en términos de cooperación internacional de Brasil. Varios estudios del Overseas Development Institute (ODI), un *think tank* inglés, y del International Development Research Centre (IDRC) de Canadá, dos donantes tradicionales, estiman que el conjunto de la ayuda brasileña, más allá de la cooperación técnica de la agencia ABC, podría ser hasta 15 veces más importante que el presupuesto de la agencia. En realidad es muy probable que ambas instituciones se queden cortas.

De hecho, si sumamos la contribución de Brasil al PNUD (25 millones de dólares cada año), la contribución al Programa Mundial contra el Hambre (300 millones), la ayuda en concepto de cooperación técnica (440 millones), lo comprometido con Haití y Gaza (más de 350 millones) y los créditos comerciales que el Banco de Desarrollo brasileño (BNDES) está ahora otorgando hacia países en desarrollo desde 2008 (3,3 mil millones de dólares), los montos sumados superan con creces los 4 mil millones de dólares. Esto colocaría a Brasil a niveles de países OCDE como Canadá o Suecia en términos de ayuda al desarrollo. Pero la tendencia también llama la atención. Los montos desembolsados se están acelerando, en particular vía el BNDES: de los 3,3 mil millones desembolsados desde 2008, el 50% tuvo lugar durante el primer trimestre del 2010.

Lo que exporta Brasil no es sin embargo solo dinero, sino también tecnología e innovación. El país es uno de los mayores productores del mundo de bioetanol, algo que otros países en desarrollo, energéticamente dependientes, están buscando replicar, con ayuda y tecnología brasileña. Brasil es también un exportador de innovación social: el esquema de un programa como Bolsa Familia es hoy en día incitado o sirve de inspiración en muchos gobiernos o municipalidades en todos los continentes (incluso Nueva York se inspiró en este tipo de programa). En África el programa también está auspiciando iniciativas.

En este continente precisamente se puede ver cómo la cooperación internacional brasileña ha experimentando un cambio radical: según la ONU hay actualmente más de 300 proyectos de cooperación brasileña en 37 Estados africanos (a principios de los 2000 eran apenas 21 proyectos en 7 países). Uno de los proyectos estrella es el de la Fundación Oswaldo Cruz (Fiocruz) para fomentar la producción de una vacuna contra el sida y encarar un problema que afecta en 2010 a más del 11% de la población de Mozambique. Por su parte EMBRAPA tiene proyectos de cooperación técnica, formación de ingenieros agrónomos y seguridad agrícola en Mali, Benín, Burkina Faso y otros países de la región.

A este activismo del Estado se suma ahora el de las propias empresas brasileñas en fase de expansión internacional. La constructora Odebrecht está poniendo en marcha el sistema de saneamiento y abastecimiento de agua de Angola y se ha convertido en uno de los mayores contratadores de todo el continente africano. Vale y Petrobras, por su parte, al mismo tiempo que despliegan sus inversiones en todo el continente africano, también las acompañan de programas sociales, para consolidar la viabilidad de sus inversiones y la aceptación por parte de las comunidades locales. Su activismo no solo se limita al continente africano, también en los países más pobres de América Latina donde operan siguen estrategias similares.

En un muy completo informe, publicado hace un par de años, de la Secretaría General Iberoamericana (SEGIB), un organismo con sede en Madrid realizó un mapa bastante explícito del activismo de la cooperación Sur-Sur, en particular en y desde América Latina[8]. Brasil no es obviamente el único país que entró en este nuevo espacio de vinculación con el mundo[9]. Es sin embargo probable que en la década del 2010-2020 sea uno de los más activos y se sume así a China para sorprender también al club de los donantes tradicionales.

III. TRIANGULAR LA COOPERACIÓN

A las triangulaciones entre España y países de América Latina podrían también hacerle eco las triangulaciones entre España y los países asiáticos para cooperar con América Latina. Este es probablemente uno de los ejes más interesantes por explorar.

Hemos visto el creciente interés de los países asiáticos por la región y en particular el de China. Aquí se podrían imaginar vehículos de cooperación conjuntos. China en África ya se dotó de una China Africa Development Fund (CAD Fund)[10], dotado de mil millones de dólares en 2007, por parte del China Development Bank y engordado en 2010 con 2 mil millones de dólares adicionales. Este fondo opera como un *private equity,* tomando participaciones empresariales con el afán de desarrollar tejido productivo local. En total, el objetivo es levantar e invertir en África vía este instrumento unos 5 mil millones de dólares a lo largo de la década del 2010[11]. Prueba del creciente activismo y protagonismo de China en materia de coope-

[8] Véase SEGIB, *Informe de Cooperación Sur-Sur en Iberoamérica 2010,* Madrid, SEGIB, 2010. Disponible en [http://segib.org/actividades/files/2010/12/inf-coop-sur-sur-2010.pdf].

[9] Sobre la cooperación sur-sur véase en particular [http://www.cooperacionsur-sur.org/]; y el informe co-impulsado por el gobierno colombiano y la OCDE, en [http://www.oecd.org/dataoecd/14/39/46080702.pdf].

[10] Véase [http://www.cdb.com.cn/english/].

[11] Sobre las relaciones entre China y Africa véase Deborah Brautigam, *The Dragon's Gift: The Real Story of China in Africa,* Oxford, Oxford University Press, 2009.

TABLA 1. *Actividad internacional del China Development Bank en el sector energético, 2005-2010*

Año	País	Prestatario	Cantidad (millardos $)	Duración (años)
2005	Rusia	Rosneft	6*	6
2008	Venezuela	BNDES	4	3
2009	Rusia	Rosneft	15	20
2009	Rusia	Transneft	10	20
2009	Brasil	Petrobras	10	10
2009	Venezuela	BNDES	4	3
2009	Turkmenistán	Turkmengaz	4	n/a
2010	Venezuela	BNDES	20,6	10
2010	Ecuador	Ministry of Finance	1	4

*Incluye fondos del ExIm Bank of China.
FUENTE: Brookings Institution, 2011.

ración internacional, el Gobierno produjo en 2011 su primer White Paper sobre ayuda al desarrollo, apuntando que ésta estuvo creciendo a tasas anuales del 30% en los últimos años, entre 2004 y 2009[12].

En América Latina está dando pasos similares. Antes de finales del 2011, el Export-Import Bank of China (China Eximbank) tiene previsto presentar un fondo soberano denominado en yuanes de mil millones de dólares para invertir en Latinoamérica, principalmente en construcción de infraestructuras, en colaboración con el Banco Interamericano de Desarrollo. Inicialmente, está previsto que el fondo invierta, sobre todo, en proyectos de infraestructuras, energía y recursos naturales, aunque también se prestará especial atención a las pequeñas y medianas empresas activas en la cadena de distribución de dichas industrias. En cierta manera, el China Development Bank (CDB) opera también como un fondo soberano participando en operaciones de gran calado, en particular en el sector

[12] Véase [http://www.eu-china.net/web/cms/upload/pdf/nachrichten/2011-04-21Chinas-ForeignAid-WhitePaper.pdf].

energético[13]. En el caso de América Latina, estuvo sobre todo operando con Brasil, Ecuador, y Venezuela. En total fueron más de 40 mil millones de dólares de cooperación internacional financiera que la CDB volcó en América Latina a lo largo de los años 2005-2010, solo en el sector energético.

Parte del FONPRODE (Fondo para la Promoción del Desarrollo), el fondo creado por la Cooperación Española –que constituye un hito en la (reciente) historia de la ayuda exterior española por permitir precisamente la creación de instrumentos financieros y créditos tanto al sector público como al privado, un mecanismo habitual en otros países pero no en España– podría destinarse a crear un vehículo común de co-inversión en los ámbitos tecnológico, de energías renovables o infraestructuras, sectores donde hay una fuerte demanda por parte de América Latina y capacidad de oferta conjunta por parte de los tejidos empresariales españoles y chinos. En total, la oficina que gestiona el FONPRODE[14] tenía para 2011 un presupuesto de 950 millones de euros, de los que un 68% eran fondos potenciales de cooperación para el desarrollo sin impacto en el déficit público[15]. Al final la dotación presupuestaria fue de 300 millones de euros en aportaciones no reembolsables y de hasta 645 millones para ejecutar actuaciones de cooperación financiera sin impacto en el déficit. En el PACI 2011, el monto total de FONPRODE fue de algo más de 545 millones de euros, un esfuerzo considerable relativo al total de la ayuda oficial al desarrollo española (algo más de 4,2 mil millones de euros, es decir un 0,4% de la RNB)[16].

España y China podrían aportar, por ejemplo, 100 millones de euros/dólares cada uno y conseguir otros 100 millones por parte del sector empresarial español y chino. En total estaríamos hablando de

---

13 Véase Erica Downs, «Inside China, Inc: China Development Bank's Cross-Border Energy Deals», *John L. Thornton China Center at Brookings Monograph Series* 3, Beijing y Washington DC, marzo 2011. Disponible en [http://www.brookings.edu/papers/2011/0321_china_energy_downs.aspx].

14 Además de la AECID están involucrada la sociedad estatal P4R [http://www.p4r.es/].

15 Véase [http://www.tecniberia.es/documentos/FONPRODE_AECID_15jun11mesa.pdf].

16 Véase [http://www.aecid.es/galerias/noticias/descargas/2011/2011_03/PACI2011Definitivo.pdf].

un fondo público-privado de 400 millones de euros/dólares. Empresas chinas con fuertes intereses en América Latina como Huawei o ZTE, bancos o petroleras podrían contribuir. Ello también facilitaría borrar algo la imagen de una China predadora de materias primas en América Latina, algo que las autoridades están buscando deliberadamente como lo muestra de hecho los recientes acuerdos empresariales en ámbitos tecnológicos firmados con países de la región. Igualmente podrían participar entidades españolas que tienen desarrollado acuerdos y presencia importante en China.

Pero uno puede imaginar que otros actores, en particular privados, también contribuyan. El banco BBVA, por ejemplo, que tiene como socio estratégico Citic en China, podría ser uno de ellos (tiene una participación de 15% en Citic). A principios del 2011 BBVA firmó un importante acuerdo de colaboración con el Banco de Desarrollo de China para establecer las bases de cooperación en diferentes áreas de negocio en países de América Latina. Es de hecho la primera alianza entre una empresa española con el banco chino, la cooperación entre ambas instituciones se centrará en impulsar la financiación de proyectos, los servicios comerciales, los derivados y la banca corporativa en diferentes países de Latinoamérica. BBVA es el mayor inversor entre las empresas españolas en Asia y está presente en los principales mercados de este continente. La entidad cuenta con tres sucursales en la región –Hong Kong, Singapur y Tokio– y seis oficinas de representación (Beijing, Shanghái, Taipéi, Mumbai, Sídney y Seúl).

Ejemplo de ello (además de todos los ya mencionados en los capítulos anteriores) es la inauguración en Chile en 2011 del primer laboratorio de Latinoamérica con equipos de última generación en tecnologías LTE, una iniciativa conjunta de la Universidad de Chile y la firma china ZTE. El laboratorio tuvo una inversión de 11 millones de dólares, financiados casi en su totalidad por ZTE, y se instaló en el Departamento de Ingeniería Eléctrica de la Universidad de Chile. Cuatro países latinoamericanos –Argentina, Brasil, Chile y Cuba– ya tienen comisiones mixtas de cooperación en ciencia y tecnología con China, encargadas de establecer acuerdos marco, supervisar la implementación de acuerdos específicos y revisar las áreas de cooperación.

En 2011, China firmó acuerdos de cooperación científicos y tecnológicos con Brasil, Chile, Colombia y Ecuador, acelerando los pasos en este ámbito. En Bolivia, la empresa de China CAMC Engineering firmó con el Gobierno de Evo Morales un acuerdo sobre transferencia tecnológica para la industrialización de energéticos bolivianos, además de la construcción de plantas de gas natural licuado y plantas hidroeléctricas con financiación del Banco Industrial y Comercial de China. A finales de 2010, como otro ejemplo más de la voluntad de cooperar en el ámbito tecnológico, el Gobierno boliviano y la china Great Wall Industry firmaron un contrato para la construcción y puesta en órbita del primer satélite boliviano de comunicaciones, que se prevé para 2013. Bolivia tendrá así un satélite de la tercera generación aeroespacial china para dar servicios de telecomunicaciones a todo el país y apoyar iniciativas de educación y medicina. El grueso de la financiación vendrá del Banco de Desarrollo de China (251 millones de dólares) que completará lo aportado por Bolivia (44 millones de dólares).

Este auge de cooperación tecnológica corresponde también al afán de los países de la región de equilibrar las relaciones con China. El caso más emblemático es sin duda el de Brasil, que busca ahora incentivar cuanto sea posible la transferencia tecnológica y el valor añadido chino en territorio brasileño. Un ejemplo de ello es la firma en 2011 por parte de la empresa China Northern Railway (CNR) de un acuerdo de inversiones que conlleva transferencias tecnológicas y producción local. CNR se comprometió así a producir trenes en Brasil desde 2012 con una inversión de casi 130 millones de dólares en una planta en la ciudad de Tres Ríos, y en virtud de un contrato para fabricar 34 trenes para el gobierno de Río de Janeiro. La fabricación en Río era una de las exigencias de la licitación para la compra de nuevos trenes que la firma china ganó. El acuerdo prevé además la creación de 2.500 empleos locales.

En cualquier caso China se está convirtiendo en un importante actor en materia de cooperación internacional (si entendemos este concepto más allá de la pertenencia al club de los donantes OCDE). El *Financial Times* estimó que China prestó más dinero en 2009 y 2010 a las naciones en desarrollo que el Banco Mundial, subrayando las ambiciones de Beijing de incrementar su influencia global. China prestó al menos 110 mil millones de dólares a gobiernos y firmas en otros países en desarrollo durante los últimos dos años, superando los 100,3 mil millones de dólares entregados por el Banco Mundial. Las estadísticas fueron agregadas a partir de anuncios públicos hechos por bancos, tomadores de préstamos o del Gobierno chino. China posee así varias entidades públicas que actúan como órganos de cooperación financiera internacional. Entidades como el China Development Bank, el Export-Import Bank of China y el Bank of China han otorgado así amplios créditos a cambio de reservas garantizadas de petróleo a Brasil, Venezuela o Rusia, y también prestaron dinero para proyectos ferroviarios en Argentina.

En América Latina la importancia de la cooperación china ya es también un hecho. Conforme se despliegan las inversiones directas chinas en el continente latino también se están consolidando las cooperaciones bilaterales. Prueba de ello es el nuevo acuerdo firmado en 2011 entre Venezuela y China para la financiación por 4 mil millones de dólares de viviendas y otro para crear una empresa mixta en las áreas de petróleo, minería y construcción. En uno de los convenios, la estatal Petróleos de Venezuela acordó la financiación con el Banco Industrial y Comercial de China (ICBC) para la construcción de viviendas, un área también responsable de la compañía petrolera venezolana. Este acuerdo completa otro alcanzando en 2010 por el Gobierno venezolano que tramitó un préstamo de China por 20 mil millones de dólares.

Corea es otro ejemplo, a título de ilustración, de lo que podría ser el potencial de una triangulación España/Corea/América Latina. España y Corea del Sur tienen una gran oportunidad para trabajar juntos en Latinoamérica en ámbitos como el Banco Interamericano de Desarrollo (BID), gracias a la experiencia española en la zona y al aporte tecnológico del país asiático (en 2004, Corea entró en el BID). Dentro o fuera del marco del BID, Corea y España podrían trabajar como socios y miembros de este organismo internacional en la construcción de proyectos comunes y en los sectores de las telecomunicaciones, información y tecnología, pues ambos poseen campeones mundiales tecnológicos (Samsung y Telefónica por ejemplo) y multinacionales volcadas hacia América Latina (Santander y Posco por ejemplo). Sea vía directa o indirecta (bancos multilaterales) la cooperación enfocada al apoyo empresarial, transferencia de tecnologías y nuevos productos está de hecho cobrando cada vez mayor relevancia y atención, como muestran estudios recientes[17] y medidas tomadas, por ejemplo, por el nuevo responsable de USAID (de origen indio y procedente de la Belinda y Bill Gates Foundation).

Un ejemplo del interés creciente de América Latina y Corea por cooperar, incluso en el ámbito empresarial, es la reciente iniciativa de la multinacional coreana LG. En 2011, LG Electronics y la chilena Sociedad de Fomento Fabril (SOFOFA) anunciaron la creación de la Incubadora Smart Funds de LG Chile, que apoyará emprendimientos tecnológicos y estará dotada con 1,6 millones dólares aportados por la tecnológica surcoreana. La iniciativa ofrece oportunidades a desarrolladores de software local y emprendedores en general, para el desarrollo de aplicaciones para la plataforma Smart (televisión y teléfonos celulares). Gracias a esta iniciativa LG continúa apostando por el talento local para potenciar su plataforma tecnológica. Además, los desarrollos de aplicaciones locales que se realicen en la Incubadora estarán disponibles en todos los dispositivos Smart de LG a nivel global. Corea firmó tratados de libre comercio con Chile, Perú y Colombia, y actualmente tiene uno en negociación con México y el Mercosur. Por su parte, el banco español BBVA abrió en 2011 una oficina en Corea, la primera sucursal abierta por un banco ibérico en Corea del Sur.

Además del BID, cabe resaltar el potencial de la CAF (Corporación Andina de Fomento) que busca también consolidar puentes entre América Latina y China. En 2011 firmó un acuerdo marco de colaboración que fue firmado entre la Corporación Andina de Fomento (CAF) y el Instituto de Estudios sobre América Latina de la Academia China de Ciencias Sociales (ILAS por sus siglas en inglés), el mayor ente de estudios e investigación sobre América Latina en la nación asiática. En 2011, la CAF firmó también un acuerdo de cooperación técnica con el Banco de Desarrollo Asiático con el afán de impulsar la realización de foros y seminarios birregionales; el intercambio de mejores prácticas en las áreas de infraestructura, desarrollo social, medio ambiente y políticas financieras; la realización de investigaciones y estudios, y la ejecución de programas de intercam-

[17] Véase el estudio de Guillermo Perry, «Growing Business or Development Priority? Multilateral Development Banks' Direct Support to Private Firms», Center for Global Development, *CGD Brief*, abril 2011. Disponible en [http://www.cgdev.org/content/publications/detail/1424992/].

bio de profesionales. España es miembro de la CAF, pero sobre todo la CAF (al contrario del BID que tiene su oficina europea en París) tiene su oficina europea en Madrid.

Otro canal institucional podría ser la SEGIB, con sede también en Madrid. Lo realizado por Portugal y Brasil con China en el marco del foro de habla portuguesa es desde este punto de vista interesante considerar como esquema general. A finales de 2010, China y siete países de habla portuguesa firmaron en Macao el Plan de Acción para la Cooperación Económica y Comercial 2010-2013, estableciendo un nuevo objetivo para ampliar el volumen comercial en los próximos años. Los países de habla portuguesa que firmaron con China fueron Angola, Brasil, Cabo Verde, Guinea-Bissau, Mozambique, Portugal y Timor Oriental. El acuerdo se firmó en el marco de la III Conferencia Ministerial del Foro para la Cooperación entre China y Países de Habla Portuguesa.

Otro país que se asoma a la región y podría ser de gran interés considerar también en una triangulación es India. Como hemos visto en capítulos anteriores, la inversión india en la región abarca sectores también tecnológicos. Este afán tecnológico resalta en los primeros pasos de cooperación internacional que está dando India en América Latina. Recientemente, el gobierno indio abrió una línea de crédito de 10 millones de dólares para Guatemala e incrementó el número anual de becas del programa de Cooperación Técnica y Económica de la India (ITEC). Sobre todo, al igual que con China o Corea anteriormente mencionados, con India se podría también considerar impulsar un esquema de fondo de fondos similar al ya diseñado en los párrafos anteriores.

Un esquema público-privado y con una colaboración de España y de los países BRIC, podría así llevar a la creación de un fondo para América Latina. El Iberoamerican Development Fund –así se podría llamar dicho fondo de fondos– se beneficiaría del conocimiento en materia de cooperación oficial con América Latina. Este fondo, que a su vez invertiría en fondos de capital riesgo para fomentar tejido productivo y tecnológico en la región, podría ser alimentado tanto por países OCDE como por los emergentes, en particular los BRIC que están desarrollando, más allá de China, vehículos de cooperación internacional. Además de China, ya mencionado, India también podría estar involucrada, por su (creciente) interés en la región y su afán de posicionarse también en materia de cooperación internacional. En 2011, India anunció así la creación de la India Agency for Partnership in Development (IADD), una agencia de cooperación similar a la que tiene España y muchos países OCDE del CAD. Esta agencia contaría con una dotación presupuestaria de 11,3 mil millones de dólares para invertir a lo largo de los próximos 5 años.

Brasil también podría contribuir y colaborar al impulso de este fondo, ya que el país está gastando en promedio 4 mil millones anuales en cooperación internacional y dispone de una agencia especializada, la Agência Brasileira de Cooperação. Otros países que podrían sumarse, y que también están siendo cada vez más activos, son los países árabes. Arabia Saudí es, con Kuwait y los Emiratos, el mayor actor árabe en términos de cooperación internacional. En 2009 Arabia Saudí desembolsó 3,1 mil millones de dólares de ayuda (uno de sus principales instrumentos financieros es el Saudi Fund for Development)[18]. Entre 1973 y 2008, la ayuda oficial al desarrollo de los países árabes totalizó en promedio el 1,5% del PIB, es decir que estuvo por encima del famoso objetivo del 0,7% del PIB de Naciones Unidas (que pocos países OCDE alcanzan)[19]. Destacan varios fondos de cooperación internacional, entre ellos el Abu Dhabi Fund for Development, que opera en 53 países en África y Asia[20], y el Arab Fund for Economic and Social Development, basado en Kuwait[21].

El pensamiento sobre la economía del desarrollo está experimentando un cambio copernicano con el auge del enfoque más empírico protagonizado por economistas como Esther Duflo en el MIT[22]. El

---

[18] Véase [http://www.sfd.gov.sa/].

[19] Véase ODI, «Arab donors: imolications for future development cooperation», *Policy Brief* 13, marzo 2011. Disponible en [http://www.edc2020.eu/fileadmin/publications/EDC_2020_-_Policy_Brief_No_13 -_Arab_Donors_Implications_for_Future_Development_Cooperation.pdf]; véase también el informe de la LSE Kuwait Programme (London School of Economics), en [http://www2.lse.ac.uk/government/research/resgroups/kuwait/research/papers/donorship.aspx].

[20] Véase [http://www.adfd.ae/pages/default.aspx].

[21] Véase [http://www.sfd.gov.sa/].

[22] Véase el ensayo (y los trabajos anteriores) de Abhijit Banerjee y Esther Duflo, *Poor economics: A Radical Rethinking of the Way to Fight Global Poverty,* Nueva York, Perseus, Public Affairs, 2011.

auge de las economías emergentes, y la graduación de muchas de ellas en emisores de ayuda internacional, también invita a cambiar los enfoques tradicionales. Estamos asistiendo a un auge sin precedentes del activismo de los BRIC y de los países emergentes en materia de cooperación internacional: de ser meros receptores de ayuda se han convertido en emisores. Esto no cambiará en el futuro cercano, al contrario. Mientras los presupuestos de los países OCDE se verán restringidos por la crisis de la deuda, China, India y Brasil, con más de 3.300, 350 y 300 mil millones de dólares de reservas internacionales, tienen espacio para seguir desplegando estrategias de ayuda y cooperación internacional.

Es muy probable que la cooperación viva una revolución copernicana en esta década de los 2010-2020 con cambios de jerarquías y enfoques. Si bien Estados Unidos sigue liderando la ayuda internacional (con 31 mil millones de dólares en 2010), el segundo en la lista ya no es otro país CAD de la OCDE sino China, con 27 mil millones de dólares, según los datos manejados por la Wagner School de la Universidad de Nueva York[23]. Si India, con la nueva agencia de cooperación creada, tiene 2 mil millones de dólares anuales disponibles se pondrá a la par con Australia o Bélgica en materia de ayuda internacional. Entre 2005 y 2008, los BRIC y los emergentes en su conjunto aumentaron la ayuda internacional en casi un 145%, alcanzando, según otras fuentes[24], 11,2 mil millones el año antes del estallido de la crisis, es decir, más del 10% del total de los países OCDE.

Brasil, China, India, Arabia Saudí, y algunos otros más en el pasado, como Corea, son algunos de los que se han convertido en actores de ayuda internacional. También con ellos se pueden tejer cooperaciones renovadas. En particular de cara a América Latina, España tiene aquí un espacio para fomentar triangulaciones e instrumentos que potencien el desarrollo del continente.

---

[23] Véase New York University Robert F. Wagner Graduate School of Public Service, *Understanding Chinese Foreign Aid: A Look at China's Development Assistance to Africa, Southeast Asia, and Latin America,* Nueva York, New York University, abril 2008. Véase también el informe del Congreso de EEUU sobre la ayuda y cooperación al desarrollo de China [http://www.fas.org/sgp/crs/row/R40361.pdf]. Sobre el sistema de organización institucional de la ayuda en China, véase también [http://www.oecd.org/dataoecd/27/7/40378067.pdf].

[24] http://www.globalsherpa.org/china-foreign-aid-india-brazil.

IV. FONDOS SOBERANOS LATINOS

Un actor que merece una mención especial en el abanico de los posibles para impulsar la cooperación internacional son los fondos soberanos. Se trata de entidades públicas que tienen objetivos financieros pero también de desarrollo económico. Podrían ser agentes de una cooperación internacional, algo que el IFC del Banco Mundial ya buscó impulsar con la creación de un fondo para inversiones en África y América Latina, alimentado en parte con aportes de fondos soberanos, entre otros KIC (de Corea). Igualmente, muchos de ellos iniciaron cooperaciones sur-sur y co-inversiones en África o Asia, multiplicándose las iniciativas de este tipo a lo largo de la década pasada[25].

Los fondos soberanos están en cualquier caso más que nunca de moda en los países emergentes y están catalizado también el vuelco financiero del mundo[26]. En apenas una década, entre el 2000 y el 2010, se crearon casi un 60% de los algo más de 50 que existen hoy en día. Otros 15 países más se plantean actualmente dotarse de uno. Desde Argelia hasta India, pasando por Sudáfrica, Tailandia, Indonesia, Japón o Israel, proliferan los candidatos para constituir un fondo de este tipo. Algunos países como Malasia, Rusia, China o Emiratos ya tienen varios creados, siguiendo aquí los pasos de veteranos como Singapur. Otros como Nigeria, ante fracasos anteriores, están volviendo a rediseñar el suyo. Los retos institucionales no son pocos, como apuntan diferentes estudios sobre el desafío de gestionar las bonanzas en particular de materias primas[27].

---

[25] Véase Javier Santiso, *Sovereign Development Funds: Key Financial Actors of the Shifting Wealth of Nations,* París, OECD Emerging Markets Network Working Paper, octubre 2008. Disponible en [http://www.oecd.org/dataoecd/46/61/41944381.pdf].

[26] Véase Javier Capapé y Javier Santiso, «Los fondos soberanos catalizan el re-equilibrio de la economía mundial», *ESADEgeo Position Paper* 18, julio 2011. Disponible en [http://www.esade.edu/research-webs/eng/esadegeo/publications/position].

[27] Véase Frederick van der Ploeg, «Natural Resources: Curse or Blessing?», *Journal of Economic Literature* 49(2), 2011, pp. 366-420; y Frederick van der Ploeg y Anthony Venables, «Harnessing windfall revenues; optimal policies for developing economies», *Economic Journal*, 2011, pp. 121, 1-30.

Con la crisis de los países OCDE y la pérdida por parte de EEUU de su triple AAA, muchos emergentes se plantean utilizar de manera más agresiva sus reservas. Así Tailandia, a mediados de 2011, se planteó utilizar parte de sus 180 mil millones de reservas de manera más dinámica y no solo invertir en bonos del tesoro (en particular de EEUU), utilizando para ello un fondo soberano. Otros, como Indonesia, se plantearon crear un fondo de estabilización para renta fija (de unos 12 mil millones de dólares) con el afán de limitar la volatilidad internacional en los mercados de capitales. Los movimientos de estos fondos son, y eran en cualquier caso, claves para entender el vuelco del mundo, muchos se han convertidos en actores financieros globales de primer orden y este universo seguirá en expansión: no solo hay cada vez más fondos soberanos, sino que además sus activos siguen creciendo (el State Oil Fund of Azerbaijan pasará así durante esta década de unos 30 a más de 100 mil millones de dólares de activos).

Estos fondos no existen solo en Asia o en Oriente Medio. En África varios países ya tienen los suyos, empezando por Botsuana, y más recientemente Ghana y Angola también dieron el paso. América Latina tampoco se quedó atrás. Algunos países como Chile, Trinidad y Tobago o Venezuela, ya tienen los suyos. Brasil, en 2010, con más de 250 mil millones de dólares de reservas, se sumó a éstos y, a finales del año pasado, Perú, Colombia, Panamá y Bolivia iniciaron debates para crear uno. En 2011, Panamá y Colombia dieron pasos concretos, creando sus fondos soberanos, el primero a partir de los ingresos derivados del Canal de Panamá y el segundo a partir de las regalías mineras y petroleras. En ambos casos las estructuras de gobernanza de los de Noruega y Chile estuvieron presentes a la hora de diseñar procesos y tomar decisiones.

En España acaban de irrumpir con inversiones importantes en particular en el banco Santander y en la eléctrica Iberdrola, de la mano de Qatar Holdings, el fondo soberano de Catar. En ambos casos las inversiones sumaron 2 mil millones de euros, algo inédito hasta la fecha. El interés por América Latina también estuvo detrás de estas inversiones, los fondos árabes en particular han buscado aumentar sus apuestas por esta región emergente vía empresas que supieron en las décadas pasadas apostar por ese continente con el

GRÁFICO 1. *Inversiones de los fondos soberanos en los mercados emergentes versus mercados OCDE, 2000- 2010 (en miles de millones de dólares)*

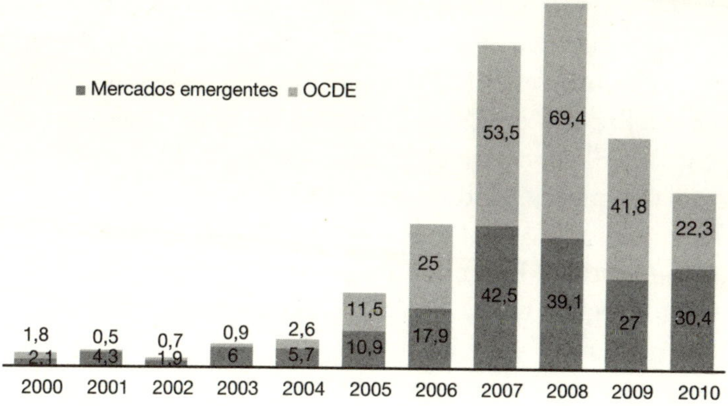

FUENTE: Monitor Group, 2011.

cual coquetean ahora todos los inversores[28]. De manera general los fondos soberanos buscaron, a raíz de la crisis global del 2008, exponerse más a los emergentes (incluso vía empresas OCDE con fuerte inversión en estos mercados, como las españolas mencionadas), invirtiendo en estos mercados más del 60% del total (un alza de casi el 50% con respecto al año 2008). Temasek de Singapur, con 150 mil millones de dólares bajo gestión en 2011, abrió oficinas en México y Brasil por primera vez; y, en 2011, invirtió 300 millones de dólares, con la familia Oppenheimer de Sudáfrica, para crear un fondo para África. Por su parte GIC, el otro fondo soberano de Singapur, con cerca de 220 mil millones de dólares bajo gestión, ha hecho lo mismo en 2011 en Mumbai. Este fondo ya tiene el 10% del total de sus inversiones en renta variable realizadas en los mercados emergentes y planea aumentarlas en el futuro. Por su parte,

[28] Sobre la actividad creciente en los mercados emergentes por parte de los fondos soberanos y sus inversiones también en España más recientemente, véase el informe de Monitor, *Braving the new world: Sovereign wealth fund investment in the uncertain times of 2010*, Boston y Londres, Monitor Group, julio 2011. Disponible en [http://www.monitor.com/Portals/0/MonitorContent/imported/MonitorUnitedStates/Articles/PDFs/BTNW_Final.pdf].

ADIA de Emiratos tiene como objetivo dedicar entre el 15 y el 25% del total de su cartera a los mercados emergentes[29].

Este interés por los emergentes se reflejó también con América Latina[30]. La apuesta por la región quedó patente en varias (importantes) inversiones que muchos de ellos han realizado recientemente. Así, en octubre del 2010, Temasek el fondo soberano de Singapur, que totaliza más de 150 mil millones de activos bajo gestión en 2011, entró en el capital de Odebrecht por un monto de 400 millones de dólares, posicionándose en un sector que tiene alto potencial, el de los suministradores (locales) de la industria petrolera y de Petrobras en particular. El fondo soberano GIC, por su parte, también apostó por la región. En 2011, Government of Singapore Investment (GIC) alcanzó una participación del 5,3% en el capital de la administradora de *shopping centers* brasileña Aliansce. Esta operación refuerza el interés de GIC en Brasil: el fondo participa en una inversión de 650 millones de dólares en seis proyectos inmobiliarios de Cyrela Commercial Properties (CCP), junto al fondo Canadian Pension Plan, e integró, a finales del 2010, un consorcio que compró el 18% del capital de BTG Pactual con una inyección total de 1,8 mil millones de dólares.

En 2011, el fondo soberano Korea Investment Corp y uno de los mayores fondos de pensiones de Canadá anunciaron invertir 100 millones de dólares cada uno conjuntamente en la brasileña Manabi Holding SA para participar en un proyecto de exploración de hierro. Por su parte, el chino CIC, uno de los mayores del mundo, tenía a finales del 2010 un 5,4% del total de su cartera invertido en cotizadas latinoamericanas, un monto aún modesto en comparación con Asia (casi el 30%) o Estados Unidos (42%), pero en aumento, según los datos de su último informe anual [31]. En 2010, su principal operación en América Latina fue la inversión de 300 millones de dólares

[29] Véase Gawdat Bahgat, «Sovereign Wealth Funds in the Gulf: An Assessment», *LSE Kuwait Programme,* julio 2011. Disponible en [http://www2.lse.ac.uk/government/research/resgroups/kuwait/home.aspx].

[30] Véase Javier Santiso, «SWFs and Latin America in 2010 and 2011», en Monitor, *Braving the new world: Sovereign wealth fund investment in the uncertain times of 2010,* Boston y Londres, Monitor Group, julio 2011, pp. 50-53.

[31] Véase el informe anual disponible en la web de CIC [http://www.china-inv.cn/cicen/include/resources/CIC_2010_annualreprot_en.pdf?ickey=1].

en el banco brasileño BTG Pactual. A mediados del 2011, CIC corroboró su interés por la región comprando el 30% de una filial de la multinacional francesa GDF Suez por un monto de 2,3 mil millones de euros, de los cuales 600 se destinarán para tomar una participación del 10% en la planta de gas licuado que posee la multinacional francesa en Trinidad y Tobago.

Paradojas de la abundancia, muchos países de América Latina tienen ahora reservas importantes y se enfrentan –en particular los andinos– al reto de gestionar esta bonanza de materias primas. Sus inversiones y exportaciones siguen muy concentradas en estos rubros de baja intensidad en valor añadido y empleo. De ahí que se planteen cómo aprovechar mejor esta abundancia para dar un salto productivo y diversificar sus economías, una asignatura que sigue pendiente. Los fondos soberanos pueden ser vehículos estratégicos para ello, siempre que se cuide la institución y se dote de profesionales y procesos de primer nivel.

Esto es algo que precisamente llevó a cabo, de manera magistral, un país como Chile. A mediados de la década pasada se dotó de dos fondos soberanos con reglas rigurosas, capital humano e institucional de primera categoría. Todo ello ha convertido al país latino en un referete mundial, comparable a Noruega, en materia de fondos soberanos. En el caso de Chile, los fondos están enmarcados en una ley de responsabilidad fiscal estricta, adoptada en 2006, que obliga a volcar el 0,5% del PIB del superávit del año anterior al primer fondo (Fondo de Reserva de Pensiones); el siguiente 0,5% del PIB del superávit para capitalizar el Banco Central y, lo que se genere de superávit por encima de ese monto, al segundo fondo soberano (Fondo de Estabilización Económica y Social).

De esta experiencia latina exitosa se derivan varias lecciones. La primera es que este tipo de instrumento es indisociable de una política fiscal rigurosa, algo que los chilenos llevaron a cabo en el marco de un corsé hoy en día ejemplar no solo en la región sino en el mundo (y motivo de que el país no encontrara ninguna dificultad en entrar en el selecto club de la OCDE en 2010). La segunda, derivada de la anterior, es que las normas y reglas, por muy rigurosas que sean, no son nada sin marcos institucionales. Los chilenos se dotaron así de marcos regulatorios e institucionales muy rigurosos, en particular cuando estamos hablando de países emergentes. Por último, es igual de imprescindible dotar la institución con el capital humano adecuado. En el caso de Chile, sea el gobierno anterior o el actual, estamos hablando de profesionales y economistas de gran valor, empezando por los dos ministros de Finanzas que supervisaron (Andrés Velasco) y supervisan (Felipe Larraín) los fondos, ambos doctores en economía, con largas y prestigiosas trayectorias académicas, en particular en Estados Unidos.

Los fondos chilenos no son sin embargo fondos estratégicos, es decir, con vocación a impulsar desarrollo y diversificación empresarial. Se quedaron en esa tipología de los fondos de estabilización y fondos de gestión de recursos relativamente conservadores. Quizás por el pasado mismo de la región, en la cual la política industrial ha sido un fracaso, no se dio un paso en esa dirección, a pesar de que como señala la economista de la Universidad de Chicago, Adair Morse, en un trabajo publicado en 2011, son muchos los fondos soberanos que persiguen no solo objetivos financieros sino también objetivos industriales[32].

En el caso de Chile, como en el de Noruega o Australia, solo existe el primero. Dentro de los emergentes, algunos países como los Emiratos, Singapur o Malasia se dotaron sin embargo de fondos estratégicos con un objetivo claro de contribuir al desarrollo empresarial y la diversificación productiva. Uno podría imaginar que Chile se dotase de un (tercer) fondo soberano con esta vocación. La belleza del esquema chileno es que ofrece potencialmente la estructura de incentivos adecuada para ello: uno podría imaginar que a las 3 capas sucesivas actuales para destinar los superávit fiscales se diseñe una cuarta para un fondo estratégico. Este solo se activaría si los 3 primeros niveles se han cumplido. Solo se activaría por lo tanto a partir de un nivel de superávit fiscal importante. El fondo estratégico podría luego operar como un fondo de fondos, acelerando diversificación productiva hacia sectores tecnológicos o incluso proveedores industriales de la industria minera por ejemplo.

---

[32] Véase Alexander Dyck y Adair Morse, «Sovereign wealth funds portfolio», The University of Chicago Booth School of Business, *Working Paper* 11-15, febrero 2011. Disponible en [http://papers.ssrn.com/sol3/papers.cfm?abstract_id=1792850##].

Es de hecho llamativo que, a pesar de ser el primer productor y exportador de cobre del mundo, Chile no tenga ninguna multinacional de escala global como proveedor de vehículos, excavadoras o explosivos para este sector. Todas son extranjeras: Caterpillar y Joy Global cotizan en Nueva York, Komatsu en Tokio, Atlas Copco y Sandvik en Estocolmo, Boart Longyear, Leighton y Orica son australianas, Weir Group escocesa, Hatch canadiense, Orica sudafricana. Todas ellas generan empleo a gran escala y de fuerte valor añadido. La chilena Codelco, el primer productor de cobre del mundo, emplea a algo menos de 20.000 personas, es decir, mucho menos que las multinacionales suecas Sandvik (44.000 empleados) y Atlas Copco (30.000 empleados). Sus ingresos son 7 veces inferiores a los de Caterpillar, la cual emplea también a casi 5 veces más personas.

Los fondos estratégicos de Emiratos (Mubadala, por ejemplo) tienen políticas de inversiones muy diferentes de los de Malasia (Khazanah) o Singapur (Temasek): el primero toma participaciones en multinacionales extranjeras para luego impulsar en su base nacional implantaciones industriales; los dos asiáticos optaron por apoyar directamente el auge de campeones nacionales (y lo lograron). Todos ellos, en cualquier caso, ofrecen un abanico de opciones que podrían inspirar a algunos países de América Latina, principalmente entre los que ostentan mayor capacidad institucional, como por ejemplo Colombia.

Estos ejemplos árabes y asiáticos ilustran hasta qué punto los fondos soberanos pueden ser actores estratégicos de la diversificación y el desarrollo de una economía. En el caso de América Latina, Brasil, mediante el BNDES, ha operado de facto con un instrumento de este tipo, produciendo gigantes del tamaño de Vale o Petrobras en sectores de materias primas, pero también en sectores punteros, con Embraer en el aeronáutico. El BNDES ha generado no solo campeones globales sino que además ha impulsado el valor de sus participadas. Un estudio de la Universidad de Harvard muestra así que, a mediados de la década de los 2000, las participaciones industriales del BNDES (vía su filial BNDESPAR) representaban unos 13,5 mil millones de dólares, es decir, cerca del 4%; en 2009 estas participaciones seguían representando el 4% de la capitalización bursátil de Brasil y acumulaban un valor por más de 53,4 mil millones de dólares[33]. Hoy en día, países como Perú y Colombia, fuertemente dependientes de materias primas, se asoman al debate de dotarse o no de fondos soberanos. Podrían mirar hacia Chile para diseñar estrategias pero también mirar más allá, hacia los Emiratos, Singapur o Malasia, y pensar en un esquema que permita también dotarse de un fondo estratégico, algo que también podría considerar el propio Chile.

El FONPRODE ya mencionando, que actúa en última instancia como un fondo soberano de cooperación internacional, podría también ser en este sentido un instrumento para apalancar interés de fondos soberanos de otras regiones emergentes por el continente latino. Igualmente podría vincular fondos latinos con fondos soberanos e impulsar en sectores determinados (agua, infraestructura, tecnologías) una cooperación triangular en la cual España actúe como catalizador y vinculación. Los fondos soberanos, con horizontes de inversiones y apetito por el riesgo comparable, en cualquier caso están potenciando activamente la cooperación entre ellos, como prueba, por ejemplo, lo realizado por el coreano KIC[34].

Este fondo participó en la creación por parte del IFC del Banco Mundial de un fondo de capital riesgo, el IFC Sovereign Fund, para inversiones en África y América Latina. Invirtió 100 millones de dólares en el fondo que logró en total 600 millones de dólares, convirtiéndole en uno de los más importantes en los mercados emergentes (inicialmente el IFC Asset Management Company, la filial que gestiona el fondo, tenía como objetivo mil millones de dólares). Otro ejemplo es el fondo de biotecnología impulsado por Mubadala y el fondo soberano francés FSI. KIC también ha invertido en el fondo para África del Norte y Oriente Medio creado por Mubadala y General Electric. El IFC sigue de hecho con su estrategia de levantar fondos de capital riesgo para los países en desarrollo: en 2011 inició el levan-

---

[33] Véase Sergio Lazzarini y Aldo Musacchio, «Laviathan as a minority shareholder: a study of equity parchases by the Brazilian Developmeny Bank (BNDES), 1995-2003», Harvard Business School, *Working Paper* 11-071, diciembre 2010. Disponible en [http://www.hbs.edu/research/pdf/11-073.pdf].

[34] Véase Scott Kalb, *The growing of cooperation among sovereign wealth funds*, Seúl, Korea Investment Corporation, junio 2011. Disponible en [http://www.kic.go.kr/en/pr/pr030000.jsp?mode=view&article_no=474&pager.offset=0&board_no=44].

tamiento de otro fondo de capital riesgo, esta vez focalizado sobre infraestructuras, el IFC Global Infrastructure Fund, también para las economías emergentes, con un objetivo de mil millones de dólares y buscando también el apoyo de fondos de pensiones y fondos soberanos. El propio Banco Mundial, vía el IFC, está comprometiendo 200 millones de dólares (20%) para anclar la iniciativa.

V. (RE)PENSAR AMÉRICA LATINA

En cualquier caso la relación con América Latina invita a ser repensada a la luz de una nueva década que será también la de las economías emergentes. En materia de cooperación internacional, el auge empresarial y económico de países como Brasil o Chile trae nuevas oportunidades de triangulación y modernización para donantes OCDE con España, cuyas empresas y economía también se volcaron hacia la región. En cualquier caso, España podría ser un eje central de la cooperación internacional hacia la región volcando esfuerzos para reinventarla en un marco moderno, público-privado, impulsor de tejido empresarial y de empleo.

Sobre todo España podría fomentar una estrategia renovada de cara a la región, convertirse en puente de entrada hacia Europa de las multilatinas y a la vez en plataforma europea hacia la región. Potenciar España como *hub* latino es todavía una tarea pendiente. Si bien algunas multilatinas se asentaron ya en la península, muchas (en particular las brasileñas) han preferido bases europeas más nórdicas. Igualmente, el potencial de España como *hub* europeo y latinoamericano se podría potenciar de cara a otras multinacionales, las europeas que buscan desplegarse o consolidarse en América Latina, pero también las de países emergentes como China, que buscan entrar en el continente latino y el europeo a la vez.

El auge de las multilatinas seguirá en esta década. Como muestra la tabla adjunta entre 1970 y 2010 algo inédito ha ocurrido: en 1970 América Latina apenas representaba el 0,5% del total de IED saliente mundial; y los países en desarrollo apenas totalizaban el 1,2% del total mundial; treinta años más tarde América Latina representaba el 3,7% del total mundial y el conjunto de emergentes el 13,8% del total mundial. Hoy en día América Latina supone un tercio (de un total en ex-

TABLA 2. *Distribución de la IED saliente mundial, 1970-2009 (en %)*

	1970-1979		1980-1989		1990-1999		2000-2009	
	% en el total mundial	**% en el total de PED**	**% en el total mundial**	**% en el total de PED**	**% en el total mundial**	**% en el total mundial**	**% en el total mundial**	**% en el total de PED**
Países en desarrollo (PED)	1,2	100	6,3	100	10,7	100	13,8	100
Sur, Este y Sureste asiático	0,2	18,9	3,9	62,2	7,9	73,2	8,3	60,1
LAC	0,5	41,2	1,2	18,8	2,4	22,1	3,7	27
Argentina	0	0	0	0	0,3	2,6	0,1	0,8
Brasil	0,3	23,1	0,4	6,7	0,2	1,7	0,4	3
Chile	0	0	0	0	0,2	1,7	0,3	2,3
Colombia	0	0	0,1	1,7	0,1	0,9	0,1	0,8
Costa Rica	0	0	0	0	0	0	0	0
México	0	0	0,1	1,7	0,1	0,9	0,4	3
Perú	0	0	0	0	0	0	0	0
Uruguay	0	0	0	0	0	0	0	0
Venezuela	0	0	0,1	1,7	0,1	0,9	0,1	0,8

FUENTE: Elaboración en base a datos UNCTAD, 2011.

GRÁFICO 2. *Volumen de las transacciones financieras (IPOs) en los mercados de capitales, 2000-2010 (en miles de millones de dólares)*

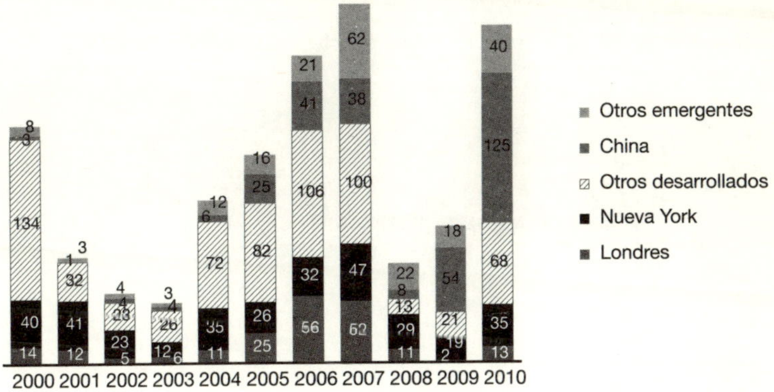

FUENTE: McKinsey Global Institute, 2011.

pansión nominal abismal) de la IED saliente de los mercados emergentes. Si se excluyen los paraísos fiscales, Asia en su conjunto explicó el 16% de la IED emitida a nivel global y América Latina y el Caribe un 4,3%. Ambas regiones se han convertido en actores de la inversión global. Como hemos subrayado, aunque la mayor parte de la IED originada en Latinoamérica ha sido de una naturaleza intrarregional, en años más recientes las multilatinas han incrementado sus inversiones fuera de la región, incluida Europa.

Los mercados emergentes, incluidos los de América Latina, se han convertido en actores e inversores importantes a escala global. En 2010 las inversiones internacionales totales de los emergentes alcanzaron 922 mil millones de dólares, un 20% del total mundial, frente a 280 mil millones de dólares en 2000, apenas un 6% del total mundial. En 2010 más de la mitad de los IPOs se realizaron en mercados emergentes, siendo ostentando el récord mundial por la brasileña Petrobras con una operación de más de 70 mil millones de dólares[35]. El grueso de los flujos (61%) son todavía inversiones de

[35] Véase McKinsey, *Mapping global capital markets 2011,* Boston y Washington, McKinsey Global Institute, agosto 2011. Disponible en [http://www.mckinsey.com/mgi/reports/freepass_pdfs/Mapping_global_capital_markets/Capital_markets_update_email.pdf].

GRÁFICO 3. *Los mercados emergentes se han convertido en inversores internacionales: flujos de capitales en 2010*

a) Entradas de capital en los mercados emergentes (miles de millones de dólares)

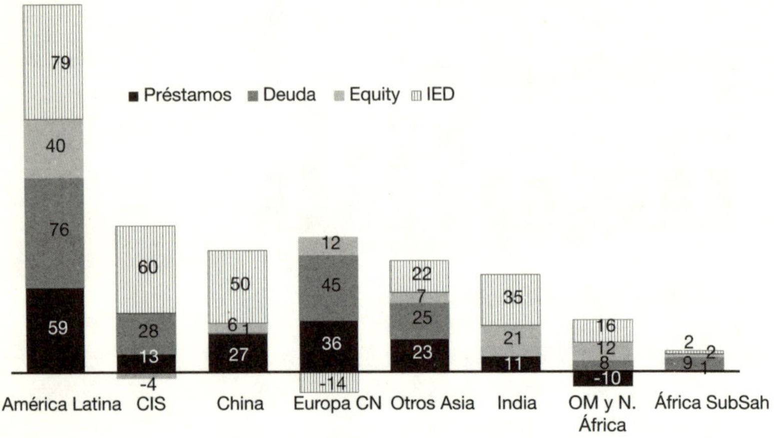

b) Salidas de capital desde los mercados emergentes (miles de millones de dólares)

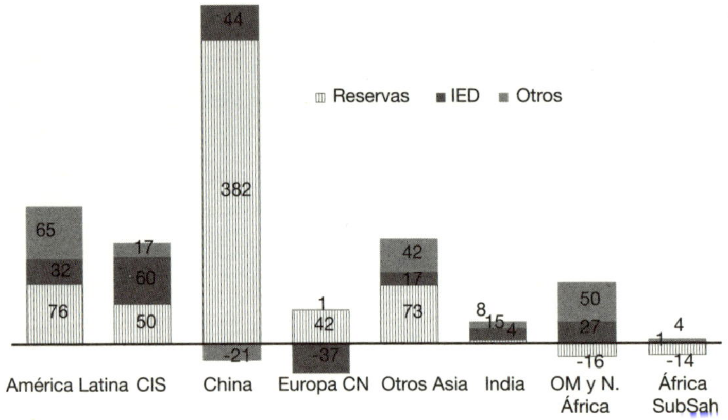

FUENTE: McKinsey Global Institute, 2011.

cartera operadas por sus bancos centrales, pero las inversiones por parte de otro tipo de actores –particulares, empresas y fondos soberanos– están creciendo rápidamente contribuyendo a cambiar el mapa internacional accionarial y empresarial.

La IED de estos mercados alcanzó casi 160 mil millones de dólares en 2010 y una buena parte es debida a las multilatinas que también se están lanzando hacia nuevas geografías más allá del continente americano. Estas multinacionales tienen ahora acceso a capital a niveles de costos comparables con sus rivales OCDE: solo en el año 2010 las multinacionales emergentes han emitido bonos corporativos por cerca de 280 mil millones de dólares para desarrollar su expansión nacional e internacional. En términos de inversiones en el extranjero China y América Latina lideran la dinámica de los emergentes: en 2010 acapararon respectivamente 405 y 173 mil millones de dólares de inversiones fuera respectivamente.

Si hace 10 años todavía Estados Unidos y Europa eran el centro de la red de flujos de capitales internacionales, diez años después esto ha dejado de ser una realidad. Las relaciones sur-sur se desarrollaron así a gran velocidad: en 2010 América Latina mantenía con Asia operaciones *cross border* comparables a las que tenía con Europa. Las multilatinas, como sus pares de los otros emergentes, han emprendido una carrera de internacionalización que ahora se asoma hacia una nueva era: el auge de multilatinas (o multinacionales emergentes) cada vez más globales. Esto conlleva retos y oportunidades para los países OCDE. En cualquier caso invita a resetear los mapas cognitivos tradicionales y desprenderse de visiones euro-centradas.

Con el auge de las multinacionales emergentes, incluidas las multilatinas, las jerarquías empresariales se mueven y se seguirán moviendo de manera profunda ahondando en la convergencia entre economías desarrolladas y en desarrollo[36]. Hace apenas 10 años, solo un 10% de las mil principales multinacionales procedían de los emergentes; en 2010 esta cifra ascendió a más del 31%. Los BRIC acaparan un 73%; desde América Latina, Brasil acapara un 13% y México

[36] Véase el ensayo del Premio Nobel de Economía Michael Spence, *The Next Convergence: The Future of Economic Growth in a Multispeed World,* Nueva York, Farrar, Straus & Grioux, 2011.

GRÁFICO 4. *1.000 principales empresas en el mundo, 2010 (valor capitalización bursátil, en % del total)*

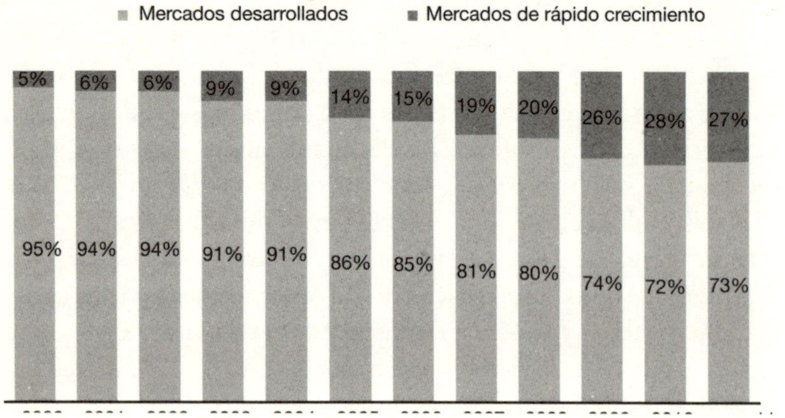

FUENTE: Ernst & Young, 2011.

GRÁFICO 5. *1.000 principales empresas en el mundo en términos de capitalización bursátil, 2010 (número de empresas, en %)*

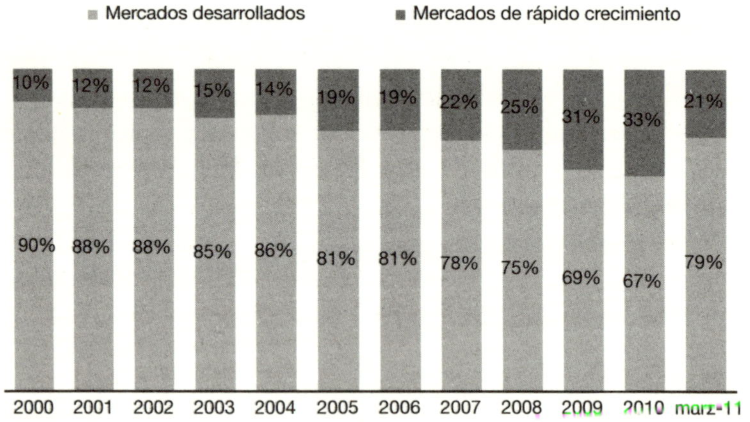

FUENTE: Ernst & Young, 2011.

otro 3% del total mundial. Brasil en particular lidera en términos de incremento de ventas, con crecimientos de más del 22% en promedio anual desde mediados de la década pasada[37].

La nueva década invita, en particular, a repensar en profundidad las relaciones entre España y América Latina. Éstas son hoy en día relaciones más (re)equilibradas que en el pasado y que dejarán, incluso en el ámbito empresarial, de ser unilaterales, como lo muestra el auge imparable de las multilatinas. Estas empresas son, en definitiva, el rostro renovado de un continente que ha dejado de ser sinónimo de dictaduras, crisis y fracasos, para convertirse en tierra de democracias, crecimientos y logros. Más allá de las multilatinas, la nueva década invita a repensar la relación con un continente latino que se ha convertido en actor y motor de los cambios empresariales internacionales.

---

[37] Véase Ernst & Young, *Globalization 3.0: Competing for Growth,* Ernst & Young, 2011. Disponible en [http://www.ey.com/Publication/vwLUAssets/Globalization-3.0-competing-for-growth/$FILE/Globalization-3.0-competing-for-growth.pdf].

BIBLIOGRAFÍA

ABU DHABI FUND FOR DEVELOPMENT, en [http://www.adfd.ae/pages/default.aspx].

AGTMAEL, ANTOINE VAN (2007), *The Emerging Markets Century: How a New Breed of World-Class Companies Is Overtaking the World,* Nueva York, Free Press.

ALFARO, LAURA; SEBNEM KALEMLI-OZCAN y VADYM VOLOSOVCH (2007), «Capital Flows in a Globalized World: The Role of Policies and Institutions», en Sebastian Edwards (ed.), *Capital Controls and Capital Flows in Emerging Economies: Policies, Practices and Consequences,* National Bureau of Economic Research, University of Chicago Press, mayo, pp. 19-72.

AMÉRICA ECONOMÍA (2011), *Ranking 500 Multilatinas.* Disponible en [http://rankings.americaeconomia.com/2011/500/].

ARBATLI, ELIF (2011), «Economic policies and FDI inflows in emerging markets», *IMF Working Paper,* agosto. Disponible en [http://www.imf.org/external/pubs/ft/wp/2011/wp11192.pdf].

A. T. KEARNEY, *Urban Elite Global Cities Index.* Disponible en [http://www.atkearney.at/content/misc/wrapper.php/id/50369/name/pdf_urban_elite-gci_2010_12894889240b41.pdf].

A. T. KEARNEY (2010), *Investing in a Rebound. The 2010 AT Keanry FDI Confidence Index,* Washington DC, AT Kearney. Disponible en [http://www.atkearney.com/images/global/pdf/Investing_in_a_Rebound-FDICI_2010.pdf].

AYLLÓN, BRUNO (2009), «Cooperación Sur-Sur: Innovación y transformación en la cooperación internacional», en *Nombres Propios,* Fundación Carolina. Disponible en [http://www.fundacioncarolina.es/es-ES/nombrespropios/Documents/NPBAyllón0912.pdf].

BAHGAT, GAWDAT (2011), «Sovereign Wealth Funds in the Gulf: An Assessment», *LSE Kuwait Programme.* Disponible en [http://www2.lse.ac.uk/government/research/resgroups/kuwait/home.aspx].

BANCO DE BOGOTÁ, en [https://pbit.bancodebogota.com.co/Investigaciones/PresentacionPDF.aspx?PDF=12].

BANERJEE, ABHIJIT y ESTHER DUFLO (2011), *Poor economics: A Radical Rethinking of the Way to Fight Global Poverty,* Nueva York, Perseus, Public Affairs.

BAREAU, PIERRE YVES (2011), *Emerging markets debt coming of age,* Londres, JP Morgan Asset Management. Disponible en [http://www.jpmorgan.com/pages/jpmorgan/investbk/solutions/research].

BBVA, Economic Watch Series, Perú. En [http://serviciodeestudios.bbva.com/KETD/fbin/mult/110726_EconomicWatch_Peru-Brazil_tcm348-264701.pdf?ts=882011].

DE BARROS, OCTAVIO, «Há algum *perigo* de as coisas melhorarem? cenário macroeconômico brasileiro 2011-2020», FIESPP-BRADESCO. En [http://www.fiesp.com.br/irs/cosec/pdf/transparencias_reuniao_cosec_13_06_11_-_octavio_de_barros_-_distribuicao_final.pdf].

DI BELLA, GABRIEL (2011), «The Impact of the Global Financial Crisis on Microfinance and Policy Implications», *IMF Working Paper* 11-175, julio. Disponible en [http://www.imf.org/external/pubs/ft/wp/2011/wp11175.pdf].

BID, INTER-AMERICAN DEVELOPMENT BANK (IADB) (2010), *Ten years after the take-off: Taking stock of China – Latin America and the Caribbean economic relations,* Washington DC, IADB. Disponible en [http://idbdocs.iadb.org/wsdocs/getdocument.aspx?docnum=35410652].

BID (2010), *From multilatinas to global Latinas, 2010. The new Latin American multinationals (compilation case studies),* Washington DC, Banco Inter-Americano de Desarrollo.

BLÁZQUEZ, JORGE y JAVIER SANTISO (2006), «¿Ángel o demonio? Los efectos del comercio chino en los países de América Latina», *Revista de CEPAL* 90, diciembre, pp. 17-43.

BOSTON CONSULTING GROUP (BCG) (2011), *BCG Global Challengers. Companies on the move: rising stars from rapidly developing economies are reshaping global industries,* Boston. Disponible en [http://www.bcg.com/documents/file70055.pdf].

BCG (2009), *The 2009 BCG Multilatinas,* Boston, BCG. Disponible en [http://www.bcg.com/documents/file27236.pdf].

BCG (2008), *The 2008 BCG 100: New Global Challengers. How top companies from rapidly economies are changing the world,* Boston, BCG. Disponible en [http://www.bcg.com.cn/export/sites/default/en/files/publications/reports_pdf/New_Global_Challengers_Feb_2008.pdf].

BCG (2010), *The 2010 Value Creators Report. Threading the Needle: Value creation in a Low Growth Economy,* Boston Consulting Group. Disponible en [http://www.bcg.com/documents/file59590.pdf].

BCG (2010), *Swimming Against the Tide: How technology, Media, and Telecomunications Companies can Prosper in the New Economic Reality,* Boston Consulting Group. Disponible en [http://www.bcg.com/documents/file59590.pdf].

BCG (2011), *Innovation 2010. A return to preminence – and the emergence of a new world order,* Boston, BCG, abril. Disponible en [http://www.bcg.com/documents/file42620.pdf].

BLACKROCK (2011), *Introducing the Blackrock Sovereign Risk Index: A more comprehensive view of credit quality,* Nueva York y Londres, Blackrock, junio. El informe de la gestora está disponible en [https://www2.blackrock.com/webcore/litService/search/getDocument.seam?venue=PUB_IND&source=GLOBAL&contentId=1111142235].

BOOZ & COMPANY (2010), *The Global Innovation 1000: How the Top Innovators Keep Winning,* Booz & Company. Disponible en [http://www.booz.com/media/file/sb61_10408-R.pdf].

BRAUTIGAM, DEBORAH (2009), *The Dragon's Gift: The Real Story of China in Africa,* Oxford, Oxford University Press.

BROWN, CLAIR y GREG LINDEN (2009), *Chips and change: how crisis reshape the semiconductor industry,* Cambridge (MA), MIT Press. Véanse [http://mitpress.mit.edu/catalog/item/default.asp?ttype=2&tid=12005&mode=toc] y [http://www.irle.berkeley.edu/worktech/greglinden.html].

BUSTOS, PAULA (2011), «Trade Liberalization, Exports, and Technology Upgrading: Evidence on the Impact of MERCOSUR on Argentinian Firms», *American Economic Review* 101(1), pp. 304-340. Disponible en [http://www.crei.cat/people/bustos/Trade_Skill_PBustos.pdf].

CAPAPÉ, JAVIER y JAVIER SANTISO (2011), «Los fondos soberanos catalizan el reequilibrio de la economía mundial», *ESADEgeo Position Paper* 18, julio. Disponible en [http://www.esade.edu/research webs/eng/esadegeo/publications/position].

CÁRDENAS, MAURICIO y ADRIANA KLUGER (2011), *The reversal of the structural transformation in Latin America alter China's emergente,* Washington DC, Latin American Initiative, agosto. Disponible en [http://www.brookings.edu/~/media/Files/rc/papers/2011/0802_structural_transformation_cardenas/0802_structural_transformation_cardenas.pdf].

CÁRDENAS, MAURICIO y EDUARDO LEVY-YEYATI (eds.) (2001), *Latin America Economic Perspetives. Shfting Gears in an Age Heightened expectations,* Washington DC, Brookings Institution. Disponible en [http://www.brookings.edu/~/media/Files/rc/reports/2011/0408_blep_cardenas/04_blep_cardenas_yeyati.pdf].

CARDOSO, ELIANA y MÁRCIO HOLLAND (2010), «South America for the Chinese? A trade based analysis», OECD Development Centre, *Working Paper* 289, abril. Disponible en [http://www.oecd.org/dataoecd/41/39/45041460.pdf].

CASANOVA, LOURDES (2009), *Global Latinas. Emerging Multinationals from Latin America,* Palgrave Macmillan.

CASANOVA, LOURDES (2011), «El ascenso de las multilatinas en la economía mundial», *Revista ICE* 859, marzo-abril, pp. 21-31. Disponible en [http://

www.revistasice.com/CachePDF/ICE_859_21-32__AB6E846F8E-555C313551E3D3F54FCE10.pdf].

CASTILLA, EMILIO (2003), «Network of venture capital firms in Silicon Valley», *International Journal of Technology Management* 25, ½, pp. 113-135. Disponible en [http://www.talentfirstnetwork.org/wiki/images/1/1a/Networks_of_VC_Firms_in_Silicon_Valley.pdf].

CASILDA, RAMÓN (2011), *Multinacionales españolas en un mundo global y multipolar,* Madrid, ESIC.

CEPAL (2011), *La República Popular China y América Latina y el Caribe: hacia una nueva fase en el vínculo económico y comercial,* Santiago de Chile, CEPAL, junio. Disponible en [http://www.eclac.cl/publicaciones/xml/6/43666/La_Republica_Popular_China_y_America_Latina_y_el_Caribe_trade.pdf].

CEPAL (2011), *La inversión extranjera directa en América Latina y el Caribe 2010,* Santiago de Chile, CEPAL, mayo. Presentación disponible en [http://www.eclac.org/noticias/paginas/8/33638/2011-283-IED-Presentacion-es.pdf].

CESA-BIANCHI, AMBROGIO *et al.* (2011), «On the transmission of global shocks to Latin America before and after China's emergence in the world economy», Inter-American Development Bank, *Working Paper* (no publicado), disponible en [http://www.iadb.org/res/centralBanks/publications/cbm58_649.pdf].

CHINA DEVELOPMENT BANK. Véase [http://www.cdb.com.cn/english/].

CHINA INVESTMENT CORPORATION (2010), *Annual Report, 2010.* Disponible en [http://www.china-inv.cn/cicen/include/resources/CIC_2010_annualreprot_en.pdf?ickey=1].

CHINA FOREIGN AID (White Paper). Disponible en [http://www.eu-china.net/web/cms/upload/pdf/nachrichten/2011-04-21Chinas-ForeignAid-WhitePaper.pdf].

COMIN, DIEGO y BART HOBIJN (2010), «Technology diffusion and postwar growth», Federal Reserve Bank of San Francisco, *Working Paper* 16, junio. Disponible en [http://www.frbsf.org/publications/economics/papers/2010/wp10-16bk.pdf].

COMIN, DIEGO y BART HOBIJN (2010), «An exploration of technology diffusion», *American Economic Review* 100(5), pp. 2031-2059.

COMIN, DIEGO, NORMAN LOAYZA, FAROOQ PASHA y LUIS SERVÉN (2010), «Medium term Business cycles in developing countries», Harvard Business School, *Working Paper* 10-029, septiembre. Disponible en [http://www.hbs.edu/research/pdf/10-029.pdf].

CONGRESSIONAL RESEARCH SERVICE (2009), «China's Foreign Aid Activities in Africa, Latin America and Southeast Asia». Disponible en [http://www.fas.org/sgp/crs/row/R40361.pdf].

COOPERACIÓN SUR-SUR, «Programa Iberoamericano para el Fortalecimiento de la Cooperación Sur-Sur». Véase [http://www.cooperacionsursur.org/].

DABLA-NORRIS, ERA, JIRO HONDA, AMINA LAHRECHE y GENEVIÈVE VERDIER (2010), «FDI Flows to Low-Income Countries: Global Drivers and Growth Implications», *IMF Working Paper* 10/132.

DAUDE, CHRISTIAN (2010), «Innovation, productivity and economic development in Latin America and the Caribbean», OECD Development Centre, *Working Paper* 288, febrero. Disponible en [http://www.oecd.org/dataoecd/4/36/44581147.pdf].

DEDRICK, JASON, KENNETH KRAEMER y GREG LINDEN (2010), «Who profits from innovation in global value chains? A study of the iPod and notebook PCs», University of California, Irvine, 2008, publicado en *Industrial and Corporate Change* 19 (1), pp. 81-116. Disponible en [http://web.mit.edu/is08/pdf/Dedrick_Kraemer_Linden.pdf].

DEDRICK, JASON KENNETH KRAEMER y GREG LINDEN (2011), «*Who* Captures Value in the Apple iPad and iPhone?», University of California Irvine, julio (no publicado). Disponible en [http://pcic.merage.uci.edu/papers/2011/Valuc_iPad_iPhone.pdf].

DELOITTE, «Global Chinese Services». Disponible en [http://www.deloitte.com/assets/Dcom-China/Local%20Assets/Documents/Services/Global%20Chinese%20Services%20Group/cn_CSG_MMChinaOutboundMA_301110.pdf].

DEVEREUX, M. P., B. LOCKWOOD y M. REDOANO (2008), «Do Countries Compete Over Corporate Tax Rates?», *Journal of Public Economics* 92, pp.1210-1235.

DOS SANTOS, ENESTOR y SOLEDAD ZIGNANO (2010), «The impact of the emergence of China on Brazilian international trade», Madrid, *BBVA Research Working Paper* 22. Disponible en [http://www.bbvaresearch.com/KETD/fbin/mult/WP_1022_tcm348-231940.pdf?ts=1082011].

DOUGLASS, JOHN, RICHARD EDELSTEIN y CECILE HOAREAU (2011), «A global talent magnet: How a San Francisco/Bay Area Global Higher Education Hub Could Advance California's Comparative Advantage In Attracting International Talent and Further Build US Economic Competitiveness», University of California, Berkeley, Center for Studies in Higher Education, Research and Occasional Paper Series, mayo. Disponible en [http://cshe.berkeley.edu/publications/docs/ROPS.CalBayAreaHEHub.6.13.2011.pdf].

DOWNS, ERICA (2011), «Inside China, Inc: China Development Bank's Cross-Border Energy Deals», *John L. Thornton China Center at Brookings Monograph Series* 3, Beijing y Washington DC, marzo. Disponible en [http://www.brookings.edu/papers/2011/0321_china_energy_downs.aspx].

DYCK, ALEXANDER y ADAIR MORSE (2011), «Sovereign wealth funds portfolio», The University of Chicago Booth School of Business, *Working Paper* 11-15, febrero. Disponible en [http://papers.ssrn.com/sol3/papers.cfm?abstract_id=1792850##].

Eichengreen, Barry y Hui Tong (2011), «The External Impact of China's Exchange Rate Policy: Evidence from Firm Level Data», *IMF Working Paper* 11-155, julio. Disponible en [http://www.imf.org/external/pubs/ft/wp/2011/wp11155.pdf].

EMPEA y Coller Capital (2011), *Emerging Markets Private Equity Survey 2011,* Londres, Coller Capital / EMPEA. Disponible en [http://spanish.collercapital.com/uploaded/documents/News/2011/EMPEA_Coller_2011_Survey_-_final.pdf].

Ernst & Young (2011), *Globalization 3.0: Competing for Growth,* Ernst & Young. Disponible en [http://www.ey.com/Publication/vwLUAssets/Globalization-3.0-competing-for-growth/$FILE/Globalization-3.0-competing-for-growth.pdf].

Ernst & Young (2011), *Restart: Ernst & Young's European Attractiveness Survey,* Ernst & Young. Disponible en [http://www.ey.com/Publication/vwLUAssets/Europe_attractiveness_2011_web_resolution/$FILE/Europe_attractiveness_2011_web_resolution.pdf].

ESADE (2010), *La multinacional española ante un nuevo escenario internacional. Segundo informe anual del Observatorio de la Empresa Multinacional Española (OEME),* Barcelona y Madrid, ESADE Business School e ICEX.

Fairlie, Robert y Aaron Chatterji (2010), *Hich technology entrepreneurs in Silicon Valley: opportunities and opportunity costs*, University of California, Santa Clara, Department of Economics, octubre. Disponible en [http://people.ucsc.edu/~rfairlie/papers/].

Fairlie, Robert (2008), *Race and entrepreneurial success: Black, Asian, and White owned Businesses in the United States,* Cambridge (MA), MIT Press.

Financial Times, «500 Global Companies Index». Disponible en [http://www.ft.com/intl/cms/95edc490-9d61-11e0-9a70-00144feabdc0.pdf].

Flandreau, Marc, Juan Flores, Nicolas Gaillard y Sebastián Nieto-Parra (2009), «The End Of Gatekeeping: Underwriters And The Quality Of Sovereign Bond Markets, 1815-2007», *NBER Working Paper* 15128.

Fleury, Alfonso y Maria Teresa Leme Fleury (2011), *Brazilian Multinationals: Competences for Internationalization,* Cambridge, Cambridge University Press.

FRIDE (2010), «La tercera ola de actores del desarrollo», *Policy Brief* 60. En [http://www.fride.org/publicacion/818/la-tercera-ola-de-actores-del-desarrollo].

Frot, Emmanuel y Javier Santiso (2008), «Development Aid and Portfolio Funds: Trends, Volatility and Fragmentation», OECD Development Centre, *Working Paper* 275.

Frot, Emmanuel y Javier Santiso (2009), «Herding in Aid Allocation», OECD Development Centre, *Working Paper* 279.

Frot, Emmanuel y Javier Santiso (2010), «Crushed Aid: Fragmentation in Sectoral Aid», OECD Development Centre, *Working Paper* 284. Disponible en [http://www.oecd-ilibrary.org/development/crushed-aid_218465127786].

Fundación MicroFinanzas BBVA. Véase [http://www.mfbbva.org/castellano.html].

Gallagher, Kevin (2010), «China and the future of Latin American industrialization», *Boston University Issue Brief* 8, octubre 2010. Disponible en [http://www.bu.edu/pardee/publications/issues-in-brief-no-18/].

Gallagher, Kevin y Roberto Porcekanski (2010), *The Dragon in the Room: China and the Future of Latin American Industrialization,* Stanford, Stanford University Press.

García, Jaime (2011), *Países Árabes*. Disponible en [http://idei.pucp.edu.pe/docs/2011-paises-arabes-jaime-garcia.pdf]

García Canal, Esteban y Mauro Guillén (2008), «La expansión de empresas españolas hacia América Latina: un balance», *Revista Globalización, Competitivdad, Gobernabilidad, Georgetown University* 2 (2), pp. 18-45. Disponible en [http://www.unioviedo.es/egarcia/GCG.articulo_91_1216827229514.pdf].

García-Herrero, Alicia (2010), *China – Latam: Going beyond conventional wisdom,* Hong-Kong, BBVA Research, presentación realizada en el *China – Iberoamerican Dialogue*, Madrid, SEGIB, septiembre, disponible en [http://www.bbvaresearch.com/KETD/fbin/mult/101007_AliciaChina-LATAM_tcm348-234062.pdf?ts=27122010].

García-Herrero, Alicia (2010), *China's outward FDI: what explains geographical destination? Some thoughts for Europe,* Madrid y Hong Kong, BBVA Research, diciembre. Disponible en [http://www.iberchina.org/frame.htm?images/archivos/ChinaoutwardFDI_agh_bbva.pdf].

García-Herrero, Alicia (2011), *Who are the Eagles? Driving global growth for the next ten years,* febrero, BBVA Research, Madrid y Hong Kong. Presentación disponible en [http://www.bbvaresearch.com/KETD/fbin/mult/110214_BBVA_EAGLES-ESADE_tcm346-246602.pdf].

Garroway, Christopher, Burcu Hacibedel, Helmut Reisen y Edouard Turkisch (2010), «The Renmimbi and poor country growth», OECD Development Centre, *Working Paper* 292, septiembre. Disponible en [http://www.oecd.org/dataoecd/22/55/45950256.pdf].

General Electric, *Global Research*. Véase [http://ge.geglobalresearch.com/locations/bangalore-india/].

Ghemawat, Pankaj (2011), *World 3.0: Global Prosperity and How to Achieve It,* Boston, Harvard Business Review Press.

Glaeser, Edward (2011), *Triumph of the City: How Our Greatest Invention Makes Us Richer, Smarter, Greener, Healthier, and Happier,* Nueva York, The Penguin Press.

GOBIERNO DE COLOMBIA y OCDE. Disponible en [http://www.oecd.org/dataoecd/14/39/46080702.pdf].

GOLDMAN SACHS (2009), *The long term Outlook for the BRIC and N-11 post crisis*, Londres y Nueva York, *Goldman Sachs Global Economics Papers* 192, diciembre. Disponible en [http://www2.goldmansachs.com/ideas/BRIC/long-term-outlook-doc.pdf].

GOLDMAN SACHS (2010), *Revisiting our BRIC Nifty 50 baskets,* Nueva York y Londres, Goldman Sachs, mayo.

GOLDMAN SACHS (2010), *Emerging markets equity in two decades: a changing landscape,* Nueva York y Londres, *Goldman Sachs Global Economics Papers* 24, septiembre.

GOLDSTEIN, ANDREA (2010), «The emergence of multilatinas: The Petrobras experience», *Universia Business Review,* pp. 98-111.

GOLDSTEIN, ANDREA (2007), *Multinational Companies from Emerging Economies: Composition, Conceptualization and Direction in the Global Economy,* Londres, Palgrave Macmillan.

GRANDES, MARTÍN, DAMIÁN PANIGO y RICARDO PASQUINI (2007), «The cost of corporate bond Financing in Latin America», *Center for Financial Stability, Working Paper* 20, julio. Disponible en [http://www.cefargentina.org/files_publicaciones/16-36wp20-cob-grandes-panigo-pasquini-julio-2007.pdf].

GRANDES, MARTÍN, DAMIÁN PANIGO y RICARDO PASQUINI (2007), «The Cost of Equity beyond CAPM: Evidence from Latin American Stock Markets 1986 – 2004», Center for Financial Stability, *Working Paper* 17, marzo. Disponible en [http://www.cefargentina.org/files_publicaciones/16-33wp17-coe2-jan-2007.pdf].

GUILLÉN, MAURO (2005), *The Rise of Spanish Multinationals: European Business in the Global Economy,* Nueva York, Cambridge University Press, 2005.

GUILLÉN, MAURO y ESTEBAN GARCÍA CANAL (2010), *The New Multinationals: Spanish Firms in a Global Context,* Nueva York, Cambridge University Press.

GULER, ISIN y MAURO GUILLÉN (2010), «Knowlegde, institutions and foreign entry: the internationalization of US venture firms», *Journal of International Business Studies* 41, pp. 185-205.

GULER, ISIN y MAURO GUILLÉN (2010), «Home Country Networks and Foreign Expansion: Evidence from the Venture Capital Industry», *The Academy of Management Journal* 53(2), pp. 390-410, abril. En [http://www.unc.edu/~guleri/Guler%20Guillen%20AMJ.pdf].

HANSON, GORDON (2010), «Why Isn't Mexico Rich?», *Journal of Economic Literature* 48(4), diciembre, pp. 987-1004.

HANSON, GORDON y RAYMOND ROBERTSON (2010), «China and the Manufacturing Exports of Other Developing Countries», en Robert Feenstra y Shang Jin Wei (eds.), *China's Growing Role in World Trade,* Chicago, University of Chicago Press y NBER, pp. 137-59. Disponible en [http://irps.ucsd.edu/assets/022/8776.pdf].

Harvard Business Review (2009), «How GE is Disrupting itself», Boston, *HBS Review,* octubre. Disponible en [http://hbr.org/2009/10/how-ge-is-disrupting-itself/ar/1]. El estudio de caso de Harvard está disponible en [http://www.gereports.com/reverse-innovation-how-ge-is-disrupting-itself/].

Hearn, Adrian y José Luis Márquez (eds.) (2011), *China Engages Latin America: Tracing the Trajectory,* Boulder (CO), Lynne Rienner Publishers.

Havro, Gøril y Javier Santiso (2008), «To Benefit from Plenty: Lessons from Chile and Norway», OECD Development Centre, *Policy Brief* 37, septiembre. Disponible en [http://www.oecd.org/dataoecd/23/12/41281577.pdf].

Havro, Gøril y Javier Santiso (2011), «Benefiting the resource rich: can International development policy help tame the resource cruse?», *IDS Working Paper* 35, febrero. Disponible en [http://papers.ssrn.com/sol3/papers.cfm?abstract_id=1761007] y [http://www.ids.ac.uk/go/bookshop].

HSBC (2011), *The Southern Silk Road: Turbocharging South South Economic Growth,* Londres y Nueva York, HSBC Global Research, junio. Disponible en [http://www.research.hsbc.com/midas/Res/RDV?p=pdf&key=WZnyWSIf38&n=299714.PDF].

HSBC (2011), *The World in 2050: Quantifying the Shift in the Global Economy,* Londres y Nueva York, HSBC Global Research, 2011. Disponible en [http://www.research.hsbc.com/midas/Res/RDV?p=pdf&key=ej73gSSJVj&n=282364.PDF].

IESE (2011), *The Global Venture Capital and Private Equity Country Attractiveness Index.* Disponible en [http://blog.iese.edu/vcpeindex/].

Izquierdo, Alejandro y Ernesto Talvi (2011), *One region, two speeds? Challenges of the new global economic order for Latin America and the Caribbean,* Washington DC, IADB, 2011. Informe disponible en [http://idbdocs.iadb.org/wsdocs/getdocument.aspx?docnum=35816781].

JP Morgan (2011), *The domino effect of a US Treasury technical default,* Nueva York, JP Morgan Research, abril. Disponible en [http://www.jpmorgan.com/pages/jpmorgan/investbk/solutions/research].

Kauffman Foundation (2011), *The grass is indeed greener in India and China for returnee entrepreneurs,* Kansas City, Kauffman Foundation, abril. Disponible en [http://www.kauffman.org/uploadedfiles/grass-is-greener-for-returnee-entrepreneurs.pdf].

Krauze, Enrique (2011), *Redeemers: Ideas and power in latin America,* Nueva York, Harper.

Latin America Venture Capital Association. Disponible en [http://www.lavca.org/].

LAVCA Scorecard (2011), *The Private Equity and Venture Capital Environment in Latin America.* Disponible en [http://lavca.org/wp-content/uploads/2011/07/2011-LAVCA-Scorecard-update.pdf].

Kalb, Scott (2011), *The growing of cooperation among sovereign wealth funds,* Seúl, Korea Investment Corporation, junio. Disponible en [http://www.kic.go.kr/en/pr/pr030000.jsp?mode=view&article_no=474&pager.offset=0&board_no=44].

Lazzarini, Sergio y Aldo Musacchio (2010), «Leviathan as a minority shareholder: a study of equity purchases by the Brazilian Development Bank (BNDES), 1995-2003», Harvard Business School, *Working Paper* 11-071, diciembre. Disponible en [http://www.hbs.edu/research/pdf/11-073.pdf].

Lerner, Josh *et al.* (2009), *The Global Economic Impact of Private Equity Report 2010,* Ginebra, World Economic Forum. Disponible en [https://members.weforum.org/pdf/FinancialInstitutions/PrivateEquity_VolIII_WorkingPapers.pdf].

Lerner, Josh (2009), *Boulevard of Broken Dreams: Why Public Efforts to Boost Entrepreneurship and Venture Failed and What to Do About It,* Princeton, Princeton University Press.

Levy-Yeyati, Eduardo (2010), «Emerging economies in the 2000s: Real decoupling and financial decoupling», Universidad Torcuato di Tella, *Documento de Trabajo* (no publicado), junio 2010. Disponible en [http://www.bde.es/webbde/GAP/Secciones/SalaPrensa/Agenda/Eventos/10/Jul/04.Levy-Yeyati.pdf].

Lin, Justin (2011), «From flying geese to leading dragons: New Opportunities and Strategies for Structural Transformation in Developing Countries», *World Bank Policy Research Working Paper* 5702. Presentación disponible en [http://siteresources.worldbank.org/DEC/Resources/Uzbekistan-final.pdf].

London School of Economics, *LSE Kuwait Programme.* Disponible en [http://www2.lse.ac.uk/government/research/resgroups/kuwait/research/papers/donorship.aspx].

McKinsey (2010), *Lions on the move: The progress and potential of African economies,* Boston, McKinsey Global Institute, junio. Disponible en [http://www.mckinsey.com/mgi/publications/progress_and_potential_of_african_economies/index.asp].

McKinsey (2011), *Building globally competitive cities: The key to Latin America growth,* Boston y Washington DC, McKinsey Global Institute, agosto. Disponible en [http://www.mckinsey.com/mgi/publications/Building_globally_competitive_cities/PDFs/MGI_Latin_America.pdf].

McKinsey (2011), *Mapping global capital markets 2011,* Boston y Washington DC, McKinsey Global Institute, agosto. Disponible en [http://www.mckinsey.com/mgi/reports/freepass_pdfs/Mapping_global_capital_markets/Capital_markets_update_email.pdf].

McMillan, Margaret y Dani Rodrik (2011), «Globalization, structural change and productivity growth», Harvard University, Kennedy School, *Working Paper,* febrero. Disponible en [http://www.hks.harvard.edu/fs/drodrik/research.html].

Mesquita, Mauricio (ed.) (2010), *India: Latin America's next big thing?,* Washington DC, Inter-American Development Bank (IADB). Disponible en [http://idbdocs.iadb.org/wsdocs/getdocument.aspx?docnum=35239272].

Ministerio de Relaciones Exteriores (2011), *La inversión directa de capitales chilenos en el mundo, 1990-2010,* Santiago de Chile, Ministerio de Relaciones Exteriores, Dirección General de Relaciones Económicas Internacionales. Disponible en [http://www.direcon.gob.cl/bibliotecas/scategorias/list/1937].

Mlachila, Montfort y Misa Takebe (2011), «FDI from BRIC to LICs: Emerging Growth Driver?», *IMF Working Paper* 11-178, julio 2011. Disponible en [http://www.imf.org/external/pubs/ft/wp/2011/wp11178.pdf].

Mold, Andrew, Annalisa Prizzon, Emmanuel Frot y Javier Santiso (2010), «Flujos de ayuda en tiempos de crisis», presentando en la *Conference on Development Cooperation in Times of Crisis and on Achieving MDGs*, IFEMA Convention Centre, Madrid, 9-10 de junio de 2010. Disponible en [http://www.eu2010.es/export/sites/presidencia/comun/descargas/agenda/agenda_junio/pdf_grupo/ES/Mold_xFlujos_de_ayudax.pdf].

Monitor (2011), *Braving the new world: Sovereign wealth fund investment in the uncertain times of 2010,* Boston y Londres, Monitor Group, julio. Disponible en [http://www.monitor.com/Portals/0/MonitorContent/imported/MonitorUnitedStates/Articles/PDFs/BTNW_Final.pdf].

Mori Foundation (2009), *Global Power City Index.* Disponible en [http://www.mori-m-foundation.or.jp/english/research/project/6/pdf/GPCI2009_English.pdf].

Musalem, Alberto R. y Fernando Baer (2010), «Latin American Pension Funds Investing in Private Equity and Venture Capital», Centro para la Estabilidad Financiera, *Documento de Trabajo* 36, julio. Disponible en [http://www.cefargentina.org/files_publicaciones/12-00wp-n%BA36-abstract-espaxol.pdf].

Nanda, Ramana y Tarun Khanna (2008), «Diasporas and domestic entrepreneurs: Evidence from the indian software industry», Harvard Business School, *Working Paper* 3. Disponible en [http://www.hbs.edu/research/pdf/08-003.pdf].

NAVCA (2011), *American Made: The Impact of Immigrant Entrepreneurs and Professionals on U.S. Competitiveness,* Arlington, Virginia, NAVCA. Disponible en [http://www.nvca.org/index.php?option=com_content&view=article&id=254&Itemid=103].

New York University Robert F. Wagner Graduate School of Public Service (2008), *Understanding Chinese Foreign Aid: A Look at China's Develop-*

ment Assistance to Africa, Southeast Asia, and Latin America, Nueva York, New York University, abril.

Niembro, Andrés, Daniela Ramos y Cecilia Simkievich (2009), «El papel del Mercosur en la llegada de la IED a Brasil y la intercacionalización de empresas brasileñas», Fundación CENIT, *Documento de Trabajo*, mayo. Disponible en [http://www.fund-cenit.org.ar/investigaciones/dt33.pdf].

Noya, Javier y Fernando Prado (2010), *Estudio Reputación de España en el Mundo,* Madrid, Instituto de Análisis de Intangibles. En [http://www.institutointangibles.com/].

Observatorio Casa Asia. Disponible en [http://www.iberoasia.org/].

OCDE (2010), *OECD's FDI Restrictiveness Index. 2010 Update,* París, OECD. Disponible en [http://www.oecd.org/dataoecd/32/19/45563285.pdf].

OCDE, INSEAD y Fundación Telefónica (2011), *Innovalatino: Fostering Innovation in Latin America,* Ariel / Fundación Telefónica. Véase también [http://www.innovalatino.org/].

OCDE (2010), *Perspectives on Global Development: Shift in Wealth,* París, OECD Development Centre.

OCDE (2010), *China's Foreign Aid and Aid to Africa: Overview*. Disponible en [http://www.oecd.org/dataoecd/27/7/40378067.pdf].

OCDE (2010), *Colombia Economic Assessment,* París, OECD. Disponible en [http://www.oecd.org/dataoecd/38/14/46797800.pdf].

ODI (2011), «Arab donors: implications for future development cooperation», *Policy Brief* 13, marzo. Disponible en [http://www.edc2020.eu/fileadmin/publications/EDC_2020_-_Policy_Brief_No_13_-_Arab_Donors_Implications_for_Future_Development_Cooperation.pdf].

Pereira, Carlos y Agusto de Castro Neves (2011), «Brazil and China: South South Cooperation or North South Competition», *Brookings Foreign Policy Paper Series* 26, marzo. Disponible en [http://www.brookings.edu/papers/2011/03_brazil_china_pereira.aspx].

Perry, Guillermo (2011), «Growing Business or Development Priority? Multilateral Development Banks' Direct Support to Private Firms», Center for Global Development, *CGD Brief*, abril. Disponible en [http://www.cgdev.org/content/publications/detail/1424992/].

Pozsar, Zoltan (2011), «Institutional Cash Pools and the Triffin Dilemma of the U.S. Banking System», *IMF Working Paper* 190, agosto. Disponible en [http://www.imf.org/external/pubs/ft/wp/2011/wp11190.pdf].

Proexport Colombia (2011), *Reporte de Inversión*. Disponible en [http://www.inviertaencolombia.com.co/Adjuntos/246_Reporte%20de%20Inversion.pdf].

Prospear Invest in Argentina (2009), *Primer Ranking de las Multinacionales Argentinas,* Buenos Aires y Nueva York, ProsperAr y Vale Centre Columbia University. Disponible en [http://www.prosperar.gov.ar/es/

descargas/Publicaciones/Primer-*Ranking*-de-empresas-multinacionales-argentinas/].

PUGA, FERNANDO Y MARCELO NASCIMENTO (2010), «O efeito China sobre as importações brasileiraa», Rio de Janeiro, *BNDES, Visao do Desenvolvimento* 89, diciembre. Disponible en [http://www.bndes.gov.br/SiteBNDES/export/sites/default/bndes_pt/Galerias/Arquivos/conhecimento/visao/visao_89.pdf].

RIVERA-CAMINO, JAIME, VÍCTOR MOLERO-AYALA y JULIO CERVIÑO-FERNÁNDEZ (2009), «¿Quién interesa que invierta en España? La inversión extranjera directa de Latinoamérica en España. Tendencias recientes y perspectivas, 2009», *Journal Globalization, Competitiveness & Governability* 3 (2), Disponible en [http://gcg.universia.net/pdfs_revistas/articulo_124_1248713270240.pdf].

ROSE, ANDREW Y MARK SPIEGEL (2009), «The Olympic Effect», *National Bureau of Economic Research Working Paper.*

RUI PEDRO ESTEVE (2011), «The Belle Epoque of International finance. French capital exports, 1880-1914», University of Oxford, Department of Economics, *Discussion Paper Series* 534, febrero, disponible en [http://www.economics.ox.ac.uk/research/WP/pdf/paper534.pdf].

SANTISO, JAVIER (2007), *Latin America's Politicial Economy of the Possible,* Cambridge (MA), MIT Press.

SANTISO, JAVIER (2008), «La emergencia de las multilatinas», *Revista CEPAL* 95, agosto, pp. 7-30.

SANTISO, JAVIER (2008), *Sovereign Development Funds: Key Financial Actors of the Shifting Wealth of Nations,* París, OECD Emerging Markets Network, *Working Paper,* octubre. Disponible en [http://www.oecd.org/dataoecd/46/61/41944381.pdf].

SANTISO, JAVIER (2009), *The Shifting Wealth of Nations,* París, OECD Development Centre. Disponible en [http://www.oecd.org/dataoecd/52/31/41373888.pdf]; y otra versión del 2008 en [http://www.oecd.org/dataoecd/22/8/41125576.pdf].

SANTISO, JAVIER (2011), «SWFs and Latin America in 2010 and 2011», en *Monitor, Braving the new world: Sovereign wealth fund investment in the uncertain times of 2010,* Boston y Londres, Monitor Group, julio, pp. 50-53.

SANTISO, JAVIER (2011), «Brazil and The Shifting Wealth of Nations. The Re-Balancing of the World towards Emerging Markets», Madrid, ESADE Business School, Conferencia en la Fundación Juan March, 25 de enero 2011. Disponible en [http://www.march.es/Recursos_Web/Culturales/Documentos/conferencias/PP2714.pdf].

SAUDI FUND FOR DEVELOPMENT, Saudi Arabian Government. Véase [http://www.sfd.gov.sa/].

SAXENIAN, ANNALEE (2006), *The new argonauts: regional advantage in a global economy,* Cambridge (MA), Harvard University Press.

SELA, «Relaciones de ALC con el Medio Oriente». Disponible en [http://www.sela.org/attach/258/EDOCS/SRed/2011/03/T023600004688-0-Relaciones_de_ALC_con_el_Medio_Oriente.pdf].

SENOR, DAN y SAUL SINGER (2009), *Start-Up Nation: The Story of Israel's Economic Miracle,* Nueva York, Twelve.

SCHRODERS (2011), *Emerging markets investments: exploding the myths,* Londres, agosto. Disponible en [http://www.schroderstalkingpoint.com/?id=a0j50000000u972AAA].

SCHRODERS (2011), *What is the best method of gaining exposure to emerging markets? Exploding the Myths,* Londres, Schroders, junio 2011. Disponible en [http://www.schroderstalkingpoint.com/files/Exploding%20the%20myths%20Jun%202011.pdf].

SCHRODERS (2011), *Fragmentation in the global village: the paradoxes of our increasingly connected world,* Londres, Schroders, julio. Disponible en [http://www.schroderstalkingpoint.com/files/VMaisonneuve%20Fragmentation%20in%20the%20Global%20Village.pdf].

SEGIB (2010), *Informe de Cooperación Sur-Sur en Iberoamérica 2010,* Madrid, SEGIB. Disponible en [http://segib.org/actividades/files/2010/12/inf-coop-sur-sur-2010.pdf].

SPENCE, MICHAEL (2011), *The Next Convergence: The Future of Economic Growth in a Multispeed World,* Nueva York, Farrar, Straus & Grioux.

STANDARD BANK (2009), *BRIC and Africa: Tectonic shifts tie BRIC and Africa's economic destinies,* Standard Bank, octubre. Disponible en [http://ws9.standardbank.co.za/sbrp/LatestResearch.do].

STANDARD BANK (2010), *BRIC-Africa in 2015: tectonic shifts continue apace,* Standard Bank, noviembre. Disponible en [http://ws9.standardbank.co.za/sbrp/search.do].

STANDARD CHARTERED (2010), *The super cycle report,* Londres, Standard Chartered Global Research. Disponible en [http://www.standardchartered.com/media-centre/press-releases/2010/documents/20101115/The_Supercycle_Report.pdf].

STANFORD GRADUATE SCHOOL OF BUSINESS (2006), *Case Study Arcor*. Disponible en [https://gsbapps.stanford.edu/cases/detail1.asp?Document_ID=2876].

STANFORD GRADUATE SCHOOL OF BUSINESS (2004), *Case Study Tenaris.* Disponible en [https://gsbapps.stanford.edu/cases/detail1.asp?Document_ID=2603].

STANFORD GRADUATE SCHOOL OF BUSINESS (2010), *Natura: Exporting Brazilian Beauty*. Disponible en [https://gsbapps.stanford.edu/cases/detail1.asp?Document_ID=3354].

STANFORD UNIVERSITY Y WORLD ECONOMIC FORUM, (2011), *Global entreneurship and successfull growth strategies of early stage companies,* Stanford y

Ginebra, World Economic Forum. Disponible en [http://www3.weforum.org/docs/WEF_Entrepreneurship_Report_2011.pdf].

START UP CHILE. Véase [http://www.startupchile.org/].

SUNESSON, DANIEL (2009), *Alma mater matters: the value of school ties in the venture capital industry,* abril. Disponible en [http://69.175.2.130/~finman/Turin/Papers/Alma_mater_matters.pdf].

TORAL, PABLO (2011), *Multinational entreprises in Latin America since the 1990s,* Londres y Nueva York, McMillan.

TRUN, KHANNA (2008), *Billions of Entrepreneurs: How China and India are Reshaping Their Futures and Yours,* Cambridge (MA), Harvard Business School Press.

UNESCO (2010), *Science Report 2010,* París, UNESCO. Disponible en [http://www.unesco.org/new/en/natural-sciences/science-technology/prospective-studies/unesco-science-report/].

UNESCO (2010), *National Science, Technology and Innovation Systems in Latin America and the Caribbean,* París, UNESCO. Disponible en [http://unesdoc.unesco.org/images/0018/001898/189823e.pdf].

UNCTAD (2011), *World Investment Report 2011,* Ginebra, UNCTAD. Disponible en [http://www.unctad.org/Templates/webflyer.asp?docid=15189&intItemID=6018&lang=1&mode=downloads].

VALE COLUMBIA CENTER (2010), EMPG Brazil Report. En [http://www.vcc.columbia.edu/files/vale/documents/EMGP-Brazil-Report-2010-Final.pdf].

VAN DER PLOEG, FREDERICK (2011), «Natural Resources: Curse or Blessing?», *Journal of Economic Literature* 49(2), pp. 366-420.

VAN DER PLOEG, FREDERICK y ANTHONY VENABLES (2011), «Harnessing windfall revenues; optimal policies for developing economies», *Economic Journal* 121, pp. 1-30.

WAYRA. Disponible en [http://www.wayra.org].

WORLD BANK (2011), *Multipolarity: The New Global economy. Global Development Horizons 2010,* Washington DC, The World Bank.

YU, YONGZHEN (2011), «Identifying the Linkages Between Major Mining Commodity Prices and China's Economic Growth-Implications for Latin America», *IMF Working Paper* 11-86, abril. Disponible en [http://www.imf.org/external/pubs/ft/wp/2011/wp1186.pdf].